アイデアが実り続ける「場」のデザイン

新規事業が生まれる組織をつくる6つのアプローチ

JN094330

小田裕和

SE
SHOEISHA

本書内容に関するお問い合わせについて

このたびは翔泳社の書籍をお買い上げいただき、誠にありがとうございます。
弊社では、読者の皆様からのお問い合わせに適切に対応させていただくため、
以下のガイドラインへのご協力をお願い致しております。
下記項目をお読みいただき、手順に従ってお問い合わせください。

● ご質問される前に

弊社Webサイトの「正誤表」をご参照ください。これまでに判明した正誤や追加情報を掲載しています。

正誤表　https://www.shoeisha.co.jp/book/errata/

● ご質問方法

弊社Webサイトの「書籍に関するお問い合わせ」をご利用ください。

書籍に関するお問い合わせ　https://www.shoeisha.co.jp/book/qa/

インターネットをご利用でない場合は、FAXまたは郵便にて、
下記"翔泳社 愛読者サービスセンター"までお問い合わせください。
電話でのご質問は、お受けしておりません。

● 回答について

回答は、ご質問いただいた手段によってご返事申し上げます。ご質問の内容によっては、回答に数日ないしはそれ以上の期間を要する場合があります。

● ご質問に際してのご注意

本書の対象を超えるもの、記述個所を特定されないもの、また読者固有の環境に起因するご質問等にはお答えできませんので、予めご了承ください。

● 郵便物送付先およびFAX番号

送付先住所	〒160-0006　東京都新宿区舟町5
FAX番号	03-5362-3818
宛先	（株）翔泳社　愛読者サービスセンター

目次

はじめに …… 009

第1部 新規事業が生まれないのはなぜか

第1章 組織の土壌を悪化させる新規事業 …… 016

第1節 空回りする新規事業施策 …… 016
アイデアが、年々出てこなくなる／新規事業施策担当者の4つの苦悩

第2節 負のスパイラルの解像度を高める …… 022
サクセストラップと両利きの経営／食い違う「知の探索」へのアプローチ
負のスパイラルを形成する4つのポイント

第3節 短期的な実りばかりを求めれば、土は痩せていく …… 031
新規事業は、組織を変える営みでもある／求められるのは、実り続ける土壌づくり

対談 守屋 実
「やればやるほど疲弊していく」——新規事業の「土」を汚染するもの …… 037

第2章　実り続ける組織のための、豊かな土壌とは？…… 050

第1節　実り続けるのには、理由がある…… 050
農業の土づくりから得られる4つのヒント／土づくりのビジョンはあるか

第2節　新規事業施策が土壌に何をもたらすのか…… 058
新規事業施策の良し悪しは、どう評価するべきか／新たな組織学習に寄与したか
組織の社会関係資本は豊かになったか
その事業アイデアは、組織に何の「意味」をもたらしたか

第3節　探究によって土壌を豊かにする…… 065
より良い土壌が実現させる「4つの探究」
4つの探究を組み合わせ、探究を変える
すべてのベースは土づくりへの「覚悟」にある

対談　ドミニク・チェン
「失敗が組織の土壌を豊かにする」――新規事業を育む「発酵」…… 076

第2部　トップダウンで土壌を耕す3つのアプローチ

第3章　アイデアの評価を問い直す…… 090

第1節　どんなにやっても良いアイデアが出ないのはなぜか…… 090
良いアイデアとは何か／良し悪しは、評価する人の価値観で決まる

第2節　価値観の変容のためにできることとは？……096
価値観は「変わっていくもの」／価値観変容の場に求められる4つの要素
対話の場づくりを心がける
第3節　変容の場づくりに取り組む……103
新規事業施策で価値観の変容を実現する3つのポイント／評価者の学習機会を組み込む
評価の場にこそ「知の探索」の本質がある
対談　安斎 勇樹
新たな事業は、推し合う文化から生まれる？
――新規事業を「評価する側」のアップデート……115
第4章　理念やパーパスを新規事業創出に活かす……126
第1節　自分たちは何を目指し探究する存在なのか……126
「自由な発想を」という無責任な姿勢／何を起点に価値探索するか
理念やパーパスを軸に、失敗から組織的な学びを得る
第2節　どのように社会に貢献するかを問い直す……132
既存事業の「とらわれ」から離れる／理念やパーパスを起点に、ありたい姿を問い直す
組織学習の本質としての「探究」
第3節　理念やパーパスを探究につなげる具体的な手法……140
探究するための2つのアプローチ／3つの切り口から学びを組織に還元する
資本形成につながる、組織学習の営みを形づくる

対談 名和 高司
イノベーションを〝連打〟するために必要なのは？――新規事業と「学習する組織」…… 152

第5章 アイデアが「やってきやすい」場をデザインする…… 167

第1節 アイデアはやってくるもの…… 167
アイデアが生まれる5つのステップ
アイデアが生まれる場に必要な中動態と自己組織化という考え方
自己組織化の鍵を握る、「脱学習」

第2節 自己組織化が起きる場とは？…… 174
「場」とは何か／アイデアと熱量はどのように生まれるか
共に「分からないけれど、ワクワクする」ことに向き合う

第3節 アイデアがやってきやすい場を実現するためのポイント…… 184
身体性に意識を向ける／心の動きに意識が向く「余白」をデザインする
問いで場と活動を紡ぎ続ける／「やってくる」ことを信じて、試行錯誤し続ける

対談 山田 裕嗣
アイデアが「やってくる」ためには？――「中動態」と「ソース原理」から考える…… 196

第3部 ボトムアップで価値をつくる3つのアプローチ

第6章 価値の格をデザインする…… 206

第1節　価格とは、価値の格である……206
安直な低価格は成功しない／より価値のあるものとは何か
日本の文化特性に潜む、価値の格の問い直しにくさ
第2節　価値の格のシフトはどのように起きるか……216
価値の格は、関係性によって変化する／顧客課題の捉え方が価値の格を左右する
小さく力強い共感から、新たな価値の格は生まれる
第3節　新たな価値の格を提案するためのポイント……223
既存の価値の格を観察する／省察によって価値観や哲学を深める
価値観を変える場や関係性を構築する／価値の格の質を高めて文化を豊かにする
対談　徳谷 柿次郎
「ある」が溢れる世の中で、新しい価値をつくる——新規事業と「価値の格」……233
第7章　課題のストーリーを描く……243
第1節　事業の根幹となる「課題のストーリー」……243
新規事業は、課題から始まる／事業につながる課題に共通するもの
課題のストーリーへの共感が人々を巻き込む
第2節　課題のストーリーを描くための「山の図」……250
様々な課題に共通する構造／山登りになぞらえて考える
課題のストーリーは、要素の関係性によって変化する
第3節　ストーリーを描けるようになるためには……262

対談　佐渡島 庸平
「課題に恋をして、意志を持った愛に変えていく」
——新規事業に不可欠な〝課題のストーリー〟…… 272
既存の事業に潜むストーリーを紐解く／ストーリーを開き、共に描く関係を築く
Identity, Ideal, Idea の構造を意識する／自分を起点に模索し始める

第8章　探索の場づくりに取り組む …… 280
第1節　探索は小さな一歩から始まる …… 280
企業人から起業人へ／やりたいことは、見えてくるもの
小さく、未知の未知へと足を踏み出す
第2節　探索の場を自らつくる …… 288
環境が変われば、見える景色が変わる／場をつくることで環境を変える
場は、問いを起点に立ち上げる
第3節　小さな気づきから問いを紡ぎ、探索し続ける …… 293
「発見」のハードルを下げ、訪れた気づきを記述する／心の動きに問いかける
問いでプロセスを紡ぐ／好奇心を源泉に探索を楽しみ続ける

対談　横石 崇
「助けて」に自分を開く——アイデアが生まれる「場」…… 302

おわりに …… 315

はじめに

この本を手にとった皆さんは、どのような期待を持ってくださっているのでしょうか。まず、次のような組織的な課題感を持たれている方がいらっしゃると思います。

・新規事業を生み出さなければならないが、なかなか社員から積極的な提案が出てこない
・試行錯誤しながら新規事業施策を展開しているが、提出されるアイデアが年々減っていってしまう
・主体性や熱量を持って取り組んでほしいが、そうした社員はなかなか出てこないし、いたとしても転職してしまう

一方で、現場でモヤモヤを抱えている方もいらっしゃるかもしれません。

・どんなにアイデアを提案しても、なかなかそれが評価されず、形にならない
・どんどんチャレンジしろと言われるけれど、チャレンジしたところで損になるのが目に見えて

いる
・そもそもどこからアイデアを考え出せば良いか分からないし、その余裕もない

他にも様々な課題感を持たれていると思いますが、最初にお伝えしなければならないのは、本書では「こうすれば確実にアイデアが出せるようになる」というアプローチを紹介しているわけではないということです。しかしながら、中長期目線でこうした課題を解決し、実りが生まれる場をつくることはできると私は考えています。

常識にとらわれないようなアイデアや新規事業を確実に成功させることを謳った書籍はすでにたくさんありますし、様々なフレームワークやツールキットを誰もが利用できます。また、生成AIの能力の飛躍的な向上に伴い、問いかけるだけであらゆるアイデアを提案してもらえるようにもなってきました。

にもかかわらず、様々な組織で「どうしたら新しい事業を形にできるのか」という悩みが尽きることはありません。皆さんの働く会社でも、新規事業を生み出すために、外部パートナーの力を借りたり、様々なセミナーを展開したりしていることでしょう。

私自身も、そうした支援に取り組んできました。特に京セラ社で2019年から数年にわたって伴走支援させていただいた新規事業施策は、代表的な取り組みの一つです。

初年度は数百にものぼる多くのアイデアが集まり、私たちはその中から選抜された数十人の参加者に、アイデアを磨いてもらうプログラムの支援をさせていただきました。参加した皆さんが、自身のアイデアのポテンシャルを磨き、想いや熱量を育むために私たちも試行錯誤を重ね、最終的に

はじめまして、マトイルです。

マトイルは、みんなの「食べたい」をつくるアレルギー対応サービスです。
オーダーメイドでつくるお祝いのごちそうキットや、
修学旅行やお出かけ先にお届けするお食事、
月に一度のファクトリーイベントの開催など、
さまざま食事のシーンでとびきり楽しんでいただくためにお料理をおつくりしています。

ひとりひとり違う食物アレルギーと向き合い、できるだけ寄り添いたい。
食事のシーンを気兼ねなくたのしめる、おいしい時間にしたいと思っています。

「オーダーメイドといっても、こんなもの、お願いできるかな」
「試してみたいけど、子どもが食べるか不安」
「せっかくだから、子どもと一緒につくりたいけど難しい？」
など、気になることがありましたら、お気軽にお問い合わせください。

図表0-1　matoilのウェブサイトより

社長プレゼンを通過した案の1つが、「matoil（マトイル）」です。アレルギーを持つお子さんの「これ食べたい」という声に応えるオーダーメイドのミールキットサービスとして、第1章で対談した守屋実さんのサポートの上で事業化に至りました。

一見すると、「なぜ京セラが？」と思うような事業かもしれませんが、事業を提案した谷美那子さんが語る、「アレルギーを持っている子供たちは、『私これ食べたい』と言えずに、疎外感を抱いている」という課題のストーリーに多くの人の心が動かされ、実際に課題を抱える方々と、深い関係性を築く事業となっています。

一方で、残念ながら事業化に至らなかったアイデアも多くあります。事業を形にするのはそう簡単なことではありません。いくら想いを持っているからと言って、しっかりと市場規模や事業成長が見込めるものでなければ、形にすることはできません。成長を果たした企業は、こうした厳しさを乗り越えてきているからこそ今の姿があるのですから、当然避けては通れない道です。

そうした前提を踏まえても、事業化に至らなかった提案に向き合った方々にとって、本当に良い機会を生み出せたのだろうか。あるいは、組織として新たな価値創出のポテンシャルを育むことができたのだろうか。この書籍の原体験ともなるような想いが募る取り組みでもありました。

私が働いているMIMIGURIが大切にしている「創造性の土壌を耕す」という私たちの想いからしても、事業化に至らなかったアイデア自体やそれに取り組んだ人々が、その取り組みに意味を感じられたり、組織全体の土壌を耕すことにつながったりすることを考えていかなければならない。施策自体が組織の土壌を豊かにしていくような新規事業施策のあり方とは何だろうか？　この本の原点には、こうした想いがあります。

そもそも私の原点は、大学でのデザインに関する学びや研究にあります。デザインに分かりやすい答えはなく、試行錯誤の連続。そのプロセスでの学びの蓄積こそが重要なのです。デザイン思考といったアプローチも広く社会に浸透しましたが、方法論を使えば、誰でも事業が生み出せるようになる、なんてことは正直あまり言いたくないのです。

前著『リサーチ・ドリブン・イノベーション』では、リサーチという活動が、外側に答えを探す活動に終始してしまい、どんどんと「正解探しの病」に陥ってしまっている現状への問いかけを起点に、「サーチ」を豊かに繰り返すという観点に立ち、より探究を深めたくなるようなリサーチの営みを紹介しました。

今回の書籍もベースの思想は同じ。新規事業施策が、単に事業を生み出すためではなく、実りが生まれ続けるような土壌づくりに寄与する取り組みになることが大切だと私は考えています。

こうした前提を踏まえて、第1部では、新規事業施策においてどのように土壌が悪化してしまっているのか、あるいは豊かな土壌の状態をどのように捉えれば良いのかを考えていきます。

その上で第2部では、組織づくりや場づくりという観点で、土壌を豊かにするための新規事業施策のあり方について、トップダウンのアプローチを紹介しています。

新規事業施策と言うと、参加する社員にどんな取り組みをさせれば良いかという話がどうしてもメインになってしまいます。ただ、それ以上に、どのように提案を評価するか、取り組みからどのように組織的に学びを得るか、そして創造的な取り組みが広がる場をどのように生み出していけば良いか、経営層やマネジメント層こそが自分ごととして取り組む必要があるはずです。こうした観点で今問い直すべきと考える3つのアプローチについて紹介しています。

第3部では、ボトムアップの観点に立ち、事業案を構想する方のヒントになるような3つのアプローチについて紹介しています。提案する事業の「価格」にどのように向き合っていくべきか、どのような課題をどう見出しどう伝えていけば良いのか、自身で探索の歩みを進めていくために何を大切にすべきかなどを扱います。

いずれも、こうすればうまくいくというアプローチを紹介するものではなく、今の新規事業施策での課題の捉え方をより深めたり、新たなアクションのインスピレーションにつながったりするようなアプローチを紹介しています。

本文中には、その内容について内省を深めてもらうための問いをところどころに残させていただきました。まずはその問いに向き合ってみて、今の状況を見つめ直すことを第一歩として、本書を活用してみてください。

また各章末には、その章のテーマを一歩深掘りするために、私自身が話を聞いてみたいと思った方々との対談も掲載しています。各章の内容を飛ばして読んでも、インスピレーションを持ち帰っていただける対談になったと思っていますので、まずこちらから読んでいただくのもおすすめです。

本書を読んでくださった皆さんの中に、考えたくなる様々な問いが生まれ、実りが生まれ続ける場づくりに向き合いたくなる人が増える一助となれば幸いです。

第1部

新規事業が生まれないのはなぜか

第1部では、今日の新規事業施策に存在する負のスパイラルを紹介しながら、組織の土壌をかえって悪化させてしまっているのではないかという課題提起を行います。その上で、組織そのものの変容につながるような土壌を豊かにする取り組みという、本書において目指す新規事業施策の姿を示します。

第1章 組織の土壌を悪化させる新規事業

第1節 空回りする新規事業施策

アイデアが、年々出てこなくなる

「前例や固定観念にとらわれない、自由なアイデアを募集します」

そんな謳い文句のもと、大企業を中心とした多くの企業が、従業員から新規事業を募るプログラムを展開しています。またそのプログラム運営を支援する企業も存在し、筆者自身も、京セラ社の新規事業施策や、fufumu社の事業ブランド開発など、様々な形で関わってきました。

実際にアイデアを募り、それを形にしていくためには、図表1－1のようなプロセスがとられることが多いでしょう。まず募集に合わせて、アイデアを検討するサポートになるようなプログラムを展開し、そして実際に社員からプランが提出されて、それを審査する。審査によって選ばれたい

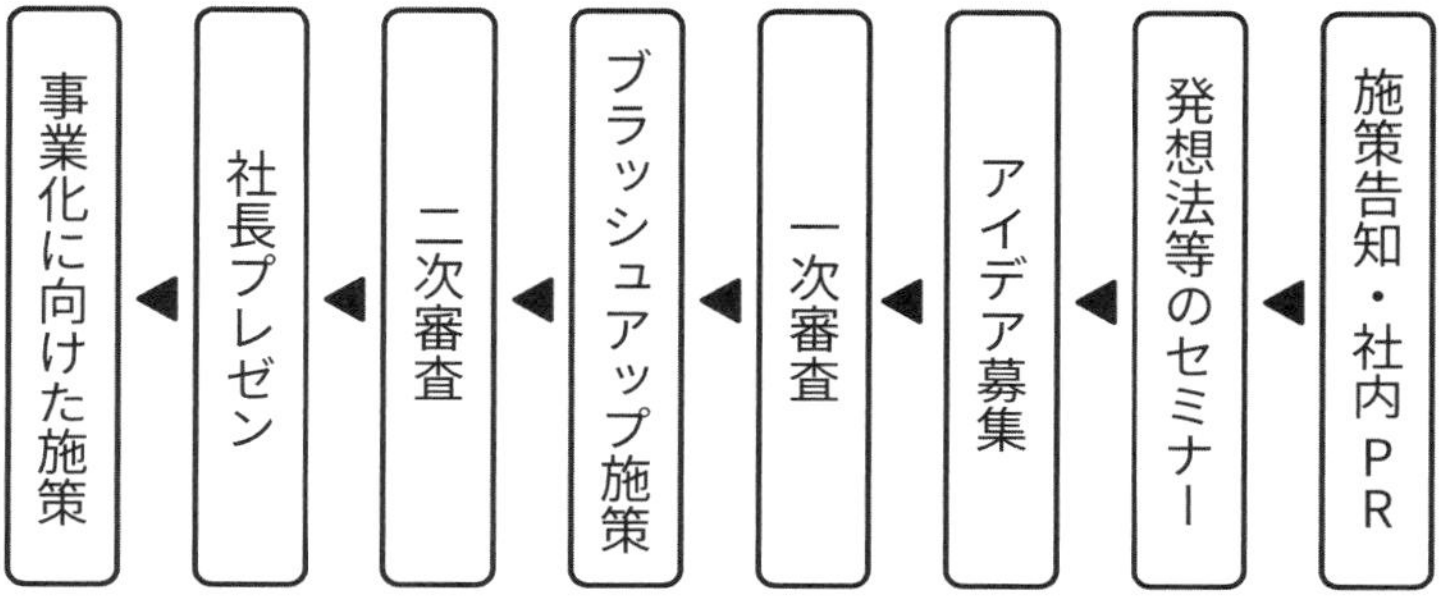
施策告知・社内ＰＲ
発想法等のセミナー
アイデア募集
一次審査
ブラッシュアップ施策
二次審査
社長プレゼン
事業化に向けた施策

図表1-1　新規事業プログラムでよく見られる流れ

くつかのプランを磨き上げるためのプログラムが展開され、最終的に選抜したものに対し、さらなるサポートを行いながら、実際の事業化に向けて動いていきます。

　しかしながら、どんなにいいプログラムをつくったとしても、形になるものはほんのわずか。プログラムを充実させればさせるほど、「ぜひチャレンジしてください、と言われて参加したけれど、本業も忙しいのに、思った以上に大変だし、せっかく頑張ってアイデアを出してもダメ出しばかりで嫌になってしまった」といった声も聞かれるようになっていきます。こうした状況を繰り返していけば、アイデアを提案してみようという人はどんどん減っていきます。

　運営を担う事務局はなんとかして募集を増やさねばと躍起になり、気がつけばいかに事業を生み出すかではなく、いかに参加者を集めるかが目的になってしまうことも少なくありません。参加へのハードルをどんどん下げていけば、軽い気持ちで取り組む人や、学ぶことを目的とする人ばかりが増えてしまう。いざアイデアを出してみれば否定される、というのを繰り返すうちに、組織へのエンゲージメントも低下していく……。こうした**新規事業施策の負のスパイラル**とも言うべき現象が、皆さんの組織でも起きていないでしょうか？

こうした負のスパイラルが続いていけば、人材の流出にもつながり、次第にその組織は、自ら何かを生み出す力を失っていきます。新しい事業の柱を育成し、組織をより良い状態にしていこうと企画していたはずの施策が、結果として土壌を悪化させる。こうしたことが少なからず起きているのではないでしょうか？

▼Q
新規事業施策のＫＰＩの中心には何が据えられていますか？
アイデアの件数ばかり評価してしまっていませんか？

新規事業施策担当者の４つの苦悩

新規事業施策の担当者の視点からこうした現状を整理すると、以下のような４つの苦悩が存在していると考えられます。

苦悩１　なかなか応募が集まらない

冒頭でも挙げたように、年々プログラムに応募してくる人も減少傾向になっていき、気がつけばイベント屋さんのような仕事ばかりになることも少なくありません。また応募してくる人も、今の環境であまりうまくいっていない人や、少し仕事の落ち着いた年長者の方が多くなっていったりします。毎年応募してくる「常連さん」のような人も出てくるでしょう。往々にして、今の事業部で活躍しているメンバーが参加してくれることはなかなかありません。

当初は、新しい事業を生み出すことで組織を変えていくというミッションを担っていた事務局担当者の気概も、人やアイデアを集めることが焦点になっていくにつれて、徐々に失われていきます。

苦悩2　既存事業部から反感を食らう

人を集めねばと、「忙しくても参加できますよ」「難しくないですよ」とハードルをどんどんと下げていった結果、既存事業部の人たちからは、「何を呑気にやっているんだ」と反感を食らうようになります。

そもそも既存事業部を担う人たちからすれば、新規事業施策に自部署のメンバーリソースを割かれることは避けたい。渋々承認したとしても、なんだか楽しそうにしているだけで、身にも形にもなっていないのではと不満は募っていきます。その結果さらに「出し渋り」の傾向は強化され、力を持ったメンバーが応募してくることはどんどん減っていくでしょう。

既存事業部と新規事業施策との対立は徐々に広がり、新規事業施策の担当者は、既存事業部からあまり良く思われなくなってしまいます。

苦悩3　経営層からの批判や外部からの介入が起きる

参加のハードルを下げていった結果、参加者の熱量や思考の質も低下してしまうと、結果として出てくるアイデアもいまいちなものばかりになっていきます。経営層からは当然、「もっとちゃんとやらせろ」と批判の声が上がります。一方でアイデアを批判された参加者たちは、「気軽に参加しただけなのに」「自分が否定された感覚になった」とネガティブに捉えてしまう。また、見かねた経営層が、「社員をもっと教育せねば」と外部の講師やコンサルを入れようとすることもあるでしょう。

外部からのサポートがあること自体は問題ないのですが、往々にして外部パートナーには確実に事業が生み出せるような「正しい方法論」を伝授することが期待され、パートナーもそれに応えようとします。もちろんそれがポジティブに作用する側面もありますが、参加者側には「正しい方法を身につけねば」という意識がどんどん強くなっていき、次第に、経営層や外部パートナーに受け入れられるような「正解」を形づくらねば、という雰囲気が醸成されていきます。新規事業施策の担当者は、その間に入る調整役のような存在となってしまいます。

苦悩4　自身のキャリアが見通せなくなる

最初は「組織を変えるんだ」という想いを持っていた新規事業施策の担当者も、次第に熱量を失っていき、自分たちが何のために存在しているのか分からなくなってしまいます。

当然ながら、そうした状況に置かれた人たちは、キャリア的にもビジョンを失いがちです。既存事業部からは厭われ、経営層からはダメ出しをされ、自分の次のステップが見えづらくなります。

今の環境に嫌気がさして、転職に向かうことも少なくないでしょう。いずれにしても、組織を良くしようと願う人たちは減っていきます。結果として組織に残るのは、調整役に終始する人ばかり。外部パートナー頼みの構造は強化されていき、また正解探しの空気感が強化され、どんどん創造的な雰囲気が失われていってしまいます。

こうした苦悩の中でも、なんとか組織を良くしようと奮闘されている方もたくさんいますが、こうした状況が続けば、いつ「闇堕ち」してもおかしくありません。どうすればこうした状況を変えられるのでしょうか？

▼Q 新規事業施策の担当者の悩みの中心は、どこにありますか？

第2節　負のスパイラルの解像度を高める

サクセストラップと両利きの経営

今日の多くの新規事業施策では、「両利きの経営」という考え方がベースに置かれています。チャールズ・オライリーとマイケル・タッシュマンの著書によって広まったこの考え方は、クレイトン・クリステンセンが提唱した「イノベーションのジレンマ（Innovator's Dilemma）」[*1]を乗り越えるためのアプローチとして注目を集めたものです。

既存の事業で成功を収めた企業は、その成功体験から次第に「良いものとはこういうものである」「こうすれば成功するんだ」というある種の固定観念に縛られていきます。当然、社会環境は変化していき、次第に顧客の求めるものも変わっていくのですが、人間というものは一度「良い」と思ってしまうと、それが本当に良いのかどうか、なかなか問い直せないものです。

この固定観念にとらわれた状態が続くと、市場環境の変化に適応できない「**サクセストラップ**」に陥ってしまいます。これを乗り越えるために大切だとされるのが「両利き」という考え方です。

「両利き」と言うくらいですから、スポーツにたとえると捉えやすくなります。例えばダーツをやっているとしましょう。当然「利き手」で投げると思いますし、練習を積み重ねれば次第に狙ったところに投げられるようになります。しかしあるとき、これまではあくまで3投ずつの点数を合計していたのが、両手それぞれ2投ずつの点数で競う形にルールが変わってしまったらどうでしょう。「利き手」だけのスキルを磨いてきた人たちからすれば、反対の手ではうまく投げられません。もしそこに、「両手」で少しずつ練習を重ねてきた人がいたらどうでしょう。ルールが変わる前は全く活躍できず、周囲から「何を無駄なことをしているんだ」と言われていたのに、ルールが変わった結果、一気に成績を伸ばすことになるでしょう。

シンプルに言ってしまえば、**自分の得意技だけを磨くのではなく、新たなことにも同じくらいチャレンジしよう**、ということ。実際に著書『両利きの経営』*2では、カメラ事業にこだわって失敗したコダック社と、化粧品や医薬品など別のフィールドに踏み出すことで企業変革を成功させた富士フイルム社の事例が対比的に挙げられています。

両利きの経営では、利き手で練習するような、得意技を磨くアプローチを「**知の深化**」、逆の手で試行錯誤したり、新しいことにチャレンジしたりするアプローチを「**知の探索**」とし、サクセス

---

*1　すでに大きな成功を収めた企業が、新しい事業や技術が登場してきたときに、それを過小評価してしまったり、既存事業の否定や破壊につながるが故にそこに着手できなかったりして、結果的に新しい勢力の台頭の前に力を失ってしまうことを指摘した理論。

*2　チャールズ・A・オライリー、マイケル・L・タッシュマン『両利きの経営』（東洋経済新報社）

トラップに陥らないために、「知の探索」の活動を広げることが重要になるとしています。

ただ、前節で挙げた担当者の苦悩の通り、豊かな「知の探索」を広げ、良い「両利き」の状態を実現することは、そう簡単ではありません。「両利き」の難しさはどこにあるのでしょうか？

▼Q
「両利き」に取り組む上で、どんな困難が待ち受けていると思いますか（スポーツ選手など他の例もイメージしながら考えてみましょう）？

食い違う「知の探索」へのアプローチ

「両利きの経営」には、大きく3つのアプローチがあるとされています。[*3] 1つ目が、利き手となる「知の深化」を磨き上げ、徐々に「知の探索」へと全体の焦点をシフトさせていく「**連続的アプローチ**」。2つ目が、「知の深化」に取り組む人と、「知の探索」に取り組む人をそもそも分けた形で組織をつくる「**構造的アプローチ**」。そして3つ目が、一人ひとりが「知の深化」と「知の探索」のバランスをとって両立しようとする「**文脈的アプローチ**」です。

これらの3つのアプローチは、ほとんどの組織で、織り混ざった状態で展開されているのが実態です。「私たちはこれから新たな価値創出へチャレンジする企業へと変わっていきます」というようなフレーズで、「連続的アプローチ」へと転換していくことを対外的に主張しながら、実態としては既存事業部と新規事業部が分けられた状態（「構造的アプローチ」）にある。ところが、実際に起点となるアイデアを考えてもらうのは、既存事業部の業務に取り組んでいる人たち（「文脈的アプローチ」）。こんな状態の組織は少なくないのではないでしょうか？

「混ざった状態」が決して悪いわけではありません。しかしながら、それぞれのアプローチの違いを理解して組み合わせなければうまくいくわけもなく、既存事業部との対立のような悪影響が生じかねません。ではその違いとは何なのでしょうか？

「連続的アプローチ」では、**「知の探索」へとチャレンジを広げる企業であると名実共に体現する**ことが重要になります。そのためには、これまで築いてきた成功体験の一部を捨て去る勇気も重要です。新しいことを始めるために、何をやめるのか、何から脱するのかを明確に示していきます。富士フイルムが、ヘルスケアカンパニーを筆頭に掲げるように変容したことが一つの例でしょう。

「構造的アプローチ」では、しっかりと**組織構造上の評価や業務プロセスを切り分ける**ことが重要です。章末のコラムで対談した新規事業家の守屋実さんも、新規事業創出を阻む要因として「本業の汚染」を挙げています。既存事業部の中に存在する「こうあるべき」という前提が、新しい事業の創出を阻害しないようにすることが大事になります。

＊3 『両利きの経営（ambidexterity）』を推進する3つのアプローチ」https://www.cultibase.jp/articles/1143

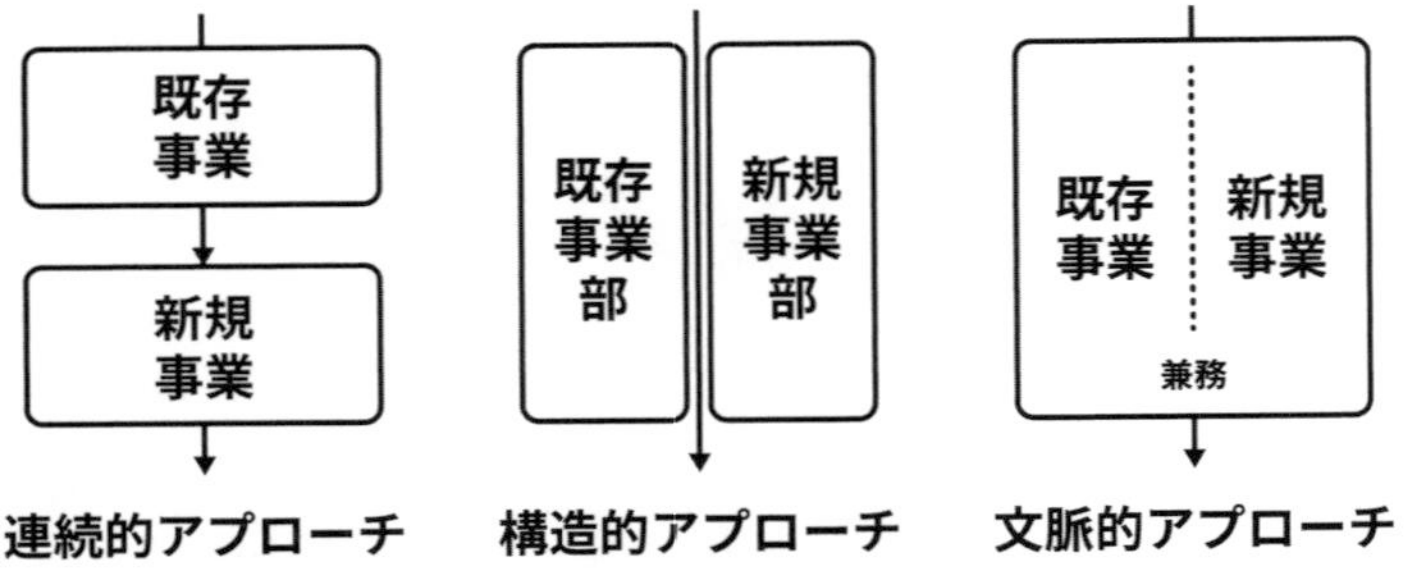
既存事業
新規事業
連続的アプローチ
既存事業部
新規事業部
構造的アプローチ
既存事業
新規事業
兼務
文脈的アプローチ

図表1-2　両利きの経営の3つのアプローチ

「文脈的アプローチ」では、「知の深化」と「知の探索」を自ら織り交ぜられるよう、**個人に権限と余白を付与する**ことが大切です。Google社の取り組みとして有名な、勤務時間中に自分がやりたいプロジェクトに従事しても良いとする「20%ルール」なども、文脈的アプローチの手法と言えるでしょう。

これらがうまく組み合わさっていれば良いのですが、言っていることとやっていることが食い違う場合が少なくありません。

▼Q

皆さんの会社では、どのようなアプローチがとられていますか？

負のスパイラルを形成する4つのポイント

こうした状況の中で、前節で紹介したような、価値を生み出す力が失われていく「負のスパイラル」に陥っている企業は少なくないでしょう。この負のスパイラルは、どのように形成されているのか、4つのポイントから改めて整理してみます。

(1) 事業を評価するまなざしが変化していない

「連続的アプローチ」や「構造的アプローチ」に共通して見られる問題点として、アイデアを評価する「まなざし」が変わっていないのに、新しいことに取り組んでしまっているという点が挙げられます。そもそも新しいことにチャレンジしているわけですから、そう簡単にうまくいくわけがありません。特に「連続的アプローチ」では、組織自体が変容していくことが重要になります。それはつまり、これまでの評価基準が一度崩壊するということを意味します。崩壊なき再構築はあり得ないからです。

新しい評価のあり方については、第3章で取り上げます。

(2) 正しいプロセスや再現性ばかり重視する

また、これまでにない事業をつくり出そうとしているのにもかかわらず、「こうすればうまくいく」というプロセスを求めがちであるという問題も指摘できるでしょう。誰でも結果を出せるようなプロセスから、これまでにない事業が果たして生まれるのでしょうか？　外部パートナーに、確実にうまくいく方法を伝授してもらうだけで、組織が変わるほどのインパクトが生まれるのでしょうか？　プロセスを正しく実行しているかどうか（正しくSWOT分析できているかなど）ばかりに意識をとられている人が、新しい事業を生み出せるのでしょうか？　正しさにばかりとらわれてしまえば、次第に正しくやろうとすることが目的化し、組織から多様な視点は失われていきます。

（3）アイデア発想法に頼るしかない余裕のない現場

新しい事業というのは、顧客となる人々の生活や行動に対する深い洞察があってこそ生まれるものであるはずです。そしてそれは、じっくりと時間をかけてこそ深まっていくものです。果たして、今の仕事でいっぱいいっぱいの人たちは、そうした時間を生み出せるでしょうか？

働く時間や場所に対して一律な制約があり、普段の仕事や生活に追われて頭がいっぱいの人たちに、深い洞察をしろと言っても厳しい話です。

そんな状況に目を向けることもなく、「うちの従業員はアイデアを出す力がない」とアイデア発想法の研修を展開していては、余計に時間を奪うことにもなりかねません。方法論自体を学ぶことは否定しませんが、表層的にアイデア発想を学ぶだけで、おもしろいアイデアが生み出せれば苦労しません。自らが価値を生み出そうとする対象への深い洞察と、「こうなったらいいな」というビジョンがあって初めて、それを実現するためのアイデアを考える必要性が出てくるものです。

（4）失敗を推奨するわりに、失敗には関心のない風土

新規事業の取り組みに、失敗はつきもの。ほとんどの企業で、「失敗を恐れずに、どんどんチャレンジしよう」といったメッセージは発されていることでしょう。新しいことに取り組むわけですから、全く失敗しないなんてことはあり得ません。ユニコーン[*4]と呼ばれる企業であっても、必ずと言っていいほど、失敗を経験しているものです。

では、いざ失敗するとどうでしょうか？「失敗から学んで、次は頑張ろう」と言うわりに、失敗に対する学習は個人に任せてばかり、ということは少なくないのではないでしょうか？　もちろ

ん、どんな起業家もこうした学びを積み重ねたからこそ、事業を形にしているわけで、一人ひとりが学ぼうとする姿勢を持つことは重要です。しかしながら、組織側が失敗に関心を持とうとせず、一緒に学びを深めようとしなければ、失敗すればするほど、チャレンジした本人の自己肯定感や組織に対するエンゲージメントは低下する一方でしょう。一緒に学びを深めようとしてくれない組織の中で、次も失敗を恐れず頑張ろうと思える人はそういません。チャレンジしてくれる貴重な人たちも、組織に見切りをつけてしまうでしょう。

こうしたことが積み重なった結果、組織の中には「負のスパイラル」が生まれていきます。

▼Q 負のスパイラルの構造を見て、具体的に思い当たる課題は何ですか？

＊4 評価額が10億ドル以上、かつ設立10年以内の非上場ベンチャー企業を指す。

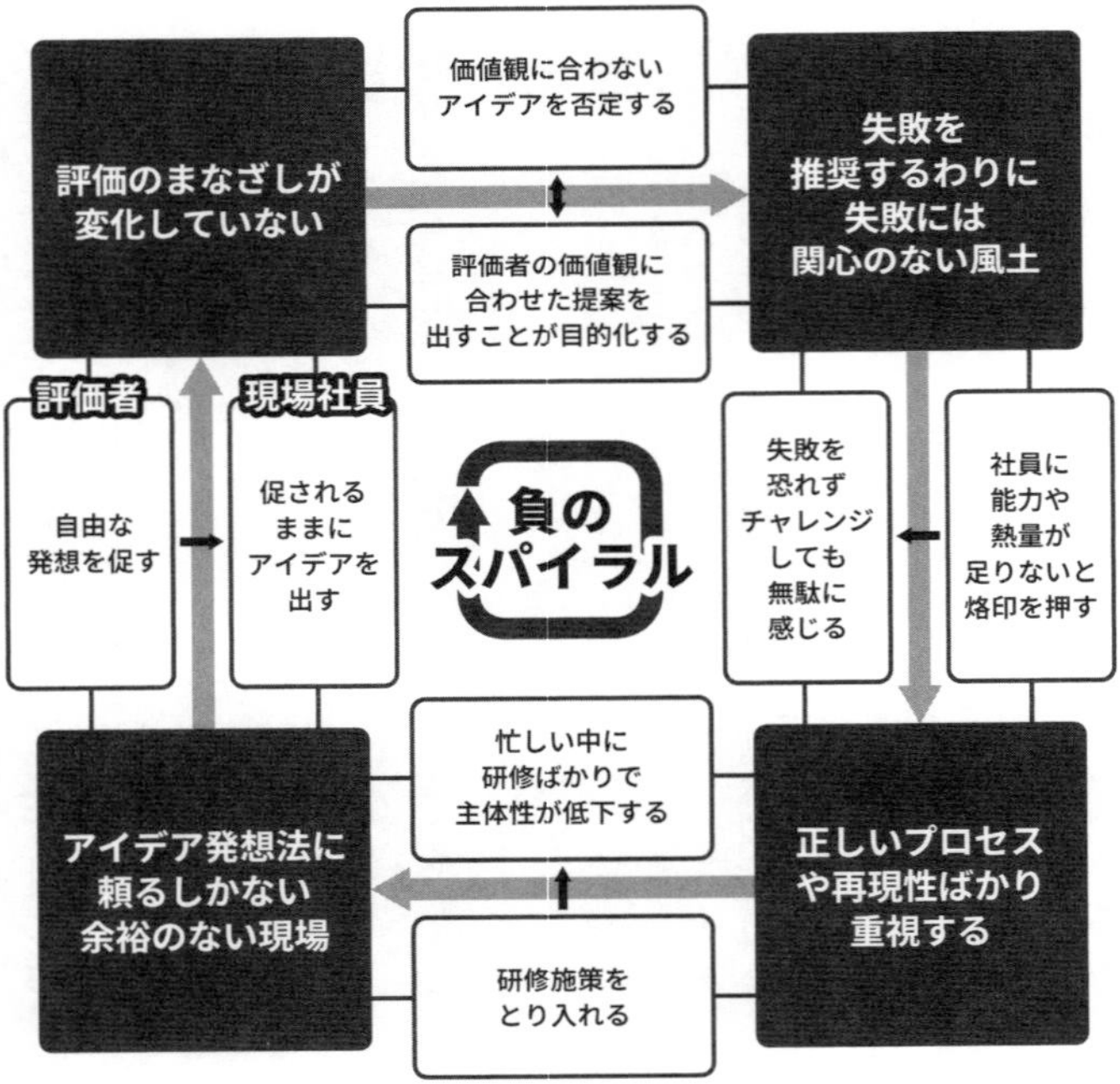

価値観に合わない
アイデアを否定する
評価のまなざしが
変化していない
失敗を
推奨するわりに
失敗には
関心のない風土
評価者の価値観に
合わせた提案を
出すことが目的化する
評価者
現場社員
自由な
発想を促す
促される
ままに
アイデアを
出す
負の
スパイラル
失敗を
恐れず
チャレンジ
しても
無駄に
感じる
社員に
能力や
熱量が
足りないと
烙印を押す
忙しい中に
研修ばかりで
主体性が低下する
アイデア発想法に
頼るしかない
余裕のない現場
正しいプロセス
や再現性ばかり
重視する
研修施策を
とり入れる

図表1-3　負のスパイラル

第3節　短期的な実りばかりを求めれば、土は痩せていく

新規事業は、組織を変える営みでもある

せっかく頑張ろうとしていた人たちも、自信を失って既存事業の中で淡々と生きていくことを選択したり、あるいは組織に諦めをつけて転職し、別の環境で力を発揮していったり。結果が出ないことを焦った経営層は、より引き締めを強くしていき、結果として原点回帰の名のもとに「知の深化」に偏っていき、そしてサクセストラップに陥ってしまう。最終的に組織に希望を見出せない人たちが溢れ、採用もうまくいかなくなり、組織は衰退していく。負のスパイラルは、単に事業創出を抑制するだけでなく、組織の状況の悪化にもつながります。

似たような構造は、農業における「短期的な収穫の最大化」でも見られます。「知の深化」に偏るように、同じ農作物をつくっていれば、土壌の悪化を招く連作障害に陥ってしまいます。また生産性や効率化を重視して化学肥料に頼りっぱなしになってしまえば、確かに一時的に収穫は得られるかもしれませんが、次第に土は痩せこけていきます。

土壌が作物を生育させる総合的な能力は、「地力《ちりょく》」と呼ばれています。そして単に肥料を大量に投入するだけでは地力は改善しないとされています。土の性質や栄養状態を的確に見極め、時間をかけて土づくりに取り組むことが大切です。

組織がサステナブルに価値を生み出し続けるために、この「地力」は欠かせません。

▼Q 土を痩せさせていると感じる施策として、何が思い浮かびますか？

経営学の世界では、「**自己産出（Autopoiesis）系の組織観**」という考え方があります。これについては、桑田耕太郎著『創造する経営学』（文眞堂）に詳しく言及されているのでぜひ参照していただければと思いますが、筆者の理解で整理すると、以下のように読み解けます。

（1）組織とは、一人ひとりの働き手や顧客などのステークホルダー、そしてそれぞれの事業といった要素の関係性のネットワークによって生じている。

（2）自らの行動で新たな顧客と出会ったり、新たに事業を創出したりと、自らそのネットワークに変化を加えると、もともと存在した一つひとつの要素自体の意味にも変化が生まれ、またそこに構成される組織そのものの意味も大きく変わっていく。

（3）つまり組織は、自ら何かを生み出すための活動を通じて、自らの目的や意味を、自ら問い直すことができる。

自己産出系の組織観に立脚すれば、**新たな事業を生み出すことは、単に新しい収益源をつくり出す、ということではなく、組織全体の存在意義をも問い直す活動である**、ということになります。

筆者が所属するMIMIGURIの共同代表である安斎勇樹は、『問いかけの作法』（ディスカヴァー・トゥエンティワン）の中で、私たちは何かにこだわると同時に、何かにとらわれ始めていることを指摘し、**こだわりをフカボリしながら、とらわれをユサブル**ことの重要性を主張しています。

当然、新しい事業をつくるとは、新しい何かにこだわり始めるということ。それは、これまでのこだわりから逸脱することであるとも言えます。イノベーションはよく破壊的創造と言われますが、破壊しているのは、自分たちの組織自体のあり方でもあるのです。[*5] これまでのこだわりにとらわれ、それを問い直すこともなく、ボトムアップで新たなこだわりが現出するのをただ待っているだけでは、自己産出系の組織とは言えないでしょう。

＊5　生物にも「アポトーシス」と呼ばれる、あらかじめ予定された細胞の死というものが存在します。これは外部要因ではなく（それが原因で死ぬことをネクローシスといいます）、自らの細胞組織をより良い状態にするためにもともと組み込まれた働きであるとされています。この働きがうまく機能しなくなった細胞がガン細胞化すると、分裂を繰り返し、腫瘍の成長を引き起こすことになります。

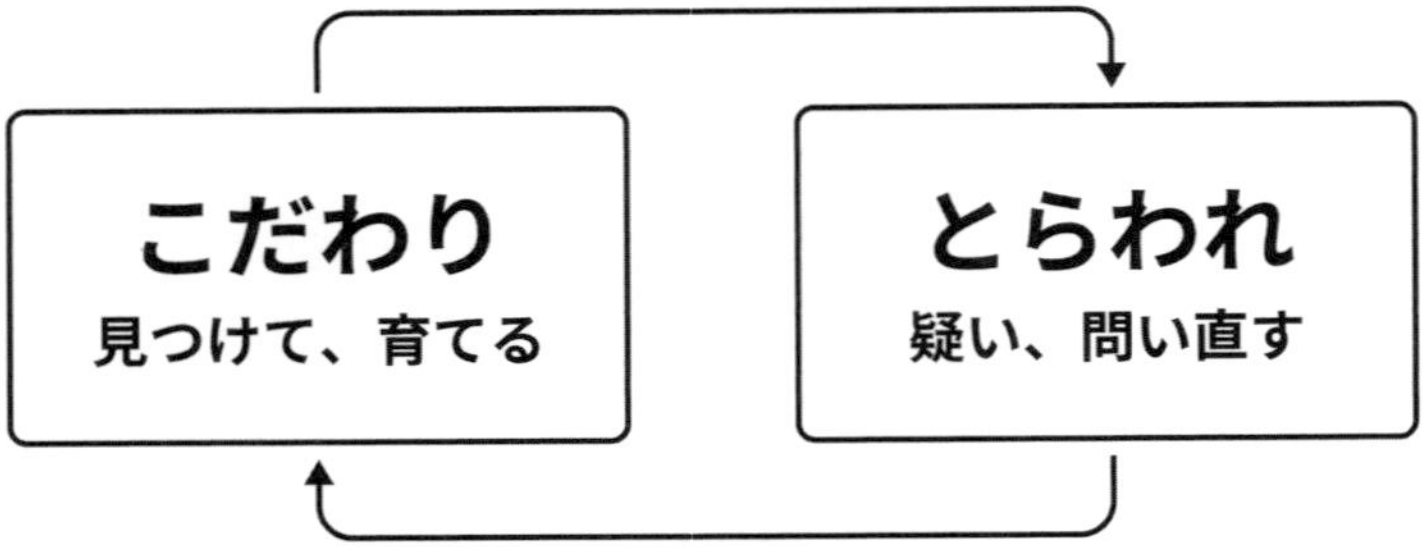
こだわり
見つけて、育てる
とらわれ
疑い、問い直す

図表1-4　こだわりととらわれをフカボリ、ユサブル

▼Q
皆さんが個人的に自分自身を変えようとするとき、それを邪魔する自分のとらわれとして何が思い浮かびますか？

求められるのは、実り続ける土壌づくり

今日各社で展開されている新規事業施策では、組織のあり方を問い直したり、組織の土壌を豊かにしたりすることは、考慮されているのでしょうか？　単に市場の競争優位性ばかり追いかけ、様々な方法論に溺れていては、組織の土壌環境は悪化の一途をたどるはずです。

加えて、ただでさえ人口が減少傾向にあり、市場の大きな拡大が見込めない日本で、他社よりも早く課題を見つけ、市場のパイを奪い合うような競争に明け暮れていては、日本全体の土壌環境が悪化してしまうでしょう。

もう一度世界に通用する価値を生み出せる企業になるためには、**新規事業施策は、組織の土壌をより良くすること**

を重視して展開されるべきです。ましてや、これからは生成系ＡＩの台頭によって、誰でもそれらしいアイデアをつくり出せる時代がやってきます。ただそうしたツールを導入して、アイデアさえ生み出せれば良いという企業では、もはや従業員は単なるオペレーターと化し、創造性は必要とされなくなるでしょう。それが一概に悪いとは決めつけられませんが、そんな組織ばかりの社会に、少なくとも私はワクワクできません。試行錯誤を積み重ね、新たな価値を模索し続けることに意味を感じられる組織があちこちに存在する状態が、私が目指す景色です。

こうした前提を踏まえ、まず第2章では実りが生まれ続ける組織になっていくための豊かな土壌とは何かについてさらに解像度を上げ、新規事業施策そのものを問い直すための観点を探っていきます。

▼Q

皆さんは、どんな組織になっていくことにワクワクしますか？

第1章のまとめ

○様々な企業で新規事業施策が展開されているが、その多くが施策を重ねるにつれてアイデアが出てこなくなることに悩まされている
○既存事業部からの反感や、経営層からの介入などもあって、新規事業施策の担当者自身も徐々に自身のキャリアビジョンを失い、調整役になってしまっていることも多い
○新規事業施策の前提となる「両利きの経営」には「知の深化」と「知の探索」を両立する3つのアプローチが存在するが、それらが食い違ってしまうと、組織からアイデアを生み出そうとする人がどんどん減っていく負のスパイラルに陥ってしまう
○こうした状況に対して、短期的な収穫を最大化させるアプローチをしてしまっては、かえって組織の土壌を悪化させてしまう
○新規事業施策とは、組織の自己産出、つまり組織の存在意義を問い直すことに寄与する活動であり、長い目で組織の土壌をより良くすることを重視して展開されるべきものである

「やればやるほど疲弊していく」——新規事業の「土」を汚染するもの

「どんどん失敗しよう」と言われるわりには、確実な成功を求められてしまうのが、新規事業づくりの現場。その背景にあるのは、「本業」の物差しをそのまま新規事業にも適用してしまうという悪弊だと考えられます。数々の新規事業を立ち上げる経験を重ねてきた守屋実さんに、「本業の汚染」について聞きました。

守屋 実 *Minoru Moriya*

新規事業家。ミスミを経てラクスルなどの創業に参画。博報堂、JAXAなどのフェロー、東京医科歯科大学客員教授、内閣府有識者委員を歴任。2018年2か月連続上場。著書に『新規事業を必ず生み出す経営』、『起業は意志が10割』などがある。

小田裕和（以下、「小」）　これまで、いろいろな新規事業のコンサルティングをさせていただいてきたのですが、「新規事業を生み出そうとすればするほど疲弊していってしまう」という状況があるなと感じています。

その原因は、短期的に実りを得ようとする姿勢にあるのではないかと。土づくりにたとえると、いわゆる収穫を得るために、化学肥料をどんどん投入していき、結果、土が痩せこけていってしまう。人が辞めていったり、体調を崩したり、というケースも見聞きします。

新しい事業をつくるとは、前向きでチャレンジングな活動なのにもかかわらず、どんどん土が死んでいく。これはやっぱりちょっと違うよな、と感じているところがあるんですよね。

守屋さんはこれまで、数々の新規事業を立ち上げてこられたわけですよね。

守屋実（以下、「守」）　僕は、「新規事業家」と名乗らせてもらっています。これまでの経歴で言うと、19歳のときに大学の先輩がつくった会社に混ぜてもらったことを皮切りに、それから30年以上、新規事業一筋でやってきたんですが、その経験を1行のキャッチコピーにすると、図表1－5の算数になります。

「54」は年齢です。「17」は社内起業の数。ミスミという会社に就職し、10年間、新規事業にアサインされ続けました。そののちにミスミ創業社長の田口弘さんとエムアウトという新規事業の専門会社をつくることになるのですが、そこでさらに10年、新規事業の立ち上げに邁進することになりました。結果、会社員として勤めた20年間で17回連続、新規事業の辞令だけが下り続けたのです。

これは結構ユニークだと思うんですよね。もちろん、自分で自分に辞令を出すことはできないので、自分でつくり上げた経歴というよりは、田口さんが根気強く人事発令してくれた結果なのですが。

そして、20年17回の新規事業に取り組んだのち

新規事業家としての30年1万日の経験値

54 = 17 + 22 + 15

54	17	22	15
年齢	**社内起業の数**	**独立起業の数**	**週末起業の数**
1969年生まれ	ミスミ、エムアウト	ラクスル、ケアプロ	病院、学校、バー

図表1-5　これまで手がけた新規事業

のある日、田口さんから「そろそろ独立したらどうか」と言われたんです。独立することは全く考えていなかったのですが、田口さんがそう言うのであれば、それが正しいのだろうと思い、100日後に会社をつくって独立することにしました。

これまで新規事業しかやってこなかったので、「新規事業屋さん」をすることにしました。それでいろんなスタートアップに順繰り参画させてもらって、全部足し合わせると、累計で「22」社になるわけです。あとは週末起業として、東京の板橋区に病院を建てたり、フィリピンに小学校を建てたり、というのに関わらせてもらいました。それが合計「15」件。

結果、「17」と「22」と「15」を足すと「54」、というわけです。

2回失敗したら、3回成功すればいい

小　守屋さんはバブルの頃に大学生で、いろいろ

なイベントを開いたりしていたのが、最初の起業のきっかけだったそうですね。

守　バブル時代に会社をつくったというのは、いい経験だったなと思っているんです。

まず、資本主義社会において何か事をなそうと思ったら、株式会社でもＮＰＯでもいいのでまず法人格を持って活動すると、かなりいろんなことができるんだ、ということを原体験として得られたんですね。

バブル絶頂期だった当時は、山手線の内側の土地代でアメリカ全土が買えるとか、世界で作られているロールスロイスの3台に1台が日本で買われているとか言われていたわけです。訳の分からない話ですよね。でもそういう時代だったから、2回連続失敗したら3回連続成功すればいいと思っていたんです。僕だけじゃなくて、おそらく全国民が。

それが、「思いついたらやる」ということに対して、著しくハードルを下げていたんです。実際、多少の失敗であれば、そのあとどうにかなりましたしね。とにかく、**やりたいことがあったら法人格をつくってやる、うまくいかなくても大丈夫、やってやってやりまくれば、いつの日かうまくいく**、という感覚がその頃に身についたのです。

小　僕らの世代は、そういう人もいなくはないですが、できないと思ってしまっているというか、自分で制約をかけちゃう人が多いのかなと。守屋さんの著書で、「起業とはおのれが走ることだ」と書かれていて、「まさに！」と思いました。

守　当時、日本人が全員走っていたら暴走しちゃって、だからバブルがはじけたんですけどね（笑）。

小　確かに（笑）。守屋さんはそういうバブルの状況に甘んじず、自分で行動して自分でビジネスの仕組みをつくっていったわけですよね。

新規事業の成功を阻む「本業の汚染」

小　自分で覚悟を持って試行錯誤して事業をつく

っていくというのは、スタートアップだと当たり前だと思うんですが、大企業の新規事業になるとそれが難しい。その原因としては、守屋さんが著書『新規事業を必ず生み出す経営』（日本経営合理化協会出版局）で書かれている「本業の汚染」が大きいんじゃないかと。

では、なぜ本業の汚染が起きてしまうのでしょうか。大企業の社長や経営層も、汚染させたいと思って汚染させているわけではないですよね。

守　全く悪気なく、そもそも汚染していることに気づいていないんじゃないですかね。

大企業ってなぜ大企業なのかと言うと、強靭な本業があるからだと思うんですよ。

例えば、我が国で一番大きい会社ってトヨタですよね。トヨタには、車を作って売るという本業があります。まさか本業がないのにトヨタのようなガタイの会社になるわけがないですよね。

そしてそれだけの巨大企業として世界で勝ち続けるためには、頭のてっぺんからつま先まで「車を作って売るという本業の仕様」になっている必要がある。トヨタに入社する人で、「まさか、我が社は車を作って売る会社だったのか！」と驚く人なんて一人もいないと思うのです。

例えば、レクサスの工場に配属された人は、「俺はレクサスを作るのである」と分かっている。エンジンを組み付けるという仕事にアサインされた人は、昨日も今日も明日もエンジンを組み付けることに疑問を持たないでしょう。

そしてそこには１００％以上の完成度のマニュアルがある。例えば、エンジンのボルト１本を締めるのにも専用の工具があり、そのボルトをどのくらいの圧力で閉じたのかが自動で記録されるとか、あらゆることが完璧に整っているんです。

となると、「俺、レクサスはこんな感じがいいと思うんだよね」と言って工夫するとか、「いや、車じゃなくてもいいんじゃないの？」と言って何か始めるとか、あり得ないじゃないですか。

だから、ずっと本業仕様で来た人は、「どのインダストリーに向き合うのか、どの顧客に何の価値を出して、それをどれくらいのプライシングにするのか、それを作り上げるためにどんな人材を採用すべきか、そのための資金はどれくらいで、それをどこから調達するのか」というような経営に関する一切合切を考える、しかも成し得るまでやり切る、ということをやらないと思うんですよね。そんなことを考えずに、誠実に業務を遂行する「本業最適」な人になるべきなのです。

仮に、新規事業が全く本業と同じだったら「本業最適＝新規事業最適」になるのですが、**本業と新規事業がイコールではないという時点で、「本業最適＝新規事業不適」**なのです。

だから結果として、それは本業の汚染と言わざるを得ない。

「1分の1」の成功を求めてしまう

守 例えば、その会社のプロパーで、本業で成り上がって社長になったとするじゃないですか。社長になるまで40年かかったとして、自分の社長任期が5年だったとしたら、全く初めての新規事業をやりますかね？「何の得があるの？」という話になってしまうと思うんですよね。

だから、たいていやらないんじゃないですかね。少なくとも、本気ではやらない。あくまでも本業の方が優先。5年の任期を無事に渡りきることの方がよっぽど大事。それが世の中の現実だと思います。

「我が社の第二の柱を」といった言葉がIR上に載っていたりしますが、多くの場合はスローガン止まりだと思うんです。**その言葉に偽りがないなら、アイデアを社員から集めるイベントを開くとか、そのイベントを外部の業者に丸投げするとか、そんなことはしないで、社長自ら、少なくとも取締役が自ら、それこそ進退を賭けて一意専心、事業に向き合うべきだ**と思うのです。第二の創業なのですから、それくらいのパワーを突っ込むことは、ごく自然なはずですよね。

でも、自分の身の安全を考えたら、やっぱり「今期の本業の業績」を優先してしまうと思うんです。そういう環境でやっていると、本業の汚染を回避しなければいけないと分かっていても、どんどん時間が過ぎてしまうんじゃないですかね。

小　よく弊社MIMIGURI代表の安斎勇樹が、「こだわりとはとらわれの裏返しである」という話をしているんです。日本人は、「こだわる」ことを美徳としているところがありますよね。こだわりを大切にしていった結果、ちょっと変えるなんてことをしたら罵声が飛んでくる、という状況になってしまっている。
今の大企業も、最初は新規事業だったわけですよね。それを大切にして大きく育てて、素晴らしい価値にしてきた。だからこそ日本にはいろんなものが溢れているし、僕らも今みたいな生活が当たり前にできている。その前提がある一方で、その価値がある種の「とらわれ」になってしまっていて、変わることに対する恐れがあるのかもしれません。

守　新規事業は、「十中八九うまくいかない」と言われますよね。人によっては、「千三つ」と言う人もいる。十中八九ということは、「10回やって8回か9回はうまくいかない」のに、指示としては「今期中に1分の1で必ず成功させろ」となってしまう。

ここにまた、本業の感覚が混じっていると思うんですよね。例えば、トヨタのレクサスの例でいくと、「10台作っても8台か9台はうまく走らないかもしれない」ってあり得ないじゃないですか。1万台のうち1万台全部ちゃんと走らないと困る。その感覚が身についているからこそ、「絶対に失敗するな」という指示になってしまう。

本業と新規事業はイコールではないので、本業の経営計画と新規事業の経営計画は、違って当たり前なんですよ。なぜなら、等号で結ばれていないから。

この不等式って、小学校で習ったはずなんですよ。でもこれが、頭から飛んじゃうんですよね。だから99％くらいの確率で、みんなで同じような間違いをするんだと思うんです。

小　これまで日本人は、インフラや安全性などにおいて非常に高いクオリティを享受してきましたが、人口が減っていく中で、これまで通りではもう成り立たないですよね。

世の中に適応するためには、何かを捨てないといけないけれど、それがなかなかできない。「こんまりメソッド」で、何かを捨て去る覚悟を持つ必要があるのかもしれませんね。

守　歴史上類を見ない、昭和の成功の後遺症ではないかと思いますね。

答えは、自分でつくっていくもの

小　新規事業をつくろうとしている人たちって、みんな「アイデアの出し方」を聞いてくるんですよね。でも守屋さんは、例えば動物病院向けのビジネスを立ち上げるとき、動物病院に1週間泊まり込みでバイトをされていました。自分の顧客理解が浅かったと分かって、バイトをしてみたら、「これは自分がなんとかしなきゃいけない」と気づき、そこから見える景色が一変していったと。

「アイデアの出し方」の前に、まずこの部分が大事ですよね。

守　みんな、答えのあるテスト問題だと思っているんじゃないですかね。そうじゃなくて、答えはつくっていくものなのです。だから「創業」。「業を創る」なのです。

一方、本業では、答えがあるんですよね。長年蓄積してきた経験の積み上げの中に。だから、本業の感覚を引きずっていると、「答えを教えてください」となる。「早めに、確実な答えを教えてください」と。

でも、「いやいや、あなたが創業者なんだから、あなた自身が答えをつくっていくべきですよね」

という話なんです。実際、僕もそうでしたしね。「自らごと」として立ち向かっていなかったから、全然ダメで、2回も空振りしちゃったんです。

小田さんは「土」と表現されていますが、僕はよく「根っこ」だと言っているんです。根っこが腐っていると、何も育たないですよと。少なくとも僕が2回失敗したときは、自分の根っこが腐っていたと思っています。

小　その熱量って、生まれやすい環境と生まれにくい環境があるのか、それとも個人の問題なのか、どうなんでしょう?

守　僕は、熱量は勝手に湧き上がるものだと思っているんです。人は人に影響を受けることが多いので、人から影響されて熱量が湧き上がってくる。例えば、隣でバンバン燃えている人がいたら、その火が自分に燃え移ってくると思うんですよね。よっぽど自分が湿っていたら、火がつかないでしょうけど。

自分自身でゼロから100パーセント自家発電をする必要はない

んです。誰もがリーダーシップを発揮しなければいけないなんてことはない。何かをやりたいと燃えている人がいたら、その人についていって行ってもいいんじゃないかと思うんです。フォロワーシップってすごく重要で、リーダーが誰の力も借りずに一人だけで何かを成し遂げるなんてことは、無理だと思うんです。

そうやってリーダーについて行ってフォロワーシップを発揮していくうちに、「俺はやっぱりこっちをやりたい」と、勝手にリーダーシップに火がつくかもしれないですしね。

ちなみに動物病院に1週間泊まり込んだときの僕の話で言うと、顧客の現場で「顧客の不」のシーンに遭遇したことが僕の原体験になって、それが1週間のうちに何度も重なり、最後の日にはすっかり炎が燃え上がっていた、という感じでした。

主語は「事業」か「本業」か「自分」か

小 人と出会うことで自分の熱量が生まれていくってものすごく大事ですよね。ただ、一方的にお客さんを知ろう知ろうとして、自分は何も変わらない、というケースも多いじゃないですか。

守 顧客の〝データ〟を「とりあえず」とろうとしたり。顧客を知るために「調査会社に丸投げする」とか。みんなやっていることですが、そういうことをやっている限りは「自らごと」にはならないんじゃないですかね。

小 ある意味、お客さんのことを知ろうとするのは、それによって自分が変わっていくとか、自分のアイデンティティに揺らぎが起きるということだと思うんですよね。

実際、守屋さんも2回失敗して、毎回いろいろ言われて、「変わりたい」と思ったんでしょうか。

守 変わりたいというか、「なんでこんなにうまくいかないんだろう」と考えていたら、自分が本気になっていなくて、サラリーマン根性で事業に向き合っているからダメなんだ、と気づいたんですよね。やっぱり、それなりに傷が大きくて、修羅場だったんですよ。2連敗して億単位のカネを溶かして、社内の風圧も大変でしたし。

たいていは、そこまでの傷を負わないじゃないですか。事業で失敗したら怒られて、アサインを変えられちゃうと、それで終わりですから。でも、僕の場合はアサインを変えられなかったんでね。なんせ、新規事業を17回連続でアサインされているぐらいですから。

小 そういう中で、田口さんの存在がすごく大きかったんだろうなというのを改めて感じますね。失敗していく中で、周りはいろいろ言うけれど、田口さんは「次をやれ」「次をやれ」と言ってきたわけですよね。守屋さんにとって、田口さんはどんな存在だったんでしょうか。そして、田口さんは何を大切にして環境をつくっていたんでしょう？

守　誰にでも師匠がいると思うんです。田口さんは、僕にとって唯一無二の師匠だったという感じですね。

田口さんって、主語が「事業」なんです。

たいていの場合、主語は「我が社」か「私」じゃないですか。大企業は、「本業がいまいちだから、多角化せねば」と言ったりするんですが、その時点で「事業」ではなく「本業」が主語ですよね。

ところが田口さんは、「それは顧客にとって本当に価値があるのか？」「価値がないなら、もっと違うものがいいんじゃないのか？」と問う。これは、当たり前に大事なことでありながら、なかなか徹底するのは難しいことなんじゃないかと。

例えば、大企業で何か新規事業をやるとき、上半期はやれていても、下半期になると通期の予算達成が大事なので、経理や財務が出てきて、新規事業が全社予算の調整弁にされるとか、よくあるじゃないですか。

その場合、主語が「本業」になっていると思うんですよ。「つくりたい未来の価値」ではなく、「今期の業績」が主語になっている。

小　主語が、「今年の中計で立てた目標」だったり。

守　または、主語が「自分」だったり、「今期の俺の評価」だったり。

でも、田口さんはいつでも顧客や市場に、ブレずに向き合っていたのです。

当たり前のことを当たり前じゃないくらい徹底してやる

守　またトヨタを例として話すと、「どうも車はガソリンから電気に変わるらしいぞ。今こそトヨタをひっくり返すチャンスだ！」と誰かさんが考えたとします。その誰かさんは、あえて極端な例にしますが、お医者さんと看護師さんだったとします。

お医者さんと看護師さんは普段は病院を運営し

ているので、昼間は忙しいと。だから自分たちの業務の2割の時間を使って、「電気自動車でトヨタをひっくり返す」と言っているという。さて、トヨタの人は危機を感じるでしょうか。きっと、笑われると思うんですよね。「何言ってんの？」って。

それと同じことをしちゃっているんです。自社の新規事業を自社の社員だけで立ち上げようとするのは、医者と看護師が自分たちだけで電気自動車を作って売る、トヨタの工場の工員と販売店の営業マンが自分たちだけで患者を診察したりするのと同じです。あきらかに無謀ですよね？

ここまで極端な事例だと、いくらなんでも気づくのですが、でもここまで極端でないと、気づかなくなってしまう。ホントはちょっと考えれば分かることなんですが、みんなやってしまっているんですよね。

小　本気で向き合おうとしていない時点で、絶対にうまくいくわけがない。そういう環境をつくれるかというのはすごく大事ですが、田口さんは、ちゃんと向き合おうとしている限りは、その活動を支えよう、という方なんですかね。

守　田口さんは、基本にすごく忠実なんですよね。新規事業は十中八九うまくいかないんだから、何遍もやる。売上は顧客からしか来ないんだから、顧客の価値にこだわる。これは子供でも分かるレベルの話ですが、現実に徹底してやるとなったら、そうはいかない。

大企業で打ち合わせをしていると、「次の会議には財務の誰々が出てくるから」とか、「経企に根回しをしておかなければ」とか、延々と社内の話をしていて、顧客の話が1ミリも出てこないことがあるんですよね。

小　ありがちですね。

守　田口さんは、何でもないことを言っているけれど、その当たり前のことを当たり前じゃないぐらい徹底してやっているという時点で、めちゃくちゃ稀有な方なんです。そういう方のもとで20年間やらせてもらえていたのは、本当にいい経験だったと思っています。

小　自分自身が、当たり前のことに対してどれぐらい本気で向き合えるか、そういう自分をどう見つけていくか。最初から見つかるわけではないと思うので、まず動いて、行動して、その中で傷ついたりしながら、自分の想いみたいなものが芽生えたときに、事業は形になっていくのかなと。

守　とにかく、参考書ばかり読みすぎて頭でっかちになると、頭が重すぎて真っすぐ歩けなくなるんで。足腰を鍛えた方がいいんじゃないかと思います。

小　みんな、うまくやろううまくやろう、としすぎているってことですね。

守　ただ、本業ではそれが大事なんですよね。レクサスを一か八かで作っちゃダメですよね。レクサスの場合は、「とりあえず今回5個目の車輪をつけてみました」というのはやってはいけないんです。

だから、本業に染まると、「正しくやる」「言われた通りにやる」「自分の分担が終わったら次の人にお渡しする」ということが身についてしまう。でも、新規事業に向き合うときは、そういうのは全部いらないです。

ちなみに、散々いろいろ言ってきましたが、僕の中の最終的な結論としては、「それでも僕は大企業を諦めない」なんですよね。すべての大企業が本業の汚染で朽ち果てているとは思っていないですし、大企業の中にも本業の汚染に負けない戦士は必ずいるでしょうし、そういう人たちと、頑張って頑張って頑張って、どうにかして道を切り拓いていきたい、と思っています。

小　汚染させたくて汚染させているわけではないので、いかに豊かにアンラーニングしていける環境をつくれるかが大事そうですね。

守　「土から変えてみせる」という試みにも意味があると思います。とにかく我々は諦めないというのが大事ですね。

第2章 実り続ける組織のための、豊かな土壌とは？

第1節 実り続けるのには、理由がある

農業の土づくりから得られる4つのヒント

第1章でも触れたように、長く豊かに実りが生まれ続ける環境を構築するという観点に立てば、組織づくりと土づくりは、共通の性質を持った営みだと言えます。第2章では、豊かな土壌とは一体何か、どのように土づくりを進めていくべきなのか、実際に農業の営みにヒントをもらいながらその解像度を上げていき、新規事業施策で何が大切なのか、さらに踏み込んで考えたいと思います。

新規事業の話を学びたいのに、なぜ農業の話を……と思われるかもしれませんが、私たちの思考にインスピレーションを与えてくれるアナロジーとして、お付き合いいただければと思います。本書では『持続的農業の土づくり』[*1]という書籍を参考にさせていただきました。

その土地本来の特性を活かす

まず大前提として、「気象」と「土壌」は、その土地によって大きく違います。それはつまり、その土地によって育てやすい作物は違う、ということです。

何を当たり前のことを、と思われるかもしれませんが、新規事業では案外こうしたことが考慮されていません。第1章の守屋実さんとの対談でも、「お医者さんが車を作るなんて言ったら、それを本業としている人に失礼だよね」という話がありましたが、いくら「知の探索」と言っても、何をやっても良いわけではありません。

「気象」と言えば、気温や湿度、日照条件や風の吹き方などが挙げられます。これは外部環境の話と言って良いでしょう。そして「土壌」と言えば、土の種類や土性（粘土質や砂状など、土の粒子の大きさや形態）がまず挙げられます。これらは内部環境の話と言っていいかもしれません。

新規事業施策においても、SWOT分析やPEST分析のような、内外の環境を分析するアプローチはもちろんとられます。しかしながら、どんな土地に新たに根を張るか、すべてボトムアップで考えさせるべきなのでしょうか？

もちろんスタートアップの起業家の多くは、こうした未開の土地を切り拓いていく人がほとんどです。しかしながら、それは本人が組織を率いる人間として、進む方向性の手綱を握れているからこそです。そうした権限も、それに見合うような報酬もない中、ボトムアップで新たな土地を切り拓いていけるのでしょうか？

＊1　『持続的農業の土づくり（農Ｂｉｚムック）』（イカロス出版）

企業の行く末に関わることなのですから、そのアカウンタビリティを持つ人が、ある程度の指針を示すことが、経営層の責務として求められるはずです。こうした方向性を示すことの重要性は、第4章でも紹介していきます。

▼Q 新規事業施策において、組織の特性はどのように見極められているでしょうか？

土壌の物理性（団粒構造）

豊かな土壌を形成していくためには、水分や養分、そして酸素がしっかりと巡り供給される土の構造を成しているかが大切になります。踏み固められているような硬い土地では、根が張り巡りにくくなってしまいます。こうした土の構造のことを「団粒構造」と言います。

新規事業をつくるためには、新しい人や情報と出会ったり、何か試してみたいときに気軽にその行動を起こせたりするような、時間的あるいは精神的な余白があることが大切です。

こうした条件も整わないまま、これまでの企業の「常識やルール」や既存業務によって土が硬く踏み締められた環境では、これまでにない新たな芽が出ることはないでしょう。

一方で、柔らかくすれば良いというものでもありません。隙間だらけの構造では、水分や養分を保持できず、力強く根を張ることもできなくなります。単に放任するだけでは、そこに緊張感を持って向き合うような熱量も生まれず、ただ楽しく活動して終わりになってしまいかねません。余白がありつつも、熱量がしっかりと醸成されるような環境を形成することが求められます。

▼Q

新たに根を広げていくために、皆さんならどのような余白のある環境を目指しますか？

土壌の化学性

どんなにサステナブルな農業を心がけていたとしても、適切に有機肥料などを用いることは必要になります。ただ、とにかく肥料を使えば良いということではなく、土の「化学性」、つまり土の塩分濃度やPh（酸性↕アルカリ性）、土壌中のカリウムやマグネシウムなどの成分のバランスをしっかりと見極めて、適切な状態を保つことが重要だとされています。

新規事業施策では、アイデア出しの方法論、ビジネスモデル構築に関するナレッジなど、肥料としての様々なプログラムが用意されます。プログラムを用意すること自体は問題ありませんが、果たして今の組織に必要なものを適切にとり入れられているのでしょうか？

向き合いたい課題も定まりきっていなかったり、アイデアを形にしたいという想いもまだない人たちに、アイデア出しの方法や市場分析のアプローチといった知識を詰め込ませてもかえって意欲を削いでしまったり、行動しない人ばかりになったりしかねません。

▼Q 今の組織には、何が「不足」あるいは「過剰」な状態にありますか？

土壌の生物性

物理性・化学性と並んで重要なのが、菌類やミミズなど、土にどのような生物の生息環境が実現しているかという観点です。その働きは多岐にわたりますが、最もイメージしやすいのは、枯れた作物などの有機物を、養分として根に吸収しやすい状態まで分解する働きでしょう。

また、作物に悪影響を及ぼす病原菌を抑え込むのも、多様な微生物の働きです。単一作物の連作を続けていると、土壌微生物の種類にも偏りが生じ、病原菌が増殖しやすくなってしまうと言われています。土中に住む生物の量や多様性が、豊かな土壌には欠かせません。

新規事業施策に当てはめて考えてみるとどうでしょうか。まず挙げられるのは、「失敗」に関することでしょう。新規事業のアイデアは、うまくいかないものがほとんどです。第1章でも、失敗を推奨するわりに、失敗に関心のない風土が問題となることを指摘しましたが、こうした失敗がただ放置される状況では、土壌は悪化する一方です。適切にそれが土の養分として還元されるためには、その失敗を受け止めて分解し、発酵につなげてくれる微生物のような働きが必要になるでしょう。

同様に、組織にも多様な価値観を持った人が存在しなければ、失敗の中に潜んでいたポテンシャルを評価することもできず、どんどんと同質化が進んでしまう結果に陥ります。組織の価値観が同質化するとは、サクセストラップに陥りやすくなるということでもあり、その組織から新たな価値が生まれていく可能性はどんどん低下していくことにもなるでしょう。

▼Q

皆さんの組織には、
どのような価値観の多様性が広がっているでしょうか？

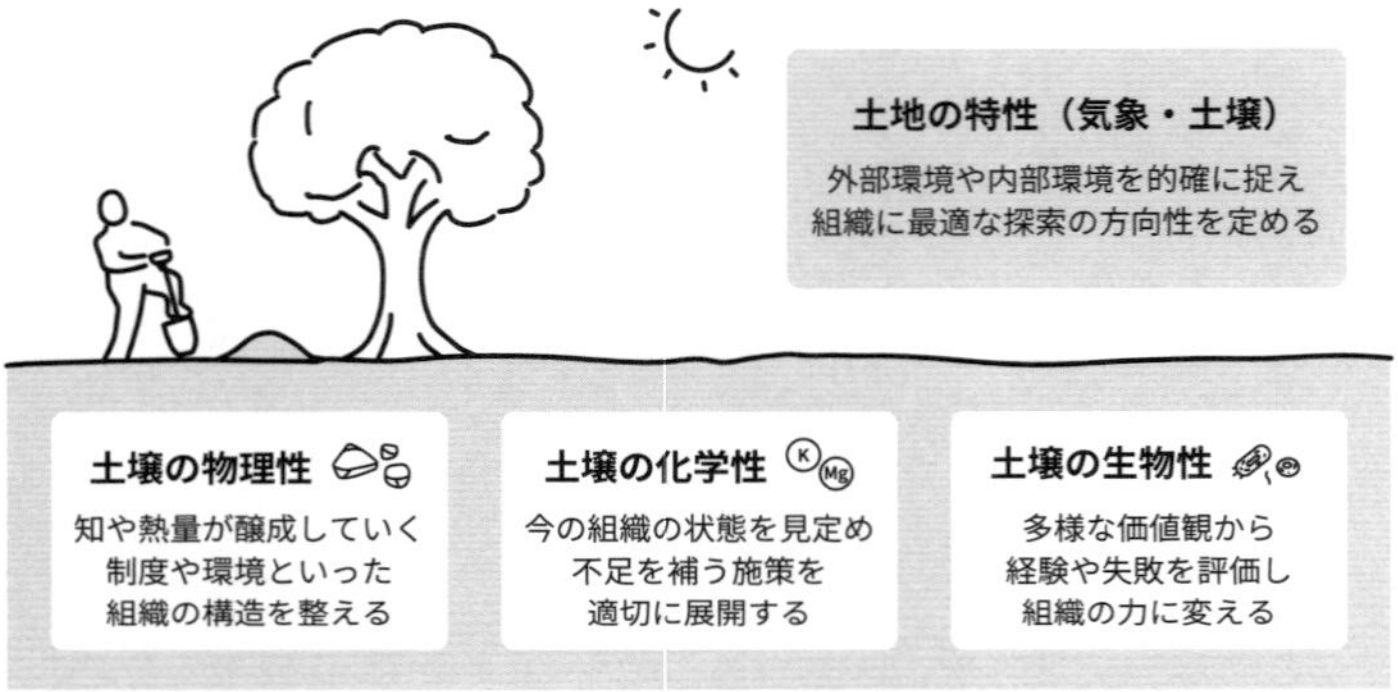
土地の特性（気象・土壌）
外部環境や内部環境を的確に捉え
組織に最適な探索の方向性を定める
土壌の物理性
知や熱量が醸成していく
制度や環境といった
組織の構造を整える
土壌の化学性
K
Mg
今の組織の状態を見定め
不足を補う施策を
適切に展開する
土壌の生物性
多様な価値観から
経験や失敗を評価し
組織の力に変える

図表2-1　土壌を捉える4つの視点

土づくりのビジョンはあるか

ここまで、実際の土壌づくりに関する知識を参照しながら、新規事業施策との共通性について見てきました。改めて皆さんの組織を見つめ直してみると、どのような状況でしょうか？

土づくりは簡単ではありません。土壌環境は、絶妙なバランスによって成立しているもの。ちょっとした変化でそのバランスは崩れてしまいます。だからこそ農家は、意識的に土づくりに配慮し続けるわけです。

また、当然ながら、土はすぐに良くなるわけではありません。1年ちょっとで良い土壌環境ができ上がるなんてことはないでしょう。焦ってしまって短期目線に陥れば、地力はどんどん落ちてしまいます。

新規事業施策はどうでしょうか？　施策の目線は単年度ごとに閉じてはいないでしょうか？　化学肥料のようにどんどんメソッドだけを投入してはいないでしょうか？　新しいことを考える余白もないままに、ただ頑張りが足りないと叱責するだけになってはいないでしょうか？

第1章でも言及したように、大企業が新規事業に取り組む意味は、長い目線で組織を変革していくためにあるはずです。だからこそ、どれくらいの期間を見据えて良い土壌環境を構築していくのか、しっかりと経営層との目線合わせを行い、ビジョンを描いておくことが重要になるはずです。

▼Q 現時点で、組織の土壌づくりのビジョンはどれくらい描けていますか？

第2節　新規事業施策が土壌に何をもたらすのか

新規事業施策の良し悪しは、どう評価するべきか

ここまで、新規事業施策は、より長期的な視点でより良い土壌を実現することも目指して展開されるべきではないか、という観点を中心に紹介してきました。そもそも新規事業施策は何をもってその良し悪しをジャッジされるべきなのでしょうか？

もちろん、ある程度の規模の収益性が見込めて、株主や従業員などのステークホルダーに価値を提供する事業を生み出せれば、その施策は成功したと言えます。では、それは一体どれくらいの規模で、どれくらいの期間でたどり着くイメージなのでしょうか？

規模の大きい組織であればあるほど、ハードルは自然と上がりがちです。一般的に既存事業の売上の10%を達成すれば成功と言われる中、数兆円規模の企業にとって年商10億円規模の事業は、とても小さく見えることでしょう。しかしながらその企業が創業してから年商10億を達成するまで、

果たしてどれくらいの試行錯誤があったのでしょうか？　そこにたどり着くまでに、どれくらいのリソースを割いたのでしょうか？　「どれだけ売上が見通せるか」だけで事業の良し悪しを一概に評価していては、長い目線で組織が変わることにつながるのかどうか、やや疑問が残ります。

もう一つ、施策の評価基準として一般的に挙げられるのは、人材育成に寄与できたか、という観点です。先ほどの土づくりの観点にもつながりますが、新しい価値を生み出す人材を育成できるかどうかは、とても重要な観点です。既存事業部に対して新たな事業アイデアの募集を促す際や、経営層に施策に取り組む意味を説明する際にも、人の育成につながるという主張はよく見られます。

一方で、土づくりのところでも言及したように、やたらに知識やスキルを押し付けるような研修は、必ずしもいい影響を与えるとは限りません。組織としてどんな人材を育成したいのかをしっかりと言語化することが大事です。

さらに付け加えるとすれば、人の成長とは、単なる知識の有無の話にとどまらないはず。「両利き」という身体的な言葉が使われているくらいですから、最初は区別のつかなかったワインの味の違いが徐々に分かるようになるように、これまで感じとれなかった「良さ」を感じられるようになる**「身体的な感性」を獲得すること、そして私たちの価値観そのものが変容していくことも大切な学び**と言えます。

一般的には、こうした「事業創出」か「人材育成」につながったかどうかが、新規事業施策の評価項目とされていると思います。しかしながら、組織の土壌を良くしていくという観点に立つと、**「組織学習」**と**「社会関係資本」**という2つの観点での評価を加える必要があると考えています。

新たな組織学習に寄与したか

MIMIGURIの研究パートナーでもある経営組織論研究者の安藤史江氏は、G・P・フーバーを引用しながら、組織学習の定義として **「組織ルーティンの変化」** を挙げ、次の4つの要件を整理しています。[*2]

(1) 個人学習の単なる総和ではなくシナジーが生まれること。
(2) 共有された組織目標や文脈のもとで行われる「その組織ならでは」の学習であること。
(3) 組織内の他者に「伝達・広く共有」された「正統性」を獲得した学習であること。
(4) 長い年月や人員の入れ替わりを経ても「継続」される学習内容であること。

組織学習とは、単なる個人個人の学習にとどまらず、総和としてのシナジーがあり、その組織ならではの学びがあり、その組織における正統性を帯びた、長期にわたって影響を及ぼす学習であると言えます。さらに安藤氏は、学習のパターンには①知が純粋に増加していくパターン、②既存の知と組み合わさり融合していくパターン、③アンラーニングを伴い知の置き換えが起こるパターンの3つが存在すると述べています。

第1章でも取り上げた、自己産出系の組織という観点に立てば、②と③の組織学習のパターンが組み合わさり、組織自身が自らを自己革新していくことが重要であると言えます。また「両利きの経営」の観点に立てば、既存の正統性に準じた学習のみにとどまっていることは、「知の深化」に偏重した状態と言えて、これまでの正統性を置き換え、新たな正統性を形成していくような学習の営みこそが、「知の探索」へ踏み出している状態であると言えるでしょう。

第3章では、どのようなアイデアを評価するかという、評価する側の価値観が変容することの重要性に言及していきますが、まさにこれは正統性の話です。**評価する側の価値観が変わらなければ、新しいアイデアを評価できるようになるわけもないのです。**

新規事業施策を通じた「学習」は、どうしても個人に帰結しがちで、組織学習という観点があまり考慮されていないことが少なくありません。これまでにない領域や、これまで正統性を帯びていなかった観点に新たな学習がもたらされること、そしてそれ自体が新規事業施策の取り組みの成果として評価されることが、組織が変わることにつながるはずです。

▼Q

組織の正統性を問い直すような学びを、新規事業施策を通じて獲得することはできていますか？

＊2　「結局、組織学習とは何なのか？：経営組織論研究者・安藤史江さんによる『組織学習概論』」https://www.cultibase.jp/articles/12446

組織の社会関係資本は豊かになったか

もう一つの観点として、「社会関係資本（Social Capital）」が挙げられます。資本とは、新たな価値をつくり出すための元手となるもので、金融資本や物的資本、人的資本などが挙げられます。社会関係資本とは、組織が持つ価値創出のリソースとなり得る、人と人との間に生まれる「信頼」「規範」「ネットワーク」のことです。

良い事業やアイデアは、誰か一人の力で生み出すというよりは、様々な人の関係性の中で生まれてくるもの。たった一人で考え抜いて事業が生まれることももちろんありますし、その姿勢は欠かせませんが、周囲に様々な知見を持つ人がいたり、困ったときに助けてくれる環境にあったりする方が、より多角的に事業のあり方を考えられるのは言うまでもありません。事実、私がこれまで関わりを持ってきた、事業を形にした人の多くは、周囲に助けを求めるのがうまい人が多いのです。

社会関係資本の本質は、こうした助けを求め合える関係性が豊かに存在することだと言えます。そして、豊かな社会関係資本を持った組織は、新規事業を生み出す確率が高いと考えられるのです。

加えて、**新規事業に取り組むこと自体が、新しい人と出会い、関係を構築するきっかけとなること**も着目すべき点です。実際、京セラのmatoilの事業の本質は、豊かな社会関係資本の構築にあると考えられます。アレルギーに悩む当事者やその課題に向き合おうとする人々と築いた深いつながりは、簡単に得られるようなものではありません。共により豊かな社会環境を共創していくことにもつながるでしょう。こうしたつながりこそが、組織的な資本になるはずなのです。

しかしながら、せっかく豊かな関係が築けるチャンスがあるにもかかわらず、事業規模が小さいからとアイデアを否定してしまうことは少なくありません。小さくとも熱量のある関係は、簡単には真似のできない資本となります。今日注目を集めている企業、例えば「よなよなエール」を手がけるヤッホーブルーイングなどは、少しずつ積み重ねた熱量のある関係性を大切に育み、その結果生まれた価値を共創するファンコミュニティは、簡単に真似できないものとなっています。

たとえ事業のアイデア自体はいまいちでも、そこに何かしらの課題感や想いを持った人々と深いつながりを築けていたとしたら、採用されなかったことでそれを途切れさせてしまうのは非常にもったいないことです。新規事業施策の評価観点に、**「豊かな社会関係資本の構築」に寄与したか、という観点**が含まれていれば、たとえアイデアはダメだったり、見込める売上が小さかったりしても、熱量のある関係性を生み出せるなら、そのポテンシャルを評価できるはずです。

人的資本の開示が義務づけられ、企業の評価指標になるという動きが見られますが、同じように社会関係資本も、今後同様に評価されていくことになると考えられます。そしてそれは決して一朝一夕に構築できるものではありません。新規事業施策がこうした社会関係資本構築に資する活動として評価されることが、企業の土壌を豊かにすることにつながるはずなのです。

▼Q 取り組みを通じて生まれた関係性を、今の新規事業施策では評価できていますか？

その事業アイデアは、組織に何の「意味」をもたらしたか

新規事業施策はなかなか結果が出ないもの、という共通の認識はありつつも、既存の事業部と売上ベースで比較されてしまいがちです。だからと言ってすぐに結果を出すことばかりを前提に、焦ってプログラムを展開したら、長期的には土壌の悪化を招いてしまいます。

多角的な観点から取り組みを評価し続けることができれば、長期的な視座を持って、事業化につながらなかった取り組みにも、組織的に意味を持たせることができます。その手段として、新規事業施策の評価に「組織学習」と「社会関係資本」の観点を加えることは、組織の豊かな土壌づくりにつながり、結果的に事業を生み出す可能性を高めることになるはずです。

▼Q

失敗を組織に還元するために、
どのような機会づくりが必要だと思いますか？

第3節　探究によって土壌を豊かにする

より良い土壌を実現させる「4つの探究」

第3章から具体的な打ち手の話に入っていきますが、本章の最後にもう少しだけ、より良い土壌の実現した組織の解像度を上げておきたいと思います。そのためには、①社会的価値の探究、②事業ケイパビリティの探究、③組織アイデンティティの探究、④個々の自己実現の探究という、「4つの探究」が組織的に実現しているかどうかが重要になります。[*3]

①社会的価値の探究

改めて言うまでもないですが、そもそも組織は社会に価値をもたらすために存在しています。で

＊3　「21世紀の組織づくりのスタンダードを打ち立てる――MIMIGURIの知を結集した『新時代の整合性モデル』とは?-」https://note.com/yuki_anzai/n/n008749094a5f

は、何が社会的な価値に資するのでしょうか？

ここには様々な解が存在します。価値を享受する人々が置かれたコンテクストによっても、何が価値なのかは変わってきますし、時代と共に変化したりもします。

企業はこうした中で、「これは社会的な価値につながるはずだ」というものを探り、それを形にしていきます。また一度見つけた「社会的価値」は不変ではなく、常に変わり続けます。コロナ禍によって、人々の働き方の価値観が変わり、オンライン会議が当たり前になるなど、労働環境やオフィスに求められるものが大きく変わったことは分かりやすい例の一つでしょう。

「知の探索」が重要だとされるのも、こうした新しい価値観を模索し続けることが大切だからです。このように企業は常に、何が「社会的価値」となるかを探究し続けることが重要です。

▼Q
皆さんの会社は、
どのような社会的価値の探究を深めていますか？

② 事業ケイパビリティの探究
社会的価値を実現する上では、それを実際に形にするための組織的な「事業ケイパビリティ[*4]」を有していることが重要になります。自分たちからは縁遠いケイパビリティが必要とされる

		製品（プロダクト・サービス）	
		既存	新規
市場（顧客）	既存	**市場浸透戦略** 既存製品 × 既存市場 品質向上・プロモーション展開	**新製品開発戦略** 新規製品 × 既存市場 技術開発・新プロダクト開発
	新規	**新市場開拓戦略** 既存製品 × 新規市場 顧客開拓・提供価値の横展開	**多角化戦略** 新規製品 × 新規市場 組織的な転換・イノベーション

図表2-2　アンゾフの成長マトリクス

ことに取り組んでも、実際に価値を実現することは難しいですし、それこそ今の組織で取り組む意味が薄れてしまいます。だからこそ、新規事業では「自社の強み」を活かした事業を生み出すように求められることが多いのです。

しかしながら、単に「強み」を活かすという発想に立ってしまうと、どちらかと言うと「知の深化」に寄ったアプローチになってしまいがちです。だからこそ、強みを活かせる新たな領域を見つけるか、これまでにない強みを獲得するか、という観点が重要になります。

これに近いことを示しているのが「**アンゾフの成長マトリクス**」[*5]です。市場と製品の観点で整理されたものですが、製品をケイパビリティに置き換えても同じことが言えます。

新しい市場にアプローチしていく上でも、自分たちの強みを捉え直すことが大事になります。第1章でも少し

＊4　「能力」のこと。

＊5　Ansoff, I. (1957). Strategies for Diversification, *Harvard Business Review*, Vol. 35(5), pp.113-124 を参考に作成。

取り上げた富士フイルムは、写真で培った技術が、化粧品にも親和性があると気づき、強みを捉え直して新たな市場へ展開することに成功した事例と言えます。

また、新たな強みを獲得していくことも「知の探索」の本質と言えます。ただ、新しいことをやたらめったらやれば良いということではありません。組織学習においても、②既存の知と組み合わさり融合していくパターンや、③アンラーニングを伴い知の置き換えが起こるパターンが重要になると言及しましたが、ケイパビリティも同様に、すでに有しているケイパビリティとの関係を意識して、新たなケイパビリティを探究していくことが大切です。

▼Q
これまでの自社の歴史の中で、新たな強みはどのように獲得されてきましたか？

③組織アイデンティティの探究

さらに重要になるのが「組織アイデンティティ」を探究することです。

東京大学の山城慶晃氏によると、組織アイデンティティは、①宣言性（中心性）――組織を特徴づける重要で本質的な宣言された特徴、②識別性（独自性）――自らの組織と他の組織を区別できる比較可能な特徴、③時間的連続性（連続性）――時間の流れの中である程度持続し、また連続的に変化し得る特徴、という3つの基準によって判断されるもので、組織の内外から認識される特徴やらしさと言えます。[*6]

ここで重要になるのは、アイデンティティとは決して普遍のものではなく、書き換わっていくものであるということです。もっと言ってしまえば、確立してきたアイデンティティにとらわれている組織こそ、サクセストラップに陥っているということです。

第3章や第4章でも詳しく言及しますが、組織の「らしさ」が変容しない組織変革などありません。知の探索とは新たな「らしさ」の探索とも言えるのです。

新規事業のアイデアが否定される要因としてよく挙げられるのが、「うちらしくない」というものです。これまでの「らしさ」の中でしか事業案を評価できないのだとしたら、組織を大きく変えるようなイノベーションなど実現するはずもないでしょう。

▼Q 今の組織がとらわれている「らしさ」があるとすれば何ですか？

＊6　山城慶晃（2015）「組織アイデンティティの三つの基準とは何だったのか？」、『赤門マネジメント・レビュー』14巻2号、p77-88

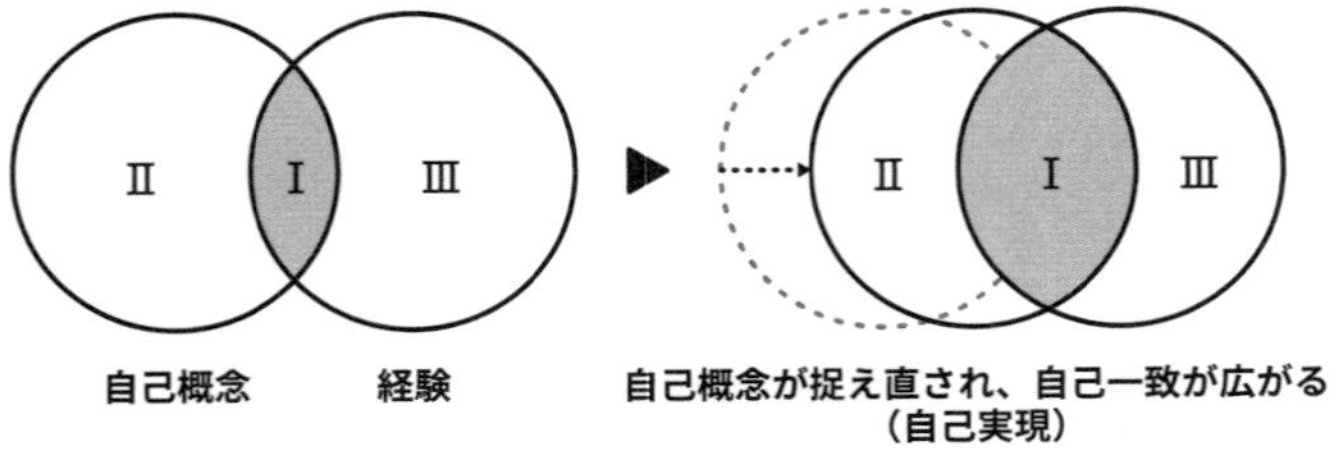
Ⅱ
Ⅰ
Ⅲ
Ⅱ
Ⅰ
Ⅲ
自己概念
経験
自己概念が捉え直され、自己一致が広がる
（自己実現）

Ⅰ　自己概念と経験が一致し、自己の持つ可能性を追求・発揮できる状態
Ⅱ　経験と自己概念が一致せず、自己概念が歪曲化されている状態
Ⅲ　自己概念と経験が一致せず、経験そのものやその認識を拒否している状態

図表2-3　ロジャーズの自己実現

④個々の自己実現の探究

働き方や人々の価値観の変化と共に、企業に所属するということの捉え方も大きく変化しています。東京商工会議所の調査によれば、定年まで勤め上げることを望む新入社員は25％を切り、[*7]すでに少数派となっています。報酬はもちろんのこと、働きがいを感じられる職場づくりが重要なテーマになっていますし、副業や個人活動がしやすくなった結果、自分の人生のやりがい、生きがいを重視して、働き方を捉え直す人も増えています。

人材不足の今日においては、社員のエンゲージメントを高めることの重要性も増しており、こうした一人ひとりの自己実現に企業はどう向き合えるのかが問われています。

自己実現とは本来、自分のやりたいことができるようになる、ということではありません。カール・ロジャーズは、自分自身がどのような人間だと認識しているか、という「自己概念」と、実際に日々の生活の中にやってくる様々な「経験」の重なり、図表2-3で示すところの第Ⅰ領域が最大化された状態が実現し（自己一致、自己受容）、自分自身の価値観に基づいて判断・行動ができるようになり、自己の持つ可能性を追求・発揮できるようになった状態のことを「自己実現」と呼んでいます。[*8]

すべての経験が自分らしさ、つまり「自己概念」と重なるわけではありません。だからと言って、自分らしくないような経験を拒絶し、今の自己概念と一致する経験ばかりを重視していても、ロジャーズの言う「自己実現」（第Ⅰ領域が拡大していく状態）に至ることはできません。

自己概念を捉え直し、柔軟に経験を受け入れ、重なり代《しろ》を広げていくことで、自己の可能性はさらに広がり、本当の意味での「自己実現」が成立するようになります。つまり、自分の既存の価値観では受け入れられないような「経験」こそが、自己実現の鍵となるのです。

こうした前提を踏まえると、自己実現とは、自分の価値観の中で評価することのできなかった「経験」の中に、新たな自分らしさや自分のポテンシャルを発見する営みだと言えます。そして、こうした自己の発見が生まれる場に対して、人は本当の意味でのやりがいを形成していくのです。

今日企業に求められているのは、このような意味での自己実現が生まれる環境を実現することでしょう。単に「お前は何がやりたいんだ」と問いかけることでもなく、そのやりたいことに合わせた仕事の機会をつくることでもありません。その人の中に「葛藤」が生じるような機会を提供しながら、新たな自己の発見を支援することこそが、企業やマネジメントに求められていると言えるのです。

＊7　https://www.manegy.com/news/detail/7101/
＊8　C・R・ロジャーズ『ロジャーズが語る自己実現の道』（岩崎学術出版社）

▼Q
新たな自分らしさを見つけていくために、今の組織はどのような支援を行っていますか？

4つの探究を組み合わせ、探究を変える

ここまで見てきた「4つの探究」は、独立して成立しているものではありません。それぞれの探究が互いに影響し合い、また結果的にその組織的な営みが「整合」しているときこそ、組織はより豊かに、新たな価値を生み出す状態へ向かっていきます。

新たな社会価値創出を目指すのであれば、当然新たなケイパビリティが求められますし、そのケイパビリティを支えるアイデンティティにも変化が生じているはずです。また、一人ひとりの「自己実現」、つまり新たな「自己概念」の広がりの積み重ねが、結果として組織の「らしさ」を問い直すことにつながり、結果として新たなケイパビリティ獲得の原動力となります。

新規事業施策とは、単に新たな社会価値創出を目指す活動ではなく、こうした4つの探究を組み合わせ、組織を変容・変革させていくためのアプローチとして捉えることが重要です。特に、事業が生まれない原因を安易に現場に押し付けるのではなく、新規事業施策そのものが、組織の豊かな土壌を形成する活動へと変わっていくよう、トップが責任を持つことが重要です。

▼Q
4つの探究の充足度合いをそれぞれ10点満点で表すとしたら、何点ですか？　その理由は？

すべてのベースは土づくりへの「覚悟」にある

ここからトップダウンとボトムアップの両面から、具体的アプローチについて紹介していきますが、「土づくり」への意識を忘れてはいけない、ということを改めて強調しておきたいと思います。土づくりとはすぐに結果が出るものではなく、生きていくためにはどうしても短期で実りを作らないといけないとも言えます。それでもそこに安易に甘んじてしまっては、結果としてサステナブルな土壌など生まれるわけがありません。

組織を変えていくためには、ある種の「覚悟」が大事です。それは、短期的な実りや自分の任期中に結果を出すための覚悟ではなく、より良い土壌をつくるという覚悟の方が、まさに求められていると言えます。

「作を肥やさず土を肥やせ」や「土一升米一石」など、農業の世界には土づくりこそ重要だと説くことわざがいくつもあります。それほどに、心がけ続けることは大変だという証だと思います。

簡単な話ではありませんが、それでも土づくりが大切だと想いを新たにしていただけたなら、これから紹介する一つひとつのアプローチも、きっと参考にしていただけると思います。

▼Q

長期的な目線を持って組織を変えていくために、新規事業施策に向き合う上でどんなことに「覚悟」を持ちたいですか？

第2章のまとめ

○土地の特性や土壌の物理性、化学性、生物性といった、農業における土づくりにおいて大切にされている観点は、価値を生み出す組織の土壌につながるところが多い

○土壌づくりは長い目線でビジョンを持って取り組むべきことであり、1年ごとの単位で捉えてしまえば、地力の低下にもつながる

○組織の土壌を豊かにするための施策として、新規事業施策の良し悪しは、事業創出や人材育成につながったかどうかだけでなく、組織学習や社会関係資本の構築に寄与したかという観点でも評価すべきである

○そもそも良い組織の状態は、「社会的価値の探究」「事業ケイパビリティの探究」「組織アイデンティティの探究」そして「個々の自己実現の探究」が互いに影響し合い、整合性がとれている状態を意味する

○4つの探究を編み合わせ、組織の土壌をさらに豊かにしていくことを目的に、土づくりの覚悟を持って新規事業施策に取り組むことが求められる

「失敗が組織の土壌を豊かにする」
——新規事業を育む「発酵」

「1割当たればいい」と言われる新規事業。では、残り9割のアイデアは？それが無駄に朽ちていくのではなく、次の試みに活かされるためには、どんな組織であれば良いのでしょうか。「発酵」をテーマに研究に取り組む早稲田大学のドミニク・チェン教授に、どうすれば失敗が「発酵」するのか聞きました。

ドミニク・チェン *Dominique Chen*

博士（学際情報学）。NTT InterCommunication Center[ICC] 研究員、株式会社ディヴィデュアル共同創業者を経て、現在は早稲田大学文学学術院教授。著書に『未来をつくる言葉』、『謎床』、『ウェルビーイングのつくりかた』などがある。

小田裕和（以下、「小」） 新規事業づくりでは、「失敗を大事にしよう」と盛んに言われます。でも、実を結ばなかったものを放置しているだけでは、なかなか土が豊かにならない。失敗が組織に還元されない。失敗したとして、誰もそれを受け止めてくれないし、「自分でなんとかしてね」という状況になってしまっている気がします。

失敗したアイデアが、そのまま朽ちて腐っていくのではなく、栄養素になる。それはドミニクさんの言葉を借りると、「発酵」なのかなと。ドミニクさんは、発酵について研究しつつ、そこから人間として学べることを探究されていますね。

ドミニク・チェン（以下、「ド」） そうですね。僕は今、人が発酵食品とコミュニケーションするシステムをつくっています。さらに、その情報システムそのものを「発酵させる」とはどういうことか、という問いに対して、プログラミングやプロダクトデザインで実践したり、発酵というメタファーをデザインの概念として論じたりしています。

小 ドミニクさんと松岡正剛さんの共著『謎床』（晶文社）で、アルフレッド・ノース・ホワイトヘッドの「プリヘンジョン（prehension）」という言葉が出てきます。これは、「出会ったときにつかみとるフィーリング」であると。

「なんかこれおもしろそうだな」とか「これ、私にとって大切なものかもしれない」などと感じとる力。この力は、新しい何かをつくっていく上ですごく大切だし、この感覚がないと、自分の中でアイデアが自己組織化して生まれてくることもないのかなと。

加えて、「あえて失敗する」とか、もっと言うと、失敗をエンジョイしていく。その「アーキテクチャをつくる」と書かれていたのが、非常に印象に残っています。

失敗がより豊かな営みにつながっていったり、このプリヘンジョンという感覚に結びついたり、そうしたことが発酵につながるのかなと。

では「発酵すること」と「腐ること」の違いは、

どこにあるんでしょう？

ド　『謎床』はもう6年前の本で、自分自身の考えもそこからいろいろと発酵してきたなと思います。今改めて考えると、「発酵」と「腐る」はそもそも違わないんですよ。

　発酵イコール成功、腐るイコール失敗、みたいな二元論で捉えると分かりやすいと思うんです。ただ、**成功か失敗かを決めているのは、人間側の視点**なんですよね。

　僕は大学のゼミの名前を3年くらい前に「発酵メディア研究ゼミ」と改称して、同じ名前の研究チームで他の大学の仲間たちと研究しているんですが、研究が「発酵してるな」と感じるときは、思い返すと失敗がないんですよね。

　やることすべてが失敗でも成功でもないという。だから、失敗／成功軸を拒絶するというか、そこに乗っからない。ゼミは30〜40人ぐらいの小さい組織だし、2年ごとにメンバーが総入れ替わりするので、企業組織とは比較しづらいと思いますが。

　分かりやすい成功というのは、結局、外的な仕組みだったりするわけですね。論文が採択されるとか、研究予算が承認されるとか、評判が高まるとか。

小　スタートアップで言ったら、ＩＰＯするとか。

ド　そうですよね。でも、目的はそれ自体ではなく、本当はそのプロセスにあるべきだと思うんですよね。

　だから、ＩＰＯやエグジットは、発酵を含む自然の摂理からすると、すごく小さなことなんです。本質としては、そのプロセスにおいて、自分たち自身が生き生きとしているかなんですよね。

　もちろん、私たち現代人は社会生活をせざるを得ず、分かりやすい外部指標に一喜一憂する自分もいるわけですよね。でも、例えば夜中に徹夜してコーディングしていて止まらないときとか。論文を書いていて止まらなくなるとか。アウトプットだけでなくインプットの方も、おもしろい本を読んでいて徹夜しちゃうとか。

「誰からも発注されていないこと」にのめり込めているという状態が、発酵のメタファーで言うと、「発酵している」という状態なのかなと思っているんです。

でもそのプロセスには、発酵食品が腐るプロセスも混在しているんですよね。例えば、アイデアがうまく消化できないとか、チームのコミュニケーションがうまくいかないとか。でも、それを含めて生きているプロセスというものが、ドライブされるという感覚があって。ずっと摩擦が起こらない状態が続くと、逆におもしろみが減っているのかもと思ったり。

それをあとから振り返ったときに、これは成功でこれは失敗だった、と区切ることができないという実感があるんですよね。

だから、例えば10年前にすごく頑張ったけれど、社会的な指標ではうまくいかなかったもの、社会的な失敗だと見なされたものでも、自分はすごくおもしろかったとする。そして、そのフィーリングをずっとキープし続けているわけですね。そうすると10年後のふとしたときに、今自分が向き合っている問題意識に対して、「10年前のあの経験が使えるじゃん」というのが、突然やってくる。

これは、自分が発見するというより、記憶の奥底からふと到来してくるものなんですよね。能動的に10年前の自分を検索して、「その失敗から学ぶぞ」と考えているわけでは決してないんです。

社会的には見向きもされないようなことを、いかにやりためているか。やりためた上で、自分がその総体をおもしろいと思っていたら、勝手に「やってくる」んですよね。

自分の中の根っこが、いつか化学反応を起こす

小　為末大さんの『熟達論』(新潮社)という本に、最終的に到達するのは、自分を忘れた「空《くう》の状態」だという話があったんです。発酵している状態は、

まさに時間を忘れてしまうような感覚があって、それが自分のフィーリングとして残っていく。ある種の「身体知」のようなものですね。

それがあるとき急に、「あ、あのときあんなこと考えてたな」などと自分の中でつながって、豊かになっていく。そういうのが、大きな時間軸での発酵の営みなんだなと。

ただ一方で、今の事業づくりはそれを全然待てないというか、「個人単位で積み重ねてね」となってしまっているところがある。

例えばゼミの話でいくと、卒論や卒研などは、締め切りがありますよね。どうすれば短期的な目線にとらわれず、発酵という概念を大切にしながら「待つ」という姿勢を持てるんでしょうか。

ド　ゼミっておもしろい組織だと思っているんですが、新陳代謝が激しいわけですよね。2年おきに人が入って出ていくので。

限られた時間で、卒論を書かないといけない。それに対して学生さんたちは、やっぱりすごいプレッシャーを受ける人がほとんどです。

僕としては、プレッシャーを感じるのは致し方ないとは思うんですけれども、こんなに楽しい機会はないということを、あの手この手で伝えようとしています。そのこと自体がなかなか難しいのですが……。

卒業論文を書くと、学位がもらえる。学位がもらえて卒業して、企業に就職したり、進学したりできる。それって、運転免許で言ったら「教習所の合宿に参加しました」という免状でしかないと。仮免ですらない。僕は、修論が仮免で、博士号が運転免許だと思っているんです。

だから学部生のみんなは、仮免の手前の状態なんだよ、だからリラックスしてほしい、と。

誰からも発注されていないテーマで、好きなだけ時間を使って、自分の関心領域について、大学のインフラを使って論文をタダで検索して、本もタダで借りて、それに時間を費やすことが認められている。こんな幸せな時代は、就職してからだとなかなかないよ、と伝えるようにしています。

だから、時間軸の発酵の話で言うと、僕としては、できれば卒論を書きながら自分の中に張った根っこや菌糸が一生枯れることなく、どこかで枝を伸ばしたりして、その後の人生でやることと化学反応を起こしてほしいと。持続する関心を、その期間で育ててほしいと思っているんです。

それができたら、さっき言ったような、「あ、これって10年前のあれじゃん」みたいな「代謝」が起こるわけですよね。

「おもしろがるおじさん」

小　日本では、社会人になってから大学に行く人が少ないですよね。大学では、根を生やすような時間の過ごし方が大切でも、社会人になってからその時間をつくるのはなかなか難しい。

新しい物事は、関心の根を張る時間的余裕がある中で生まれてくる部分があると思っていて。それが今、日本の組織ではつくれていないのかなと。

フィーリングを大切にするとか、そういった時間を豊かにする組織は、どうやってつくっていけるんでしょう?

ド　例えば、5年前のゼミ生が書いた卒論に、今年もう一回フォーカスが当たるみたいなことが、研究室では頻繁に起こるんですよね。

5年前はその時点でおもしろかったものが、現在見返すとさらに別の問題意識と融合して、もう一回生き生きとしてくる、みたいなことがある。そういう卒論はそれ自体、生き生きとしたフィーリングを内包して書かれていたりするんです。

ただの知識や、やったことの報告といった情報的なアーカイブだけではなくて、それを読み返して解凍すると、本人が体験したことをもう一回生き直せるような。

本でもブログ記事でも、何でもいいですが、書いた当人の体重が乗っているかどうかって、読み手には一瞬で分かるんですよね。**自分の生きざま**

の体重をかけたプロジェクトは、それを10年後に解凍する人に届く強度みたいなものを宿している、という実感があるんですよね。

だとしたら、いい土づくりをするというか、その土壌を丹念につくっていくのが、最も近道になるのかなという気はします。

そういう土づくりをする上で、大学教員の役割って何だろう、とよく自問自答するんですよね。

不思議なことに多くの人が、「自分はこれに興味があるんですけど、あまり価値ないですよね」などと考えがちなんです。それは社会的な指標で捉えてしまうからなのかなと思います。自分なりのおもしろさとか興味深さを他者の視点で覆い隠してしまう。

そのヴェールを取り払って、「いやいやいや、おもしろいなこれ」と、ひたすら隣で「おもしろがるおじさん」でいようと僕は思っていて（笑）。それがうまくできているかどうかを、自分でもよく反省するんです。

物知りになっちゃうと、ついつい突っ込みたくなっちゃう。そういう自分自身の悪いおじさんの感性に抗うというか。

小　ありますね。新規事業界隈で言うと、「お手並み拝見おじさん」っていう（笑）。

ド　それは怖い（笑）。

小　お手並み拝見おじさんの存在が新規事業の創出を抑制しているという話が結構あるんです。おもしろがるおじさんは、その裏返しですね。

ド　そうそう。組織論的には、お手並み拝見おじさんにならないためには、「スベり続けるおじさん」になった方が良くて（笑）。

だから例えば僕がめちゃくちゃ頑張っていた論文がリジェクトされると、全部ゼミ生に吐露するんです。「いやあ、全然かすりもしなかったよ」と。教授になったりすると、勝手に権威が塵のように積もっていくんですよね。それを、振り払い続けるというか（笑）。「いや、弱い存在なんだぜ」「全然うまくいってないぜ」「でも楽しいぜ」というのを開示していくしかない。

偉くなって、「あの人の言うことを聞いていたら間違いない」という存在になると、トライアルしてみる気風も薄まってしまいそうだなと。なんとかそこに陥らないようにあがいていますね。

失敗と成功を分けている時点で発酵的ではない

小　「楽しい」という感覚もあれば、「しんどい」「うまくいかなかった」「モヤモヤする」といった感覚もあって、それを含めて「豊かな状態」だなと。そういうフィーリングや身体知が、うまく組織の中で循環する状態が、ちゃんと担保されているのかというところに、組織的な土壌の良し悪しが見えてくるのかもしれません。

ド　そうですね。新規事業を任された若手や中堅の人が、事業としては黒字転換できなくて閉じましたというときに、「あれはいい失敗だったよ」と上の人から言われて、その経験を買われて次のステップに行くみたいな話は、あると思うんですよね。

だけど、それはそもそも失敗ではないというか。「失敗と成功を分けている時点で、発酵的じゃないんだな」という感覚がしていますね。

なぜなら、**そこで得られた経験が、10年後にうまくその事業の収益性とかち合ったら、それは成功でしかないわけで。**だから、人間の活動をどれぐらいのスパンで見ているのか。

社会制度的には、締め切りが来たから「これは失敗でした」となってしまうのは致し方ない。でも、そのときに組織として、もしくは個人として、それが失敗ではなかったということを、いかに当人も周りの人たちも確認し続けるかが大事なんじゃないかなって思いましたね。

小　うまくいかなかったとしても、それに対する自分の思考やフィーリングが残っているわけで、それが生まれたこと自体がとてもいいことだよね、という前提を持たないといけない。

ド　うまくいっている研究室は、やっぱり組織のリーダーがメンバーをジャッジするというより、メンバーが「自律的に勝手にやっている」感じがする。企業でもいくつか思い当たる例はあるんですが。「お手並み拝見」というのも、ジャッジですよね。

小　ジャッジするというのは、ある指標に基づいて評価を下すことだと思うんですが、新規性のあるものは、やっぱりどうしても客観的にどうこう言えない部分もあるじゃないですか。

たぶん、新規事業はそういうところからしか生まれないと思うんです。組織の中で評価や判断をする人も、その感覚と向き合おうという姿勢がないと、だんだん客観的に評価しようとしていくし、お手並み拝見おじさん化していく。

ド　これまで、ウェルビーイング・ワークショップなどを企業の方たちを相手にやらせていただいたりしてきたんですが、「自分のウェルビーイングを構成する3つの要素を紙に書き出してください」と皆さんにお願いし、それをもとに初対面の社会人同士でディスカッションさせると、「その会話自体がウェルビーイングだった」みたいな感想がよく出てくるんですよね。

なぜかと言うと、「そこまでプライベートなことを会社で話さないから」とか、「プライベートなことを話すと、弱みを握られそうだから」とか。

共同体は「communis」だから、同じものを分かち合う、コモン（共有）のことに依る、ということですよね。でもおもしろいことに、自分自身の内面に近い話をあえてシェアしていくと、実は差異しか生まれないんですよね。

目の前の人と自分は全然違うぞと。違うんだけれども、その人が大切にしていることについて生き生きと話されると、ついつい耳を傾けてしまうし、興味を持ってしまったり、なんかこの人は素敵だなと思ったり。

共有とはつまり、分かり合う必要がないという

か。分かり合わないまま、でも一緒にいていい。

「共同体」ではなく「共異体」

ド　以前、人類学者の石倉敏明先生と、民俗学者の赤坂憲雄先生と、遠野のツアーに連れていっていただくという夢のような企画に参加してきたんです。編集者・キュレーターの塚田有那さんの企画で、毎年開催されている遠野《とおの》巡灯篭木《めぐりとろげ》というツアーです。

そのとき石倉先生が、「共同体ではなくて共異体という考え方がある」という話をされていて。遠野の民族誌には、「しし」と呼ばれる、動物や植物、もしくは神格化された精霊や亡霊など、人間とは異なる者たちが出てくるんです。人と「しし」は、分かり合えない面も多々あるし、トラブルが生まれることもあるけれど、それでもその関係が続くことを言祝《ことほ》いだり、祝祭で祝ったりする。実際の「しし踊り」という伝統芸能の踊りでも、仲良くしたり、争ったりするシーンが絡まり合っている。

そのときに、共同体でありながら共異体であること、お互いの差異を尊重することが、すごく大事なんじゃないかというお話をされていて。

これは、現代人としてウェルビーイングを考える上での大きなヒントだなと。

小　いや、すごいですね、分かり合えないということをちゃんと分かち合って、一緒にいることのできる集団になっていく。

ド　それって、ランキング思想から自由な組織であるとも言えるなと。相手を論破して、勝ち負けをはっきりさせるとか、そういう分かりやすくて簡単な世界に人間はそもそも生きていない。対話を繰り返しても、やっぱり自分と相手は違う、向き合っているところが違う、ということが分かる。でも、ある側面から見たら、もしかしたら同じ方向性が見出せるかもしれない。それが対話だと思うんですよね。ディベートではなくて。

そういうコミュニケーションが組み込まれている組織というのは、発酵する組織と何か共通点があるのかなと。

小　新規事業の文脈では、「新結合」という言葉がよく出てきますが、単なる情報と情報の新しいつながりではなく、共異体の中で生まれる新しい関係性なのかもしれませんね。

ド　好奇心（curiosity）という言葉がありますが、やっぱり「おもしろがる」というのがキーワードだと思っていて。自分とは異なる他者に対して、適切な好奇心を抱くって何だろう、とずっと考えているんですね。

好奇心は、かなり暴力的にもなり得るんです。ズカズカと相手の領域に入っていき、「これは何ですか」「それは何ですか」と。そういう土足で相手の家に入っていくような好奇心ではなくて、相手をケアする、もしくは尊重する形での好奇心というのは何だろうと。それは関心と呼ぶのかもしれないけれど、相手と自分の差異が、自分にとって価値と感じられるかどうか、ということですよね。

小　そう考えると、「発酵」は微生物や菌の働きだったりしますが、違いをおもしろがる身体的なインタラクションがいかに起きているかが大事なんだろうなと感じますね。

ド　発酵って一体何なのかと言うと、乳酸菌や酵母が、野菜などの有機物にくっついてエネルギー代謝を行うことなんですよね。

例えば乳酸菌は、糖質から乳酸を代謝する。糖質を食べて、自分のエネルギーをつくって、その副産物として乳酸をいわば排泄しているようなイメージ。

ここで言う代謝とは、それが別の人の価値になることです。その別の人は、代謝物をありがたがっていただいている。この代謝のメタファーは、ただ発酵というよりは、もうちょっと解像度を高めた次元の現象だと思っていて。代謝可能性が増えている組織では、その場に何を投じても、ちゃんと代謝が起こる。だから、何を投じても何かしらおもしろい代謝、つまり意味や価値の醸成が起こる組織なんだろうなと。

小　「代謝可能性」っていいですね。「組織にとって、いい代謝って何だ？」という問いに変えるだけでも、ちょっとイメージが変わってきますね。

ＡＩに委ねすぎると、「発酵」が阻害される

小　今後は、ＡＩが事業を生むようなことも出てくるかなと思うんです。そういう中で、新規事業や新しい何かを生み出す営みは、どう変化していく可能性があるでしょうか。

ド　ChatGPTなどとの付き合い方は、やっぱり考えざるを得なくて。大学教員としても、テクノロジーと向き合っている一人の人間としても。

例えば、めちゃくちゃ頑張って書いた論文の原稿があって、投稿の締め切りが1時間後だとする。内容は書けたけれど、いい感じのタイトルが思いつかない。

そのとき、ChatGPTにアブストラクトを食わせて、「色気のあるタイトルを50個ぐらい出して」と入れると、すごくいいタイトルが出てくるんですよ（笑）。しかも、自分たちで書いたアブストを食わせているから、ちゃんと自分たちの体重も乗っかった上での、色気のあるタイトルが出てくる。

それで目移りしちゃうわけです。「あ、これはおもしろい」「この発想はなかった」と。でも結局、50個の中から選ばないんですよ。

いわゆる壁打ちってやつですよね。色気のあるタイトルを出してくれたおかげで、もっと堅実で、かつおもしろそうなタイトルが思いつく。これはすごくいい付き合い方だなと思ったんですね。

小　「おもしろい」という感覚がやってきたのを活かして、また最後に自分でつくるという。

ド　そうそう。自分の身体感覚をChatGPTに委ね

すぎていないというか、お手伝いさんとしてそこにいてもらっているという、適切な距離感があるんですよね。

だから、新規事業の社内コンペは、ChatGPTに全部任せたら通りやすくなるかもしれない。けれども、それで積み重ねた経験というのが、自分の中にグラウンディングしないんじゃないかと。

生成ＡＩは、そこまでパワフルなものになってきていると思います。だから、何が目的なのかをしっかり把握していればいいのかなと。

僕の場合は、論文を書くというプロセス自体が一つの大きな価値なので、そこを省くと、やっている意味がそぎ落とされてしまうんですよね。

ただ、「そこはどうでもいい」「過程はどうでもいい」というなら、全部ＡＩに任せるのでいいと思うんです。そう考える人がいたとして、僕はそれを全否定はできないわけです。でも、例えば10年、20年と長期的に積み重なっていった先に、自分の中で何も発酵していかないんじゃないか、という心配はあります。

小　そういう意味では、さっきの「代謝可能性」は非常にポイントをついている気がします。代謝の営みを豊かにしていくところにＡＩが寄与すると、おそらくいい関係性になるけれど、私たちの代謝という営みがなくなっていくのにＡＩが寄与すると、私たちの「生」というものがなくなっていく。

自分たちのフィーリングがより豊かになり、いつか発酵して、何かにつながっていくことが、長期的には組織の力になるのは間違いないはずです。新規事業施策を、単に事業を生み出すためのものではなくて、組織を豊かにしていくところにどうつなげていくのか。そこを、改めてちゃんと考えていきたいですね。

第2部

トップダウンで土壌を耕す3つのアプローチ

第2部では、組織そのもののあり方を変容させていくための新規事業施策という観点に立ち、価値を生み出せるような豊かな土壌を形成していくために、トップダウンの目線で取り組むべき3つのアプローチを紹介していきます。

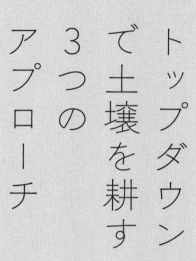

第3章 アイデアの評価を問い直す

第1節 どんなにやっても良いアイデアが出ないのはなぜか

良いアイデアとは何か

ほとんどの新規事業施策に関する悩みの多くは、「なかなか魅力的なアイデアが生まれない」というものでしょう。良いアイデアとは何かを一義的に定義づけることはできませんが、一般的には、「新規性があるか」「実現可能性があるか」「インパクトがあるか」などがよく挙げられる評価軸です。

また、課題を持っている顧客が実際に存在するかどうか（ＣＰＦ：Customer Problem Fit）、実際にその課題を解決できるかどうか（ＰＳＦ：Problem Solution Fit）、製品が受け入れられる市場が存在するかどうか（ＰＭＦ：Product Market Fit）といった観点も重要になります。特に初期段階では、その課題の解決を心から望んでいる人が存在するかどうかを確かめることが重要であり、そうした課題そのものや顧客の存在が感じられないアイデアは、良いアイデアとは言えないでしょう。

本書では、特に事業開発の初期フェーズに焦点を当てているため、課題を定義しアイデアを考えるところや、そこに新規性やインパクトがあるか、といったところを主に取り上げますが、ではそもそも、「課題がある」や「アイデアが新しい」、「インパクトがある」とはどのように判断できるのでしょうか？

例えばiPhoneが出た当初を思い出してみるとどうでしょうか？　発表当初は、決してポジティブな反応ばかりではありませんでした。もちろんポジティブな評価もありましたが、「キーボードがついていない」「そもそもPDAなんか昔からあるじゃないか」「機能が限られているのに高すぎる」などなど、ネガティブな声は挙げればキリがありません。

スティーブ・ジョブズのプレゼンテーションの「インパクト」はやはり凄まじいものがありましたが、「課題」や「新しさ」については、競合他社から批判的に見られていたわけです。結果的に、iPhoneがヒットしてそうした企業は置き去りにされることとなりました。

ここから見えてくるのは、**「課題がある」や「アイデアに新規性がある」というのは、その提案を評価する人がどのようにそれを捉えようとするかに左右される**ということです。競合他社から見れば、iPhoneは既存の携帯電話のどのような課題を解決しようとしているのか分からなかったのかもしれません。またiPodのようなプロダクトがある中で、わざわざ携帯電話で音楽を聴くことに新しさを感じなかったのかもしれません。

しかしながら、おそらくジョブズは、単なる携帯電話の課題としてではなく、人々のライフスタイルという観点で、携帯電話と人間との関係を問い直そうとしていたのだと思います。今でこそマルチタッチによる操作は当たり前ですが、当時はスタイラスペンを使うことがほとんどでした。人に合わせたインタフェースを可能にしようとしたとき、物理的なキーボードがない不便さではなく、物理的なキーボードは形を変えることができない、という課題に焦点を当てました。そしてマルチタッチという、新しい人間の「動作」の実現を目指したと言えます。

ジョブズは、昔から人間の所作に非常に関心が高い人だったように思います。タートルネックを着ることは彼のお決まりでしたし、京都を度々訪れ、陶器に触れながらその背後にある文化に関心を寄せていることからも、機微な感覚を大切にしていたことがうかがえます。実際Appleの作り出すプロダクトは、どこか「触れたくなる」ものが多いのです。

少し話が脱線しましたが、「課題」や「新しさ」、アイデアの「良さ」といった観点は、それを評価する人が、どこからその良し悪しを見抜こうとするかにかかっています。つまり良いプロダクトをつくる企業になるためには、評価者の価値観や感性が重要になるのです。[*1]

▼Q
アイデアの「良さ」は、誰がどのように評価していますか？

良し悪しは、評価する人の価値観で決まる

企業の中で新しいアイデアが生まれないとされる一番の要因は、こうした「評価する側の価値観」のあり方にあるのではないでしょうか？

これは「評価する人の感性や価値観が古い」ということを言っているわけではありません。価値観に絶対的なものはなく、常に人々の価値観は流れるように変わり続けていますし、多様化も進んでいます。

そうした中で、固定的な価値観でしか良し悪しを判断していなければ、当然高い評価を与えられるものは狭くなっていきます。にもかかわらず、新規事業施策には、評価する側が様々な価値観に触れて学ぶようなプロセスが組み込まれていることはほとんどありません。また、評価する側にいる人たちは、一度何かで成功した人が多いこともあり、気をつけなければ、その成功体験に依存したジャッジを下してしまいがちです。

筆者は執筆当時33歳ですが、大学で授業をしていると、10歳下の学生たちとも相当な価値観のギャップを感じることがあります。例えばBeRealという、日常生活の様子をリアルタイムの写真で共有し合うアプリがあります。そのタイミングはランダムで、自分の様子をシェアしなければ他者の

＊1　Appleは「動作」を発明し続けてきた組織であるとも言えます。今のＰＣはＧＵＩ（グラフィカルユーザーインタフェース）という、視覚的で直感的な操作が可能ですが、最初にパーソナルコンピューターにＧＵＩを採用したのは、AppleのMacintoshです。

写真を見ることができず、またフィルターのように加工することもできないので、ありのままの今の様子をシェアすることになります。

10代や20代を中心に爆発的にヒットしているこのアプリですが、そこまでプライベートを晒さなくてもいいかなと思ってしまうところもあり、私自身はあまりついて行けていません。ましてや私より上の世代の人からすれば、なぜ流行るのか理解できないという人も少なくないでしょう。YouTubeやFacebookも、今でこそ否定的な声は少なくなりましたが、出てきた当時は理解できないという感覚を抱く人もいたのではないでしょうか？

破壊的イノベーションと呼ばれるものの大半は、今の社会を構成しているメジャーな価値観を書き換えています。そして、既存の価値観にとらわれてしまい、価値観を柔軟に変容できなかった企業は、次第に今の立ち位置を失ってしまうのです。

価値観の変化が感じられる事例

- コロナ禍を経て、働き方や暮らし方に対する考え方に変化が生まれた。
- 商品選択の際に、サステナビリティを意識する人が増えてきた。
- 所有よりも経験を大切にする人が増え、シェアの文化が広がった。
- 共働きを積極的に目指す人が増え、家事代行のサービスが普及した。
- ただコンテンツを見て楽しむのではなく、つくることを楽しむ人が増えた。
- バーチャル空間上での友人関係に、居心地の良さや拠り所を見出す人が出てきた。

良し悪しを判断する価値観が凝り固まってしまっていては、新しいアイデアが形になることはありません。価値観をいかに柔軟に変容させていけるかにこそ、アイデアを実らせられる企業になれるかどうかの鍵があるのです。

▼Q 理解できないという、価値観のギャップに気がついた最近の経験は？

新規事業施策とはある意味、新しい価値観との出会いの機会でもあります。同時に、価値観の変容とは、パッとすぐに起きるようなものではなく、時間をかけて徐々に変わっていくような豊かなプロセスが大切になります。具体的なプロセスについては、次節以降で見ていきましょう。

第2節　価値観の変容のためにできることとは?

価値観は「変わっていくもの」

第1部で見てきた「良い土壌」という観点に改めて立ち返れば、土中の空気や水の流れ、あるいは微生物の多様性が重要であるように、多角的に価値を評価できる構造を実現し、多様な価値観を育むことや、変容のプロセスを組み込むことが重要です。

両利きの経営における「知の探索」も、こうした「価値観の探索」と捉えると、単に本業とは違うアイデアを生み出すという活動だけではないことが分かるはずです。だからこそ、アイデア出しの方法論に関する研修だけをやっていれば良いということではないのです。

結果的に次の柱となるような良い事業を生み出すためには、価値観の変容機会として新規事業施策を広げていくことが大切になります。新規事業施策をこうした位置づけで展開できているかどうかが重要となります。

そもそも、人の価値観とは、変えようとして変えられるものではありません。ましてや外から無理やり価値観を植え付けるなんてもってのほかです。

あくまで大切なのは、変容するための機会づくりであり、そのための場づくりです。**トップダウンでできることは場づくりであり、そのプロセスをファシリテートしていくこと**なのです。スキルを身につけさせる、方法を学ばせる、課題を探しに行かせる……。今の施策は、何かを「させる」ことばかりになっていないでしょうか？

▼Q 皆さんの中で、価値観の変容が「起きた」経験として思いつくものはどんなものですか？

前著『リサーチ・ドリブン・イノベーション』（翔泳社）で紹介したリサーチのプロセスも、単に効果的にリサーチ結果を得るための方法論ではなく、リサーチを繰り返す営みを通じて、様々な「分からないこと」と出会い、様々な気づきや想い、そして葛藤が生まれていくような営みでした。**既存の価値観との間で葛藤が生まれるような経験が積み重なり、価値観が徐々に変わっていくような場づくりにいかに取り組めるか。**これこそが組織の土を豊かにする新規事業施策を考える上で大切になります。MIMIGURIが「ワークショップ」と呼んでいるものは、アイデアを生み出すことだけを意識したものではなく、価値観が主体的に変容していくプロセスを実現するための手段なのです。

価値観変容の場に求められる4つの要素

そもそも、新規事業施策に限らず、組織の中で価値観が豊かに変容していく場をつくり出すためには、どのようなことが求められるのでしょうか？

(1) 新しい人や状況と出会い、多様な価値観に触れる機会をつくる

まず、価値観の変容は出会いによって生まれることがほとんどです。パートナーや友人との出会いによって物事の捉え方が大きく変わるように、皆さんも誰かとの出会いや何かしらの経験が、自分の価値観に影響しているのではないでしょうか？　こうした出会いによって、人々の価値観は揺れ動いていくもの。そんな出会いの機会を持つことはできているでしょうか？

こうした機会をつくるためには、多様な領域で活躍する人々と関係性を築くことが大切になります。また単に有識者を呼べば良いということではなく、一緒に対話したり、試行錯誤を積み重ねたりする中で生まれる関係が重要だということも、意識しておかなければなりません。だからこそ、第2章でも言及したように、事業のアイデアだけではなく、どのような社会関係資本の構築につながったかという観点でも、取り組みを評価するべきなのです。

（2）自らのこだわりやとらわれと向き合う場をつくる

次に大切になるのは、今の自分がどのような価値観を持っていて、何にこだわっているのか、あるいは何にとらわれているのか、ということに気がつけるかどうかです。自分の価値観は、意外と自分で気づけていないものです。だからこそ、自分とは違った価値観を持った人々と出会い語り合うことで、自らの価値観のあり方を相対的に捉えていくことが求められます。

（3）変容と向き合う余白を生み出す

さらに大切になるのは、「余白」があるかどうかです。単純に様々な人や状況に触れる「時間的余白」はもちろんのこと、自らの価値観を見つめ直すためには「精神的余白」も大切になります。日々の仕事に忙殺され、自らと向き合うこともままならない状況では、価値観が豊かに変容していくことはないでしょう。

（4）違いを分かち合える関係性をつくる

価値観が多様化するということは、自分とは相容れない価値観に接するということでもあります。そして、そうした違いこそが価値観を変容させるきっかけとなります。このとき大切なのは、「分かり合う」ことと「分かち合う」ことの違いを認識することです。「分かり合う」とは、価値観の重なるところだけを見ようとする活動。一方で「分かち合う」とは、それぞれの違いをフラットに認識し合うことです。「分かり合おうとする」スタンスでは、どうしても重ならないところを受け入れられず、重ならないところがある人の価値観全体を否定してしまいかねません。一方「分かち

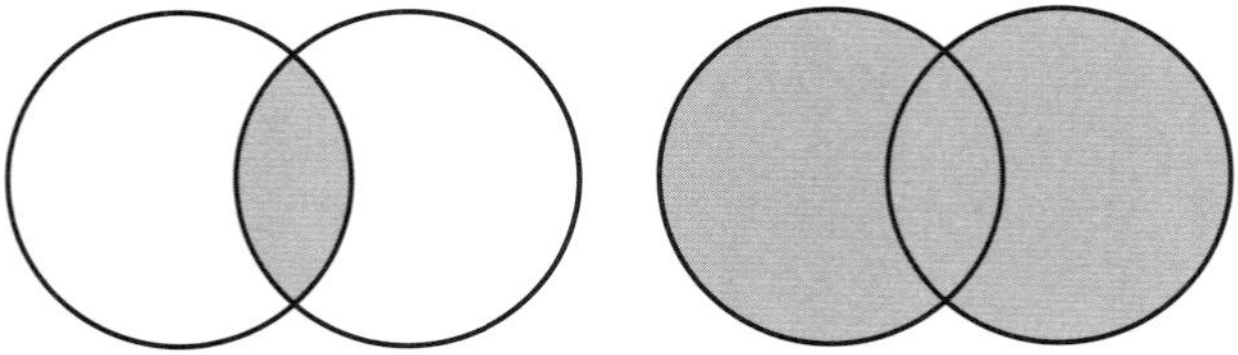
分かり合う
私たちの考えの共通点は？
分かり合えないことが許容されない
分かち合う
私たちの考えの共通点や違いは？
分かり合えなさも可能性になる

図表3-1　分かり合うと分かち合うの違い

合おうとする」スタンスでは、重ならないところもフラットに受け止め合うことができます。

日頃から、自分の価値観とは共感できない部分があったとしても、それ自体を受容できるかどうか、意識的にこの感覚を持つことが大切です。

▼Q

4つの要素の中で、今の組織に不足していると感じるものはどれですか？

対話の場づくりを心がける

さらに重要な観点として挙げられるのが「対話」です。対話と聞くと、単に「相手の話を聞くこと？」とイメージされる方もいるかもしれませんが、そう簡単な話ではありません。

まず、議論と対話の違いを意識することが重要です。

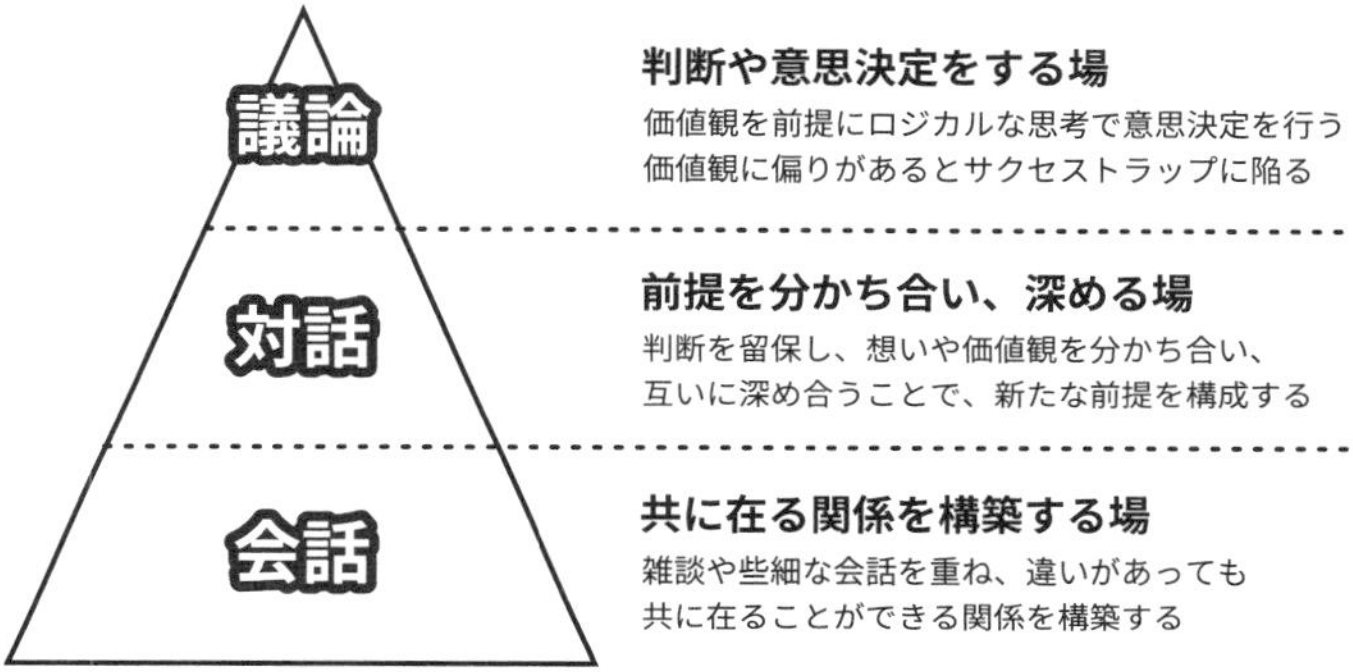
議論
判断や意思決定をする場
価値観を前提にロジカルな思考で意思決定を行う
価値観に偏りがあるとサクセストラップに陥る
対話
前提を分かち合い、深める場
判断を留保し、想いや価値観を分かち合い、
互いに深め合うことで、新たな前提を構成する
会話
共に在る関係を構築する場
雑談や些細な会話を重ね、違いがあっても
共に在ることができる関係を構築する

図表3-2　議論、対話、会話の違い

図表3－2は、中野民夫先生と堀公俊先生の著書『対話する力』（日本経済新聞出版）にある議論と対話と会話のピラミッドの図に、筆者なりの解釈を入れて、その違いを表したものです。

議論とは、何かを意思決定するためのものであり、そこには当然ロジカルな思考が求められます。しかしながら、これまで述べてきた通り、すべてのモノゴトの「良し悪し」がロジカルに意思決定できるわけではありません。過去の成功体験にとらわれるあまり、価値観に偏りが生じれば、サクセストラップに陥ります。

その議論の土台を支えるのが「対話」です。**対話は、お互いの前提にある想いや価値観を分かち合い、深めていくものです。**そしてそこでは、自らの価値観でジャッジすることを一旦止めるという「**判断の留保**」が求められます。

また、こうした対話の場を支える「会話」の場も重要です。**会話は簡単に言うと、雑談の広がるような場、**もう少し踏み込んで言えば、**「判断を留保したり、問いかけ合ったりできる関係を構築する場」**と言えるでしょう。

新規事業が生まれにくい組織には、こうした「対話の場」や、「会話の場」が圧倒的に不足しているように感じられます。特に、評価する側が「対話」することはほとんど見受けられません。一人ひとりが価値観を見つめ直す機会が施策に組み込まれていなければ、これまでにない価値を提案できる組織にはなれないでしょう。

▼Q

皆さんの日常の中で、「対話の場」や「会話の場」として思いつくものは何ですか？

第3節　変容の場づくりに取り組む

新規事業施策で価値観の変容を実現する3つのポイント

ここからは、新規事業施策において価値観が変容する場づくりにどう向き合えば良いのか、具体的に考えてみましょう。

具体的なアプローチを見ていく前に、第2節で取り上げた、価値観変容の場づくりに求められる4つの要素や対話の観点を踏まえながら、求められる3つのポイントを紹介します。

ポイント1　豊かな批判を広げる

まず大切なのは、「批判」があることです。ブレインストーミングやアイデア発想では、よく「批判ＮＧ」と謳われるため、意外に思われる方も多いかもしれません。

そもそもこの「批判NG」という考え方は、アメリカの「ローコンテクスト」[*2]な文化圏において機能していたということをまず理解する必要があります。最初から多様なコンテクストや価値観がコミュニティの中に存在していたからこそ、「批判NG」の場をつくることで、相互理解とシナジーを生み出せていたのです。

ただ、日本のような「ハイコンテクスト」な文化圏では、単に暗黙の了解を確かめ合うような、ある意味で忖度し合うような場になりがちで、そこに新たな「新結合」が生まれることはあまり期待できないのです。だからこそ豊かな「批判」[*3]を伴うような状況を実現していくことが大切です。

またこのとき大切なのは、「批判される側」ではなく**「批判する側」にこそアカウンタビリティが求められる**ということです。美術大学などで学生の作品を批評する際に行われる「クリティーク」と呼ばれる場は、学生の作品に対して、複数の教員がそれぞれの価値観を前提に様々な角度から批判をぶつけ合い、その対話の中で真善美に迫ろうとする営みです。この営みのポイントは、批判する側にもプレッシャーがかかるということにあります。批判することとは、ある種の価値観を示すということ。こうした批判を通じて、その共同体の中で多様な価値観の有り様が表出し、対話が積み重ねられていく状況を実現することが大切になります。

▼Q 過去の経験において、良かったなと思える「批判」をもらえた経験は？

ポイント2　省察を積み重ねる

次に大切なのは、「省察」的な営みを積み重ねることです。簡単に言ってしまえば、「リフレクション」あるいは「振り返り」ですが、単にうまくいかなかったことを反省しようということではありません。

私たちの根底にある、どこからどのように見るかという「まなざし」、つまり価値観そのものに立ち返って、そこにどんなこだわりやとらわれがあったのか、あるいはまだ気がつけていないような「まなざし」はないのかを見つめ直そうとすること。こうした省察を積み重ねることで、次第に価値観は豊かに変容していきます。

実際、新規事業施策でこうした「省察の場」が設計されていることはあまりありません。私たちはなぜそれを良いと思ったのか、あるいは思えなかったのか、互いに問いかけ合うことで、自分のまなざしの偏りに気がついたり、新たな捉え方を学んだりできます。

まさにこれは「対話の場」であり、「判断の留保」を伴うプロセスです。対話的に省察することを、いかに場やプロセスに組み込んでいけるかが、豊かな土壌づくりには欠かせません。

＊2　前提や文脈、価値観などが共有されていない状態のこと。

＊3　そもそも「批判」と「否定」は違います。批判的思考を研究する道田泰司氏は、「批判」には「好意の原則」という、相手の言うことは正しいという前提に一旦立つことが大切だとしています。道田泰司（2002）「批判的思考におけるsoft heartの重要性」、『琉球大学教育学部紀要』60号、p161-170

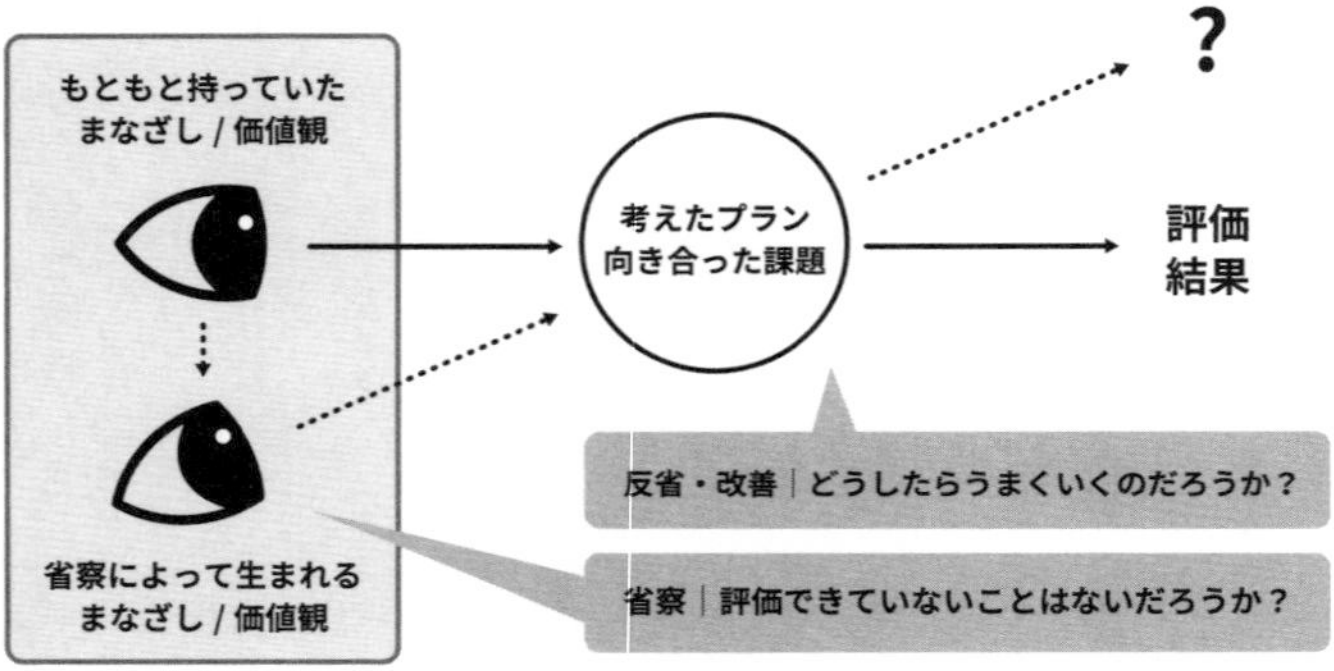
もともと持っていた
まなざし / 価値観
省察によって生まれる
まなざし / 価値観
考えたプラン
向き合った課題
？
評価
結果
反省・改善｜どうしたらうまくいくのだろうか？
省察｜評価できていないことはないだろうか？

図表3-3　私たちのまなざしを省察する

▼Q

振り返ることで、
新たな「まなざし」に気がつけたような、
皆さんの過去の経験は？

ポイント3　心理的柔軟な場を実現する

心理的安全性という言葉はかなり一般化し、言いにくいことでも言える関係性を築こうという動きも広がっています。しかしながら、単に自身の考えを主張できる環境があるだけでは十分とは言えず、自分の考えとは違う意見が出てきたとしても、それをどう柔軟に受け止めるかが大切になります。特に、評価する側の柔軟な姿勢は重要です。

心理的安全性のベースには、心理的柔軟性という概念があります。簡単に言えば、受け入れがたいものも受容し、その状況、その瞬間に合わせて、自己認識を柔軟に保ちながら、より大切だと考えられる方向へ向かえるしなやかさを有しているかを表します。心理的柔軟性モデルでは、図表3－4のような項目が挙げられており、どれか1つでも欠けると、柔軟性が発揮されにくい状況に陥るとされています。[*4]

特に1〜4の項目は、評価の前提となる価値観の柔軟性において重要な項目です。図に挙げたようなポイントに留意しながら、心理的柔軟性が育まれる、あるいは発揮されるような場づくりを心がけることが、価値観変容を豊かに実現する場づくりにおいて大切になります。

▼Q
心理的柔軟性の項目の中で、
あなた自身に不足していると感じた項目はどれですか？

＊4　スティーブン・C・ヘイズ、カーク・D・ストローサル、ケリー・G・ウィルソン『アクセプタンス＆コミットメント・セラピー（ACT）第2版』（星和書店）

	心理的非柔軟な状態		心理的柔軟な状態
1｜アクセプタンス	自分とは違う考え方を避けたり 拒絶したりする状態	▶	自分とは違う考えも オープンに受容しようとする状態
2｜脱フュージョン（脱とらわれ）	自分の考えや感情と 自分そのものを 切り離せなくなっている状態	▶	自分の考えや感情と 自分そのものを 切り離して考えられる状態
3｜今、この瞬間	別のことに気を取られ 心ここにあらずな状態	▶	「今、この瞬間」に 焦点を当てられている状態
4｜文脈としての自己	もともと持っている 概念的な自己認識に とらわれている状態	▶	その状況、環境、文脈によって どんな自分が現れるかを 観察できる状態
5｜価値	誰かが示す「良さ」に振り回され 何を大切にすべきか 分からなくなっている状態	▶	改めて自分が何を大切にしたいかを 明確にしようとできている状態
6｜行動へのコミット	想いや価値観に基づいて 行動できなかったり 相反する行動をしている状態	▶	自分の想いや価値観に基づいて 行動できている状態

図表3-4　心理的柔軟性

評価者の学習機会を組み込む

施策に実際に取り組む一人ひとりの価値観変容を実現していくためのヒントは、第3部で紹介しますが、ここではより重要だと考えられる、アイデアの良し悪しをジャッジする、評価者側の価値観変容をどう実現していくかについて具体的に紹介していきます。

新規事業の評価においてすでによく見られるアプローチとして挙げられるのは、評価する側に社外の有識者に入ってもらうというものです。一歩引いた目線やより深い目線で、アイデアの良し悪しを判断できる人に触れることで、何を良いとするかというまなざしは少しずつ変容していきます。しかしながら、ただ有識者のジャッジに頼っていては組織は変容しません。また招聘した有識者の価値観に柔軟性がなければ、偏ったバイアスを社内にとり入れるだけになってしまうでしょう。

ポイントは、多様な価値観を持った評価者を社内外から招き入れ、評価が分かれるような状況を積極的に生み出し、そこに評価者同士の対話の機会を実現することです。

ただ、評価が多様に分かれていくと、ただ対立が広がるだけになりかねず、結果的に創造的な場にすることが難しい側面もあります。そこで、心理的柔軟性を実現しやすく、省察にもつなげやすいアプローチをいくつか具体的に紹介します。

(1) 多様決

『リサーチ・ドリブン・イノベーション』でも紹介したワークですが、最も簡単にとり入れられる方法の一つです。出てきたアイデアに対して、単純な「多数決」をとるのではなく、プラス評価とマイナス評価の票をそれぞれ入れていき、最も意見が分かれたアイデア、つまり評価が多様になったところに焦点を当て、どのような観点で評価に違いが生まれたのかを対話していくワークです。

往々にして、アイデアを評価する人は、アイデアそのものだけを見て評価を下してしまいがち。まず多様決を行って、そのアイデアに対する様々な見方に触れることで、アイデアの前提にどんな考え方や価値観があったのかを知ることができます。場に参加した全員で多様決と対話を展開したあと、アイデアに対する批評を行えば、一歩踏み込んだ批評ができます。また、評価する側にとっても、その場で表現された多様な価値観を踏まえた上で、評価をすることができるようになります。こうした機会は、評価する側が自身の価値観を省察したり、心理的柔軟性をもたらしたりすることにもつながるでしょう。

(2) なりきり批判ワーク

「なりきり批判ワーク」は、誰か別の人になりきった上で、批判しかしてはいけないという前提で、アイデアにコメントし合うというワークです。

例えば、社長になりきって批判する、という建て付けでやれば、社長が普段からどのように評価を下していると認識されているかが可視化され、社長自らが同席すれば、自身のメタ認知にもつながります。あるいは有名企業の社長や、辛口なコメントで知られる有名人になりきって行うと、批判すること自体がちょっと楽しげなワークにもなっていきます。

アイデアを批判するというのは多少なりともやりにくさがあるものです。そこで、誰かになりきることで、自分ではなくその人の目線でアイデアを評価しているという「言い訳」ができるため、批判も積極的に出てくるようになります。

また批判しかしてはいけないという制約があることで、批判される側もそれを柔軟に受け止められるようになります。徐々に批判することが苦しくなっていき、苦し紛れの批判に笑いが生まれる、という状況も訪れます。こうした状況が、批判のコメント自体に省察的な目を向けることを促し、また場の心理的柔軟性を高めていきます。

(3) ポテンシャル評価ワーク

アイデアに批判を投げかけると、「ジャッジする側の方が正しい目線を持っている」という関係性になってしまいがちです。評価する側の価値観を変容させていくためには、この構造から離れ、評価するまなざしの違いに関心を当てる必要があります。

そもそも批評とは、ネガティブな点を指摘するだけではなく、ポジティブな観点も評価する活動のはず。そこで、アイデアのポテンシャルをどれだけ見立てられるかを、評価者同士で競い合うという「ポテンシャル評価ワーク」というアプローチをとってみるのはどうでしょうか？

評価者同士で競い合う構造をつくることで、「お前はまだこのアイデアのポテンシャルを引き出せていないじゃないか」というように、アイデアの良いところをもっと見抜いてやる、という力学が働いていきます。結果的に批判する側にプレッシャーがかかる構造になり、次第にもともと評価者が持っていた価値観以上の観点で、アイデアが評価される現象も生まれていきます。

アイデアを提案した側にとっても、自分の提案のポテンシャルを見出し合ってくれるわけですから、嬉しくないわけがありません。それどころか、ここまで言われているのだから、もっとちゃんとやらねば、という認識も生まれてくることでしょう。アイデアが安直に否定されモチベーションを失っていく負のサイクルとは、全く逆の状況が訪れます。

▼Q
3つの中で、まずとり入れてみたくなったワークは？
それをやってみたいと思った気持ちは、どこからやってきましたか？

こうしたワークを通じて、アイデアに対する評価が自然と分かれる状況や、アイデアを評価・批判する、自らの価値観を見つめ直すような時間をつくり上げていくことが大切になります。一連のプログラムが終わったときに、自分はどうしてそのアイデアを高く評価したのか、その背景にはどんな価値観があるのかを語り合うような、対話の時間を持つだけでも変わってくるでしょう。

評価の場にこそ「知の探索」の本質がある

アイデアの評価と言うと、どうしても「どう評価すれば、より良い意思決定が行えるか」に焦点が当たりがちです。もちろんその解像度を高めていくことは大事です。しかしながら、そもそもの「良さ」が、私たちの価値観に依存していることに自覚的にならなければなりません。

だからこそ、評価の場を、単にアイデアの良し悪しを「決める」だけにせず、自分たちの価値観が固定化していることや偏重していることに気がつき、価値観の有り様を豊かに模索していくことにつなげることが大切です。それこそが「知の探索」の本質だと言えるでしょう。

▼Q 第3章を読んで生まれた、「知の探索」や「評価」に対する発見や認識の変化は？

こうした前提を、評価を行う経営層こそがしっかり認識し、組織的に価値観変容が生まれる場づくりに取り組もうとしなければ、実りが生まれ続ける豊かな土壌が実現することはないでしょう。

第3章のまとめ

○良いアイデアとは何かは、評価者の価値観や感性によって大きく変わるものである
○今日良いアイデアが生まれないのは、評価者側の価値観が変容せずに、新たな価値を評価できていないことに要因があるのではないか
○価値観とは、誰かが変えようとして変えられるものではなく、変わっていくものである
○既存の価値観との間で葛藤が生まれるような経験を通じて、価値観が徐々に変容していくような場づくりに取り組むことが大切になる
○新しい人や状況に出会うことや、自らのこだわりやとらわれと向き合おうとすること、またそのための精神的余白や、価値観の違いを分かち合える関係性をつくることが、価値観変容の場づくりにおいて求められる
○また、議論と対話と会話の違いを理解し、会話や対話の場を設けていくことが重要になる
○新規事業施策の中で価値観変容の場づくりに取り組むためには、豊かな批判や省察的な対話が広がり、心理的柔軟性が育まれることが大切になる
○多様決やなりきり批判、あるいはポテンシャル評価といった評価者自身の価値観について対話が広がるワークをとり入れることで、評価者の価値観変容の学習機会を実現する

新たな事業は、推し合う文化から生まれる？
――新規事業を「評価する側」のアップデート

新規事業のアイデアがなかなか生まれないのは、アイデアを生む側だけの問題でしょうか？
実は、アイデアを評価する側も、アップデートが求められているのでは？
評価する側の価値観が問い直されていくためには何が必要なのか、
株式会社MIMIGURI共同代表の安斎勇樹さんに聞きました。

安斎 勇樹 *Yuki Anzai*

株式会社MIMIGURI 代表取締役Co-CEO、東京大学大学院 情報学環 特任助教。ウェブメディア「CULTIBASE」編集長。著書に『問いのデザイン』、『問いかけの作法』、『リサーチ・ドリブン・イノベーション』などがある。

小田裕和（以下、「小」）　新規事業施策の現場で、有望なアイデアが生まれることを促すために、「社員教育が必要なので研修をやってくれないか」「アイデア出しのフレームワークを社員に教えてほしい」というご要望をよくいただきます。

ただ、ジャッジを下す評価者側が特に変わろうともせず、「現場メンバーに変わってもらわなきゃ」と言っているだけでは、土壌が消費されて死んでしまうという危惧があります。

安斎さんは「評価」という営みについて、僕も所属するMIMIGURIの共同代表として今までたくさん経験してきましたよね？

安斎勇樹（以下、「安」）　そうですね、MIMIGURIは主に組織のコンサルティングを得意とするベンチャー企業で、70名ぐらいが在籍しているので、評価という営みはどうしても必要になってきます。

MIMIGURIは同時に、文科省認定の研究機関でもあり、小田さんも僕も、大学で博士号を取って研究しながらそれを実践するという、研究と実践を行ったり来たりしながら組織やイノベーションの問題に取り組んでいるわけです。それで、ちょっと企業の文脈から離れて、アカデミアを例に考えてみたいなと。

研究という領域でも、「評価」が日々飛び交いますよね。学会に論文を10本出したとしたら、3本通るか通らないかですよね。その領域の専門家からジャッジされて、「この論文は全然ダメなので載せません」とか、「いいけど分析が微妙なのでやり直し」といったコメントがついて返ってくる。大学のゼミや研究室というコミュニティの中でも、指導教官や先輩の先生方がいる中で、日々評価されながら論文を磨いていく。

そういう場面を思い返して感じるのは、ダメなところや不備を見つけてNGを出すのは簡単だということです。

論文は、多面的に合格点に達していないと掲載されないですが、「いかにダメか」を指摘するのはわりと簡単です。一方で**評価の力量が問われる**

のは、その中の良さやポテンシャルを見抜いて、「どうすれば良くなるかな」という期待を込めながら、良くなるための差分を「クリティーク」していくことですよね。そういう「評価技術」が必要なんです。

評価技術がないと、ダメな理由ばかり挙げていくようになり、「ポテンシャル」が日の目を見ることがない。

小　安斎さんはずっと、「自分はポテンシャルフェチ」だとおっしゃっていますよね。ポテンシャルを見抜くためには、どういうことを意識しているんでしょう？　あるいは、どうやって見抜く力をつけようとしているんでしょうか？

安　人についてもアイデアについても、すでに顕在化している「良さ」の評価と、潜在的に良くなっていきそうかどうかという、未来の可能性に対する評価がありますよね。

新規事業やアイデアの評価については、「可能性を評価する」という目線を持たないといけないのは確実に言えることですよね。現状のプランがどうかというより、どう良くなっていきそうなのか。

僕自身の感覚で言うと、パッと見たときに、「あ、これ良くなっていきそうだな」とか、「ここがこの人のポテンシャルだよな」などと毎回分かっているわけではない。分かるのは、その内容が自分の専門領域や経験知に近い場合が多いんですよね。

自分はこういう経験をしてきた、こういう苦労をしたことがある、だから「これは結構おもしろいこと言ってるぞ」という嗅覚が働く。ただ、自分の専門領域以外は難しいですよね。

自分の基準で評価しようとすると、ポテンシャルでジャッジできなくなってしまう。だから、本人がどれぐらいこだわりを持っているのか、どう育てようとしているのか、という「執着」や「固執」を見ているのかもしれません。

小　自分の専門領域から離れていて内容がよく分からなくても、本人がそれを育てていけそうなのかを見るというわけですね。

安　そうです。例えば、小田さんに対する僕の最初の印象はその両方が入り混じっていて。小田さんは当時、デザインや心理学、学習に関する理論を参照しながら博士論文を書いていたわけですが、僕の専門領域から近かったのもあって、「この理論とこの理論を組み合わせて研究するっておもしろいし、ユニークな視点を持っているに違いない」という嗅覚が働く。その一方で、半分以上は僕の専門性では理解できない。

「何言ってるのかよく分からない」けれども、小田さんなりの強いこだわりと愛着、プライドを持っているのを見て、きっとおもしろい研究やパフォーマンスをするだろうなと。

小　自分のことを話されると、恥ずかしくなってきますけど（笑）。

研究内容やアイデアそのものについては、自分の領域から遠いとジャッジするのはなかなか難しいけれど、人そのものであれば、本人がどれくらいちゃんと向き合おうとしているかを見て、そのポテンシャルを見出してあげられる。その方が実は大事ではないかと。

「育成」を前提とした評価

安　内容に関しては、ジャッジが可能ですよね。例えば、僕が舌の肥えた一流の料理人で、小田さんがこれから料理人になりたい若者だったとして、小田さんが作ってくれた料理に対し、僕にその専門性があれば、「85点！」などと評価することはできますよね。

でも、「料理人としてこうなっていきたい」という、「人」に対する評価は、「うーん……75点！」などと点数をつけるというより、その人が実現しようとしているプロセスにどれぐらい関与したいか、応援したいか。ある意味、客観的なジャッジではないですよね。

小　ある程度の主観は入りますよね。

安　投資家の感覚に近いのかもしれないですね。

惚れ込んで投資した相手なら、いろいろアドバイスしたり、人を紹介したり、そのプランがボツになっても違うプランを一緒に考えたり。共通のビジョンに向かって、協力関係を築きながらコミットしますよね。そういうことをやっていきたい相手なのかどうか。

小　その人のポテンシャルに投資したくなるかどうかが大事ということですよね。

安　投資する、応援すると決めたら、言い換えると小田さんと一緒に本を書く、小田さんと一緒に働いていく、と決めたら、小田さんに本当にポテンシャルがあるかどうかは正直どうでも良くなる。ポテンシャルがあると思って一緒にやるんだけれど、その感覚が現実のものとなるように一緒に協力する、という関係性に変わりますよね。

小　一緒に探究していく関係性に変わるという。そう考えると、評価する側の人間性も問われるなという気もしますね。

安　やっぱり、メタファーとして教育は分かりやすいと思うんですよね。

大学は入試によって入学者を選抜するけれども、いざ入学したら、その学生はちゃんと育てようとしますよね。本学の目指すべき人材像になってもらう、将来幸せになってもらうために育てていく責任が大学側に発生します。

アイデアにしても人にしても、育っていくものですよね。**「評価」という営みのゴールは、撃ち落とすことではなく、成長させることにある。**もちろん総合的に見たときに撃ち落とされるアイデアもあるけれど、より良いものをつくるために評価という技を使う。

学校教育でも、何も心を折るために低い点数を与えるわけではないですよね。

小　自分の今の立ち位置に、ちゃんと気がついてもらうために評価するわけですよね。

安　そうです。評価ってかなり暴力的で、諸刃の剣ですよね。中間テストのフィードバックにしても、評価が緩くても中だるみするし、厳しすぎても心が折れてしまうし。その暴力性、権力性を自覚しながら、どうやったらみんながちゃんと勉強して成長するだろうか、と考えながら学校の先生は評価するわけですよね。そういう「育成」を前提とした、「手段としての評価」という感覚が必要なんだろうなと思いますね。

新規事業施策にも「カリキュラム」を

小　世の中には「結果を出したかどうかがすべて」という考え方もあって、それはそれで全然おかしいことではないと思うんです。でも僕と安斎さんは、人が学んでいき、変わっていくことに惹かれてしまった側の人間だよなと。なぜそこに惹かれるんでしょう?

安　それは、ダメだと思われていた人、本人が自分でもダメだと思っている人が、あるきっかけによってポテンシャルが引き出されて輝き始め、ものすごい成果を出すというケースを目の当たりにしているからだと思うんですよね。

これは人間にとって根源的に魅力的なプロセスで、あらゆる少年マンガがそのフォーマットでできていますよね。最初から「最強の戦士」が出てきて、最強のまま終わるマンガなんてつまらない。

『DRAGON QUEST―ダイの大冒険―』(集英社)でも、ドラゴンの騎士の勇者ダイが最終的に魔王を倒すというストーリーの裏側で、当初はすべての戦闘から逃げまくっていた〝超ダメ〟なポップが、最終的に大魔道士になる。この裏側のストーリーの方が、読者を惹きつけていたりしますよね。

放っておいたら輝かなかったダイヤの原石や、ダメだと思われていたものが、ひょんなきっかけで成長し、覚醒するというフォーマットって、本質的にすごく魅力的なんだと思います。僕らは、そういうものが阻害される制度や仕組みが嫌なんだと思うんです。

『ダイの大冒険』の編集者はポップについて、「そんなに人気がないからどこかで殺してくれ」と、作者に何回も指示を出していたらしいんですよ。「ここらへんでポップが死ぬシナリオの方が盛り上がっていいんじゃない?」と。でも、作者が「絶対にポップは殺さない」と守り続け、輝かせたんです。だから、「こいつが成長した!」という物語を人は信じたいし、つくりたい。

小　ミドルマネージャーをやっていてしんどくなっている人って、その成長物語を信じずに、ただ結果を管理しなければいけない、となってしまっているかもしれないですね。

安　あるいは、もともとは信じていたけれど、3回ぐらい裏切りにあってガッカリしたのかもしれませんね。手塩にかけて育てようと思った矢先に、別の会社に転職されてしまうとか。打っても響かなすぎて、諦めてしまうとか。いろいろなガッカリ経験を経て、「そんな物語は少年マンガの中だけなんだな」と認識してしまう。合理性の問題や時間のなさに直面し、だんだん現実的になって、確実に評価しやすいものから評価するようになってしまう。

小　今は転職する人も多いし、会社の制度として育成の体制が整っていないとか、「それは人事がやることでしょ」と割り切られてしまうとか、いろいろあると思うんですよね。

安　育成計画やロードマップみたいなものを持たないと厳しいなとは思いますよね。大学の場合はまず入試で、どこまでできるかを見る。1、2年生のうちにこういうことができるようになってもらいたい、そして4年生でこういうことができたら学士、という育成ラインがある。

　1年生が終わる段階で「3000字のレポートも書けません!」という状態はきついから、「これぐらいのことをやっておいてもらわないと困る」という段階があって、これがカリキュラムと呼ばれるものだと思うんです。

　人を育てようとすると、その評価の背後にはカリキュラムが必要で、**新規事業を育てる際に、そのカリキュラム的なものがないのかもしれないで**

すね。それがないから、撃ち落とすしかない。この節目でこの段階に達していたら積極的に通すとか、達していないものは撃ち落とすけれど、もう一回チャレンジするためのアドバイスをするとか。

論文の査読もそうですよね。「現時点ではこの論文は載せられません。でも、こういうところを書き直してもう一回投稿することを期待します」というコメントがあったりする。

長期目線の育成計画と、短期的な厳しい評価が織り混ざっていないと、今、目の前で、この人をジャッジしないといけないとなったとき、易きに流れてネガティブ評価を与えて終わりになりかねない。

小　新規事業施策の担当者と人事部がコミュニケーションすることは、ほぼないですよね。

安　確かにそうかもしれませんね。**社内でアイデアを評価して育てるという営みと、社内で人材を育て評価するという営みは、本来は連携しているべきですよね。**

新規事業の評価者が、提案者の人事評価について人事と連携して、どういう成長課題があるかとか、どういうキャリアフェーズにあるのかということを踏まえて、アイデアにフィードバックする。そうすれば、プランだけを見てフィードバックするのと、だいぶ変わってくるかもしれません。

発案者を「好きになる」のが一番早い

小　マネジメントにおいて、どうすれば身の回りの「ポップ」を育てられるんでしょう?

安　ある人のアイデアがあって、それを会社でサポートしていくとなったとき、その人を好きになるのが一番早いと思うんですよね。みんな全力で育てようとして、うまくいかせてあげたいと思うじゃないですか。

例えば、僕が小田さんと出会ったとき、「一緒にやっていこう」「共に成長できるような機会をつくっていこう」となるためには、人間として好きでないと結構きついですよね。

もしポップが本当に嫌なヤツで、みんなに嫌われていたら、たぶん覚醒しない。逃げたり嘘をついたりするけれど、なんだか好かれているからうまくいく、というところがある。

だから、その人のケイパビリティやポテンシャルを評価する前に、本人を好きになった方が、結果的にポテンシャルが引き出されるよなと。

ただ、好きになるきっかけがあまりないんです。そういう感情は、会社に持ち込まないことになっている。「ここは学校じゃないんだ」とか言われてしまいますよね。**一緒に働く人が好きになるような機会、アイデアを生み出そうとしている人を好きになる機会が組織の中にあったら、もっとうまくいく**と思うんですよね。

田中聡さんと中原淳先生の『「事業を創る人」の大研究』（クロスメディア・パブリッシング）でも、アイデアが悪いのではなくて社内のサポートが得られていない、という話が出てきました。よくこれは制度上の問題だと解釈されがちですが、「好き」だったらサポートすると思うんです。実はそっちが重要では？と思いました。

小　僕の博士課程の同期に、abaの宇井吉美さんというスタートアップ界隈の超有名人がいますが、彼女が博士論文で研究していたのが「巻き込み力」だったんです。宇井さんは、本当にいろんな人を巻き込んで、事業を形にしている。
いかに「推し」たくなる人を社内で育てていくかという話ですよね。

安　そう思いますよね。それは本人の人間性頼みのように受けとられるかもしれないですが、そんなことはない。

例えば新規事業のプランを聞くとき、プランだけではなくこういう情報も聞くとより推しやすくなる、というポイントがあると思うんですよね。一人ひとりの個人的な魅力に頼るのではなく、「推し」が起こりやすい組織にしていく。

あと、「推し上手」な人っているじゃないですか。そういう人が評価チームに一人いるといいですよね。評価者全員が推し上手だとちょっと不安ですけど（笑）。

小　逆に、評価者側に対しても推しの感情があったら、提案する側のコミュニケーションが変わるかもしれない。社内で「推し合う関係」をつくるのは、評価という営みにおいて大事なポイントかもしれません。

安　推し上手な人は、意外と多いんですよ。

「今から自慢話してください」と振られたら困る人って多いと思うんです。かなり準備して、気合いを入れて武装して、就活の面接みたいなモードで行かないとできない。

でも、「同僚や友だちのいいところをプレゼンしてください」と言われたら、堂々としゃべる人は多いんですよね。ワークショップで何回か実験したことがあるんですが、他己紹介で人を褒める方が生き生きとする。

他人推しができる人はたくさんいるのに、それはビジネス領域で評価されない能力ですよね。

小　新規事業を生み出すカルチャーをつくっていく中で、そういう存在が実はかなり鍵を握るんじゃないかと。

MIMIGURIでは「ミグシュラン」という評価制度があって、今期自分が何に取り組んだのかプレゼンしそれが評価されるのですが、評価の際に他者からの推しポイントを盛り込むことになっています。その人をもっと推せるようになることを重視した制度だなと改めて感じましたね。

評価という営みの中に、その人を推したくなるようなエコシステム、ポテンシャルを見出していく活動をどう組み込んでいくのかというのは、これまでにない視点ですね。

社内に「推し合う」文化をつくる

安　提案されたアイデアをすべて世に出すわけにはいかないという、出口のロジックは分かるんです。ただ、途中のプロセスにはいろいろ改善余地があるし、そのカルチャーとエコシステムをつくることが、組織づくりにおいて重要だと思いました。

「推しコミュニティ」をつくっていこう、推し合う文化をつくっていこうと言うと、「ぬるくする」とか「ゆるふわコミュニティにする」のかと思われるかもしれないですよね。「新規事業はそんなに生ぬるい世界じゃないんだよ」みたいな意見も出てきそうです。

でも、僕は逆だと思っていて。推し合っている方が厳しいクリティークをしやすくなる側面があると思うんです。僕は、小田さん推しだからこそ、小田さんのアウトプットには厳しくクリティークするじゃないですか。

小　たまに、すごいのが飛んできます（笑）。ぐうの音も出ないような。

安　それは、推していなかったら結構つらいですよね。お互いにつらい。僕はむしろ、「この人にはやらせない方が早いわ」という発想になってしまう。

「これを世に出してほしい」「うまくいってほしい」と思っている方が、そのクリティークに自分の責任も伴うし、お互いその前提のもとで厳しいことが言い合える。

推し関係があった方が、アウトプットにこだわった関係性が築けるよ、と。

それがないまま、クオリティの高いアウトプットをつくるための評価関係をつくるのは、すごく難しいと思うんです。

小　ジャッジしなければならない、一方で成長してほしい、というある種のパラドックスをちゃんと利用して、成長機会につなげていく。そういうところも含めて、評価者が創造性を発揮し、楽しく評価できるようになったら、とてもいい場になっていきそうですね。

第4章
理念やパーパスを新規事業創出に活かす

第1節　自分たちは何を目指し探究する存在なのか

「自由な発想を」という無責任な姿勢

ここまでの章でも言及してきた通り、「これまでにない自由な発想を」というかけ声のもと、特にテーマもないままに新規事業施策を展開することは、経営側の無責任な姿勢を示しているとも言えます。そもそも新規事業施策は、若手を中心に自社の今後を担う人材が、自ら新たな事業や会社のあり方を模索していく場でもあるはず。第3章でも見てきた通り、「自由な発想を」と言ったわりに、出てきたアイデアを既存の価値観で否定してばかりでは、手を挙げる人も減ってしまうでしょう。

また、「自社の強みを活かして」という声もよく聞かれますが、安易に強みを活かそうとすれば、結果的にただ「利き手」を活かしただけでサクセストラップに陥ってしまいかねません。

そもそも自社の強みとしての「ケイパビリティ」は、価値を生み出すための源泉であり、手段です。安易に強みを活かそうとするのは、単に手段が目的化してしまっている状態にすぎません。本質を捉え、源泉を活かして価値ある事業を生み出すためには、私たちは何のために存在するのか、という「理念」や「パーパス」といった観点に立ち返って考える必要があります。さらに、第3章でも言及した「何を良いとするか」という「価値観」など、組織の「アイデンティティ」を見つめ直すことが欠かせません。

しかしながら、「自由な発想」を謳うボトムアップに頼りきりの新規事業施策の現場では、こうした理念やパーパスについて触れられることは少ないのではないでしょうか？

昨今、理念やパーパスを策定する企業は増えていますが、新規事業施策にこそ活用されるべきなのにもかかわらず、あくまで「浸透」させることばかりを考えているように思えます。筆者は、パーパスを「どんな価値創出を探究する存在なのか」を表したものだと捉えていますが、その本丸とも言える新規事業施策で扱われないのであれば、その機能を果たしていないと言わざるを得ません。

▼Q
自社の新規事業施策の中で、パーパスについて触れたり、解釈を深めたりした経験はありますか？

何を起点に価値探索するか

では「理念」や「パーパス」を新規事業に活かしている企業とは、どんな企業でしょうか？

その代表例として挙げられるのは、「Soup Stock Tokyo」を展開する「スマイルズ」です。スマイルズと言えば「N=1」というキーワードでよく知られているでしょう。数多くの人の声を聞き、市場の傾向を捉えようとするのではなく、「自分自身や近しい誰か」というたった一つの感情や欲求にフォーカスを当て、つくり手として「自分が欲しいものをつくろう」とする。その姿勢から生まれてくる数多くの事業は、どれもオリジナリティあるものばかりです。一見すると「ボトムアップな事業創造」の理想的な事例のようにも思えます。

実際、スマイルズの事業は、スープをはじめ、海苔弁やファミリーレストランといった飲食業にとどまらず、ネクタイやリサイクルショップなど、幅広い領域に展開しています。一見すると、新しい事業をボトムアップでバラバラに立ち上げているように見えるかもしれません。

しかしながらその本質は、どのように「世の中の体温をあげる」のかという理念と向き合うことが前提になっているのです。現取締役社長である野崎亙氏は、著書の中で以下のように述べています。

スマイルズは基本的に、どんな事業でも〈共感的関係〉を目指します。安いから買うみたいなビジネスだったら、僕たちよりも圧倒的な試合巧者はたくさんいて、多分、僕らは負けてしまうんです。これは皮肉でもなんでもなくて、素直にそう思っています。ずっと同じルーティンを続けて効率を高めていくというようなことが、そもそも苦手な集団なんですね。それより

も お客様に驚いてもらったり、温かい気持ちになってもらったり、そんな人肌感のある事業を展開することに最大の喜びを覚えます。「世の中の体温をあげる」という会社の理念はまさに社員一人ひとりの働く意味と重なっているように思います。*1

一人ひとりの働く意味として「理念」が存在しており、その中で「自分はこうしたい」という想いを、「世の中の体温をあげる」という理念を通じて、社内で分かち合うことができているからこそ、魅力ある事業がいくつも生まれているのでしょう。新たな価値の探索の起点にパーパスがあるからこそ、一見するとこれまでの既存事業とは関係がないような事業案にも、そのポテンシャルを見出そうとする姿勢が生まれているようにも思えます。

そもそも、今日大企業と呼ばれている企業の多くの原点には、こうした「私たちは何を目指し探究する存在なのか」という理念やパーパスに通じる想いが存在したはずです。

日清食品の創業者である安藤百福氏は、「食足世平（しょくたりてよはたいらか）」という信念のもと、食という観点から世の中に尽くそうとしていたし、京セラの創業者である稲森和夫氏は常に、「人間とはどのようにあるべきか」に基づいて判断し続けていたそうです。

「人間のあるべき姿とは」や、「食によって生まれる豊かな社会とは何か」という問いは、簡単に答えの出るものではありません。時代と共にその答えも変わり続けるでしょう。だからこそ探究し続けるべきであり、組織が組織立った存在としてあり続ける意義となるのです。

＊1 野崎亙『自分が欲しいものだけ創る！』（日経BP）

価値探索の起点には、単なる技術的な優位性や誰もがアイデアを出せる発想法ではなく、常にこうした理念やパーパスが置かれるべきなのです。

▼Q

皆さんの会社の創業の原点には、価値探索の起点となるどのような想いがありましたか？

理念やパーパスを軸に、失敗から組織的な学びを得る

もちろん、理念やパーパスを前提にすれば必ずうまくいく、というわけではありません。スマイルズにも、あえなく撤退した事業があります。しかしながら、理念がその起点にあることで、どのように「世の中の体温をあげ」ようとし、どうしてそれが思うようにいかなかったのか、という学びが組織的に蓄積されていくのです。

忙しい女性がほっと一息つけるスープの専門店のように、既存事業が理念に対してすでに得られた暫定的な答えだとするならば、理念に対して、まだ答えの分からない未知の領域に探索の一歩を踏み出していくことが新規事業です。そしてその**未知への探索の過程で生まれた失敗は、「世の中**

の体温をあげる」ための経験値として、新規事業にとどまらず、既存事業にも活かされていくでしょう。

第1章でも指摘したように、事業の失敗の学びが組織に還元される状況がなければ、組織の土壌が良くなるはずもありません。そしてその学びが組織に還元されるためには、理念やパーパスが学びをつなげる接点として必要になるのです。

事業の成否も大切ですが、理念やパーパスの探究が深まることにつながるような学びを組織的に得られるかどうかに意識を向けるべきなのです。

▼Q

失敗からの学びを、組織や社会とつなげていくために、皆さんの会社のパーパスを問いの形で表現するとしたら?

第2節　どのように社会に貢献するかを問い直す

既存事業の「とらわれ」から離れる

第2章でも言及したように、筆者は新規事業施策が事業を生み出すためだけではなく、組織のあり方を変えるためにもあるべきだと考えています。単に新たな収益源をつくるなら、新規事業をボトムアップで募らなくても、企業買収なども っと投機・投資的なアプローチもあるでしょう。

「事業」という言葉は、儒教の経典の一つである「易経」の次の一節に由来すると言われています。

化してこれを裁する、これを変と謂《い》い、
推《お》してこれを行なう、これを通と謂《い》い、
挙げてこれを天下の民に錯《お》く、これを事業と謂《い》う*2

時に応じて物事を切り盛りし、適宜に処置して変化させ、さらに推進して物事を通じさせる。
この変通の道理によって社会の道を整え、
民を導くことを事業という。

「変通」とは、その場の状況に応じて、どのようにでも変わることを意味し、それによってより良い社会の実現を目指すことが事業である、と読み解くことができます。

既存事業は、社会をより良くするためのアプローチがすでに確立された状態であり、また大企業のほとんどは、その既存事業によってどのように社会に貢献する存在なのか、という関係性やアイデンティティが確立されていると言えます。だからこそ、そこにブランドという信頼が構築されているわけです。

しかしながら、こうした関係性が固着化すればするほど、企業は変化できなくなっていきます。そこに存在する「期待」はどんどん「当たり前」のものになっていくからです。

例えば、車のカーナビを作っている会社があるとしましょう。すでに安定したブランドを構築した企業に期待されるのは、操作しやすく、リアルタイムで正しい情報を表示してくれるカーナビであり、なおかつ低価格で壊れにくい商品です。作り手側も、その期待に応えるために、日々プロダクトに磨きをかけていきます。ただ、操作性はまだしも、正しい情報表示で差別化するのは難しくなっていき、結果的に価格競争に陥ります。そんな中でも、決して品質を落とすことはできません。

＊2　竹村亞希子『「易経」一日一言』（致知出版社）

なぜならすでに確立されたブランドを傷つけてしまうからです。次第に作り手から想いが失われ、顧客からの「期待」も「当たり前」になってしまい、期待に応えられたという喜びも感じられなくなっていきます。

そこに、「自動運転」や「AI」が新たな技術として登場してきました。そもそも運転を「ナビゲート」すること自体の必要性が危うくなるわけです。自動運転が普及しても、なんとかカーナビが生き残る道はないのか。この時点で「カーナビ」を作ることにとらわれてしまっていることに、当事者はなかなか気がつけないものです。なぜならそれが「当たり前」になっているからです。

▼Q

「カーナビ」を自社の製品やサービスに置き換えて、同様のエピソードを考えてみると、どのようなことにとらわれ、変われなくなっていくことが想定されますか?

新規事業とは、こうしたとらわれから離れ、どのように社会に貢献するかを問い直すことと言えます。単に価値実現の方法を変えるということではなく、私たちが何者なのかという、組織のあり方そのものを見つめ直すことが大切になります。これはつまり、パーパスに立ち返って考え直そうということです。

このカーナビの話は、MIMIGURI代表の安斎が直面した話です。安斎は当時のことを以下のように記述しています。

筆者は思い切って、クライアントチームに「そもそも、なぜカーナビを作りたいのですか？」と尋ねました。すると「自分たちは、別にカーナビを作りたいわけじゃない。生活者に〝快適な移動の時間〟を提供したいのだ！」と、意外な答えが返ってきました。この瞬間、チームには「これだ！」という感覚が走りました。問いが書き換わった瞬間です。*3

既存事業に縛られていると、組織の自己認識自体がカーナビにとらわれてしまいます。「快適な移動の時間を提供する存在なのだ」という自分たちの存在意義に立ち返ってこそ、どのように新たな価値を実現するかを本質的に考えられるようになるのです。裏を返せば、組織のあり方や存在意義に揺さぶりをかけることこそが、新規事業施策の本質的な意味であると言えます。

理念やパーパスを起点に、ありたい姿を問い直す

「世の中の体温をあげる」にしても、「快適な移動の時間を提供する」にしても、そこに絶対解は

*3　「『問いのデザイン』が解決するもの：組織に蔓延する2つの病い」https://www.cultibase.jp/articles/806

ありません。誰かが一義的な答えを持っているわけでもありません。そもそも簡単に答えが出せることであれば、組織として取り組む意味がありません。

どんな社会にしたいのか、そのためにどのように貢献する存在でありたいのか。それぞれのイメージするありたい姿について、違いを分かち合い、対話を繰り返し、実際に形にして触れてみることを積み重ねること。パーパスを起点に私たちのありたい姿を問い直し続けることが大切です。

「そんな綺麗事の話をされても……」「とにかく良いものを作り出せっていう話でしょ？」と思われるかもしれません。しかしながら、そもそも**「何が良いか」を定義すること自体が非常に難しい**のです。

移動の時間ひとつとっても、全く運転のことを考えたくない人もいれば、自分で操作している感覚を楽しみたい人まで、どんな移動の時間が快適なのかは人それぞれです。そしてそれは時代に応じて変化し続けます。

顧客や市場目線で考えるのが難しいのはもちろんですが、個人的に考えてみても非常に難しいものです。とにかく速く移動できれば良いのだ、という人もいるかもしれません。しかし一度それが当たり前になれば、もっと別の欲求が湧いてくるものです。どこでもドアが発明されたとして、瞬時に移動できるようになったとき、もうこれ以上望むものはないという満足感を抱くでしょうか？

テーマを変えてみても、同様のことが言えます。健康とは？　おいしさとは？　感動とは？　良い暮らしとは？　どんなテーマであってもそこに多様な解が存在し、私たちはそれを問い続けなければなりません。

もちろん、今この時点での考え方としての最適解は存在するかもしれないし、当然誰もがそれを知りたがることでしょう。しかしイノベーションとは、すでに言語化された「良さ」が問い直されることで起きるものです。だからこそ、新たな価値をつくるには、常に自分たちにとっての良さ、あるいはありたい姿を探究し続けることこそが、知の探索のマインドセットとして求められます。

▼Q 皆さんの会社が探究し続けている、「ありたい姿」は何ですか？

組織学習の本質としての「探究」

そもそも組織における「探究」とは何なのでしょうか。辞書を引くと、「物事の意義・本質などをさぐって見きわめようとすること」とされています。[*4] つまるところ、**本質を探し求め続けるということ**です。

筆者はもともと、デザイン思考を中心とした、デザインにまつわる研究をしてきました。デザイン思考については様々な書籍で言及されているので、本書では割愛しますが、私が最も重要だと考えているデザインの考え方の一つが、「デザインに終わりはない」というものです。

＊4　https://kotobank.jp/word/%E6%8E%A2%E7%A9%B6-563799

どんなデザイナーであっても、どこかで一旦の最適解として、自らデザインしたものをクライアントや、それを実際に使用する人々に届けます。しかしながら、デザイナーの探究はそこで終わることはありません。もっと良くできたのではないか、もうちょっとこうすれば良かったなといったように、あとからより良い形が見えてくることもしばしばです。「何が良いか」という探究が終わることはありません。

デジタルサービスのデザインにおいては、さらにそれは顕著です。プロダクトやサービスをローンチしたあとも、常にアップデートし続けることが可能であり、実際にサービスを利用した顧客の反応に注意を向けながら、何がカスタマーサクセスなのか（顧客にとって何が良いか）を探究し続けることになります。

ＳａａＳの企業のビジネスモデルの多くは、開発したプロダクトを利用できるサービスを顧客が契約する関係性に基づいています。プロダクトが最初から完璧であることは稀で、顧客に利用してもらう中で、本質的な価値を探り、ブラッシュアップを続けていくことも少なくありません。顧客価値の探究をやめてしまえば、顧客は離れていってしまうでしょう。だからこそ、顧客にとっての価値を探究し続けることを前提として組織が構成されているのです（実際、ＳａａＳの企業には、カスタマーサクセスと向き合う専門の役割が置かれていることがほとんどです）。

こうした探究を続けるという前提を踏まえずに、メーカーがサブスクリプションの形で新しい事業を始めてしまうと、そのほとんどは失敗に終わってしまいます。そもそも継続的に探究し続けるという前提で組織がつくられていないことがほとんどだからです。

メーカーが以前の勢いを失っているのは、こうした継続的な探究を個人の努力に委ね、組織的に取り組めなくなってしまったからではないかと考えています。製品が売れるかばかりに意識がとられ、顧客にとっての良さの探究が製品単位で分断されていたら、一人ひとりが本質に向き合い探究し続けることに意味が感じられなくなってしまいます。人材の流動性も増した今日では、こうした努力を重ねようとする人も、どんどん活躍のフィールドを社外に求めるようになってしまうでしょう。

第2章でも言及した組織学習の3つの観点（①知が純粋に増加していくパターン、②既存の知と組み合わさり融合していくパターン、③アンラーニングを伴い知の置き換えが起こるパターン）に立ち返ればなおさら、組織的で継続的な探究が必要であることは自明です。特に③のような問い直しが生じるパターンは、「一発逆転の製品アイデアを生み出そう」という姿勢ではたどり着けません。単に良い事業アイデアを生み出すプロセスを考えるのではなく、顧客価値の継続的な探究を実現できる組織づくりに取り組むことが求められます。

▼Q
今の組織において、
継続的な探究を阻害する要因には、どんなものが考えられますか？

第3節　理念やパーパスを探究につなげる具体的な手法

探究するための2つのアプローチ

では、実際にどうすれば、理念やパーパスを起点に、継続的な探究を前提とした新規事業施策のあり方が実現できるのでしょうか？

まずここまで見てきたように、理念やパーパスやそれに通じる問いは欠かせません。もし理念やパーパスが探究に活用しにくかったり、そもそも策定されていない場合は、どうすればいいのでしょうか？

①動詞に問いを立てる

まずおすすめなのが、既存事業で向き合い続けてきた顧客価値の実現に関わる「動詞」に着目するアプローチです。

例えば飲料メーカーであれば、どんな動詞に着目すると良いでしょうか。当然、「飲む」という動詞は想起されますが、それ以外にも渇きを「潤す」や、頑張る人に「寄り添う」といった動詞も挙げられます。「寄り添い潤す」など、動詞をつなげて考えてみるのもおすすめです。

すると、「私たちは誰に寄り添い、何を潤すのだろう？」という問いが立てられます。あるいは、「寄り添うからこそ潤せるものとは何だろう？」という問いも想起されます。今まで寄り添えていなかった人に焦点を当て、そこに今実現できていない「潤い」を探究してみる、という切り口で新規事業施策を展開することも考えられます。

他にもいくつかの例を図表4-1に挙げるので、ぜひ参考に考えてみていただければと思いますが、さらに問いの立て方について深く知りたい方は、『問いのデザイン』[*5]や、『リサーチ・ドリブン・イノベーション』の第2章でも紹介しているので、そちらも参照してください。

▼Q
皆さんが取り組む事業には、どのような動詞が潜んでいますか？

＊5　安斎勇樹、塩瀬隆之『問いのデザイン』（学芸出版社）

動詞に問いを立てる

飲料メーカー　**潤う**

問い｜私たちがまだ潤せていない心の渇きとは？

心の渇きというキーワードから、人間の心象について探究を深めることができる。また潤すという言葉の解釈も深まることで、既存事業のプロモーションなどにも知が活かされる可能性がある。

自動車メーカー　**過ごす**

問い｜人々にとって意味深い時間の過ごし方とは？

自動運転が普及する中、車内空間での過ごし方に対する提案が必要になる。家と同じような過ごし方ではなく、車の中ならではの過ごし方を提案できるようになる可能性がある。

情報メディア　**出会う**

問い｜人の心を動かす情報との出会いとは？

そもそもどのように心が動いているのか、どのように動かしたいのかという観点で想いが深まり、単なる情報の仲介者としての存在から、より生活者に寄り添える存在へと変わっていける可能性がある。

金融サービス　**守る**

問い｜人々がポジティブに守りたくなるものとは？

守るというと、どうしてもネガティブなリスク回避のイメージを起点にすることが多い。よりポジティブに何かを守るという関係性を探ることが、新たな事業の方向性の発見につながる可能性がある。

ビジネスモデルを抽象化してずらす

1. 既存のビジネスモデルを抽象化する

既存の宅配便の事業は、「1対1」の間か、「1対多」の間で、モノの流れを支えている

2. 抽象化した関係性をずらしてみる

抽象化した構造をずらしてみると、「1対1対1」や「多対多」の間でモノの流れが必要とされる状況とは？という問いが見えてくる

図表4-1　2つのアプローチ

②ビジネスモデルを抽象化してずらす

また、もう一つおすすめのアプローチとして挙げられるのが、既存のビジネスモデルの抽象化です。これまで価値を実現してきたビジネスモデルには、必然的に私たちが何をどう探究する存在なのかが潜在的に内在しています。それらを抽象化してとり出し、ずらすことで、新しい価値実現を探究する切り口を見つけることができます。

宅配便のような物流のモデルで考えるとどうでしょう。基本的には、荷物を届けたい人と、荷物を受けとりたい人の間に立ち、指定された時間通りに物を届ける仕事をしていることになります。

ここに問いを立ててみるとどうでしょうか？「私たちがまだ知らない送り手と受け手の関係とは？」「荷物が送られることで生まれる、まだ実現できていないコミュニケーションとは？」「一対一や一対多数でなく、多数対多数、一対一対一など、まだ実現できていない関係性とは？」「荷物が届くまでの時間に潜む価値とは？」など、様々な問いが立てられます。

このように既存のビジネスモデルを抽象化して捉えると、ずらして考えることが可能なポイントが見えてきます。ビジネスモデルとは単に収益を上げるモデルではなく、社会に価値を提供する関係性が成立した状態を示したものであり、企業の存在意義を示すものです。それ自体の本質を捉えて探究することこそが、組織学習につながるのです。

動詞にしても、ビジネスモデルにしても、重要なのは抽象化してその本質を捉えようとすることです。組織の存在意義や探究の問いを起点に新規事業を検討できれば、多様な提案にもつながりが生まれ、たとえ事業が形にならずとも、組織的な学びとして還元できるのです。

▼Q 皆さんが取り組む事業のビジネスモデルを抽象化すると、どのような構造が見えてきますか？

3つの切り口から学びを組織に還元する

その上で、失敗を失敗で終わらせずに、継続的な探究につなげるためには、提案からの学びを組織に還元し次の力に変えていくための「切り口」を複数用意することが大切になります。

ここでは「知的資本」「社会関係資本」「アイデンティティ資本」の3つを挙げます。

①問いや仮説を蓄積し醸成される「知的資本」

まず1つ目に挙げられるのが「知的資本」です。知的資本とは、技術や知財といったノウハウなど、価値を生み出す源泉とも言える資本の総称を指します。ここではより焦点を絞り、パーパスを起点とした探究につながる「問い」や「仮説」、そして探究活動から得られた解釈を扱います。

そもそも既存の新規事業施策においては、どのような提案がなされ、どのように評価されたのかという知が社内で生きる形で共有されていないという現状がよく見られるのではないでしょうか？何のテーマも設定せずに、ただボトムアップでアイデアを募集しているだけでは、得られた学びが蓄積されることはないでしょう。出てきたアイデアを類型的に整理したとしても、これまでに提出されたアイデアの一覧ができ上がるだけで、とても活用できるものにはなりません。

理念やパーパス、あるいは動詞やビジネスモデルの抽象化から見えてきた問いによって、組織的な探究としてつながりが生まれれば、それぞれの提案がどのような問いや仮説に向き合ったのか、そこからどのようなことが見えてきたのかを整理し、共通財産としてナレッジを組織的に蓄積していけます。

先ほどの飲料メーカーの問い「私たちは誰に寄り添い、何を潤すのだろう？」をベースに考えてみれば、これまで寄り添おうとしてきた人や、抱えていた想いや課題、あるいは寄り添い方や潤し方のナレッジが蓄積されていきます。さらには、良い「寄り添い」や「潤い」とは何か、というより抽象度の高い対話のきっかけも生まれるはずです。こうした対話こそが、理念やパーパス、あるいは起点となった問いに対する探究を深めていくことにつながります。

こうして蓄積されたナレッジは、継続的な探究活動に活きる、組織の「資本」となっていきます。単なる事業づくりのノウハウというレベルではなく、組織的に探究し続けていくためのリソースとして還元していくという観点で、ナレッジマネジメントに取り組む必要があるでしょう。

▼Q
新規事業で生まれた知は、今の時点でどのように組織に還元されていますか？

②パーパスを起点としたつながりという「社会関係資本」

次に挙げられるのが、第2章でも取り上げた「社会関係資本」です。新規事業施策に取り組む中では、様々な課題に触れ、共に解決を目指そうとする仲間と出会い、また社内にも関心を持ってくれる協力者が出てくるなど、多様な人とのつながりが生まれていきます。そして、こうしたつながりをつくれていない事業案は、現場を見に行くこともしていないわけですから、成功するのは難しいでしょう。

実際、新規事業を形にするための様々なノウハウでも、必ずと言っていいほど現場に触れることの重要性が謳われています。切実で本質的な課題は、聞けば出てくるようなものではなく、当事者にとっても潜在的なものだったりします。だからこそ、現場に行き、共に語らい、関係を築くことが重要なのです。

しかしながら、その提案が形にならなかったとしたら、そこで築かれた貴重な関係は途絶えてしまいがちです。もっと言えば「こんなにいろいろ協力したのに、ダメと分かったらすぐに撤退するなんて……」と、悪い印象を与えかねません。

単年度の新規事業施策だけで終わらせずに、長い目線で関係を築こうとすることこそが、社会関係資本の構築には欠かせません。だからこそ、たとえ事業案を前に進められなくなっても、関係を続けて深めていける受け皿があれば、その事業案に取り組んだ意味が生まれます。

新規事業施策のテーマを、単年度ごとではなく長期目線で設定し、そのテーマ自体をステークホルダーにも開き、探究に巻き込んでいくという姿勢が重要です。外部の多様な人、知識、技術を巻き込んで、事業を考えていく活動は「オープンイノベーション」と呼ばれますが、単発の活動でアイデアを出そうとする活動ばかりが目立ってしまっているようにも思えます。長い目線で探究する活動を深めることこそが、よりコラボレーティブに、これまでにない新しい価値を実現するために欠かせないはずです。

「人々への寄り添い方を探究する」というテーマであれば、単に飲料に関わる人だけではなく、例えば介護に寄り添う人や、子供に寄り添う人、あるいはアスリートに寄り添う人など、様々な人を巻き込み、共に「寄り添い方」を探究する関係を構築できるようになります。もしこうしたコミュニティを実現できたとしたら、そこから得られる発見は、想定される顧客へのヒアリングだけで見つけられるようなものとは格段にレベルが違うでしょう。

▼Q

皆さんの企業が長期的に共に探究する関係を築くとしたら、どんなテーマで、どのような人を巻き込みたいですか？

③個人や組織の「アイデンティティ資本」

最後に挙げるのが、「アイデンティティ資本」という考え方です。第2章でも、新規事業の目的は組織のアイデンティティが問い直されることにあるのではないか、と言及しました。新規事業を生み出す人材や組織において、「私は・私たちは何者であるか」「私は・私たちは何をするのか」という「アイデンティティ」の発見・変容はとても重要なテーマです。

Facebookの創業に至るストーリーを描いた『ソーシャル・ネットワーク』やマクドナルド・コーポレーションの創業者レイ・クロックの半生を描いた『ファウンダー ハンバーガー帝国のヒミツ』など、事業をつくった人の物語を描いた映画を観ると顕著に感じられますが、事業をつくる人は、事業の変遷と共に、自らのアイデンティティがどんどんと変化していくものです。

もっとも、「何かをつくり上げたことでアイデンティティが変化した」ことと、「アイデンティティが変化したことで何かをつくり上げられた」ことはニワトリと卵の関係です。しかしながら、後者の重要性はあまり意識されていないように思います。

新卒の社員が入社してくると、そのフレッシュでエネルギー溢れる姿に過去の自分を思い出す。ところが、次第にそのフレッシュさやエネルギーは失われていく――。そんなことを感じたことがあるのではないでしょうか？　なぜ新卒社員にはエネルギーが溢れているのでしょうか？

誰しも、自分の新しいあり方や、新しいやるべきことが見えてきた瞬間には、エネルギーが宿るものです。それを見つけられなくなったとき、人はだんだん活力を失ってしまいます。定年退職を迎え、仕事がなくなり自分のアイデンティティを見失ってしまい、活力が湧いてこなくなる、ということはよく聞かれます。一方で〝世界最高齢〟のプログラマーとして世界からも注目を集める若宮正子さんは、退職後にパソコンの楽しさに目覚め、新たなアイデンティティを獲得したことで、今も生き生きと活躍されています。

人や組織から創造性や活力、熱量が失われていくのは、アイデンティティの自己産出の営みが止まってしまうことが大きな要因なのではないかと筆者は考えています。新規事業施策を通じて、一人ひとりが新しいアイデンティティを見つけていくきっかけをつくれるとしたら、あるいはそれらが積み重なって組織のアイデンティティに新たな兆しが見えてきたとしたら、その組織からはきっと新たな価値が生まれることでしょう。アイデンティティは価値創造につながる資本なのです。

こうした資本を豊かにしていくためには、理念やパーパス、そして問いを起点とした探究活動が、どのように自身の、あるいは組織のアイデンティティ変容に寄与しているかを捉えようとすることが大切です。

▼Q
これまでの人生で、新しいアイデンティティに気がついて、活力が湧いてきた経験はありますか？

資本形成につながる、組織学習の営みを形づくる

リスキリングという考え方の広がりもあって、どうしても学習と言うと個人の能力を開発することだ、という認識になってしまいがちです。

しかしながら、本質的に重要な「学び」とは、何かを獲得することではなく、常に考えたくなる

状況と出会い続けることにあると筆者は考えています。新しい「分からないこと」との出会いが、人類に様々な発見をもたらしてきたのは疑いのないことです。新しい「分からないこと」との出会いを常に楽しむことこそが、冒険的に価値を探索していく人に欠かせない素養と言えるでしょう。

知的資本も、社会関係資本も、アイデンティティ資本も、「もっと考えてみたい」「何か行動を起こしてみたい」という原動力となるものです。こうした資本を充実させることこそが、組織の土壌を豊かにしていく活動だと言えます。

こうした組織学習を、理念やパーパスを起点に広げていくことなく、単にボトムアップでアイデアの創出を期待しているだけでは、組織の土壌はどんどんと悪化し、新たな価値を生み出す資本を失っていくことでしょう。

アイデアを考えさせるプロセスの良し悪しばかりに目を向けるのではなく、組織がこうした探究的な組織学習を積み重ねられる状態にあるか、常に見つめ直すことが大切です。

▼Q

皆さんの組織に、今不足している組織学習の営みは何ですか？

第4章のまとめ

○「自由な発想」を謳うボトムアップ頼りの新規事業施策では、理念やパーパスについて触れられることは少ない

○価値探索の起点に常に理念やパーパスを置くことで、様々な提案につながりをもたらし、失敗から組織的な学びが得られるようになる

○そもそも新規事業とは、どのように社会に貢献するかを問い直すことであり、理念やパーパスを起点に、ありたい姿を問い直す活動である

○継続的な顧客価値の探究が可能な組織づくりに取り組まなければ、一人ひとりが本質に向き合い探究し続けることに意味が感じられなくなってしまう

○学びを組織の土壌へと還元するためには、理念やパーパス、あるいは動詞への着目や既存のビジネスモデルの抽象化によって、探究の起点となる問いを定めることがまず重要になる

○知的資本や社会関係資本、アイデンティティ資本といった、学びを還元する切り口を複数用意することで、資本形成につながる、探究的で継続的な組織学習の営みを形づくることが大切になる

イノベーションを〝連打〟するために必要なのは？

──新規事業と「学習する組織」

新規事業は、組織のアイデンティティを揺るがし、組織を自己革新させるもの──。となると、新しい価値を生むには、自分たちの〝DNA〟を問い直し、学習し直していく必要があります。そんな「学習優位」な組織について、京都先端科学大学の名和高司教授に聞きました。

名和 高司 *Takashi Nawa*

京都先端科学大学教授、一橋ビジネススクール客員教授。三菱商事を経て、マッキンゼーで約20年間勤務。デンソー、ファーストリテイリングなどの社外取締役を歴任。著書に『パーパス経営』、『企業変革の教科書』などがある。

小田裕和（以下、「小」）　新規事業づくりの現場では、「自由な発想で、これまでにないアイデアを出してほしい」というお達しが出ているにもかかわらず、会社としてのブランドや価値観、事業ケイパビリティに引っ張られてしまうところがあります。新規事業や多角化は、組織の「らしさ」やアイデンティティを自己革新していく営み、と捉えることがポイントなのかなと思っています。

理念やパーパスを起点に、現状のアイデンティティからやや逸脱するような探究を積み重ねていくことが、新規事業において組織を変えていく上で大事なのではないかと。

まさにこういった観点が、名和先生が２０１０年に出された著書、『学習優位の経営』（ダイヤモンド社）で書かれています。先生は大学で教えつつ、様々な企業を見てきたという経験がおありですよね。

名和高司（以下、「名」）　そうですね。今、京都先端科学大学で教授を務める一方、いろいろな企業のアドバイザーや取締役をやらせていただいているので、片足をリアルに、片足をアカデミアの世界に置いているという立場です。

小　まさに、実践と研究の両輪を回しているわけですよね。ご著書では、「競争優位」ではなく「学習優位」な組織をいかに実現していけるかが、価値をつくり出していく企業のあり方として重要ではないかと提唱されていたかと。

さらに、「メビウスモデル」を提案されていて、八の字にぐるぐる回りながら組織を変革していくことが重要であると書かれています。

名　このメビウスをつくったのは２００３年で、Appleの研究から生まれ、ハーバード・ビジネス・レビューに論文として出しました。Appleがなぜ、１９９６年にスティーブ・ジョブズが戻ってきてからイノベーションを連打できるようになったのかという研究で、このメビウスに行き着いたんです。

この永久運動をずっとやっているというのが一

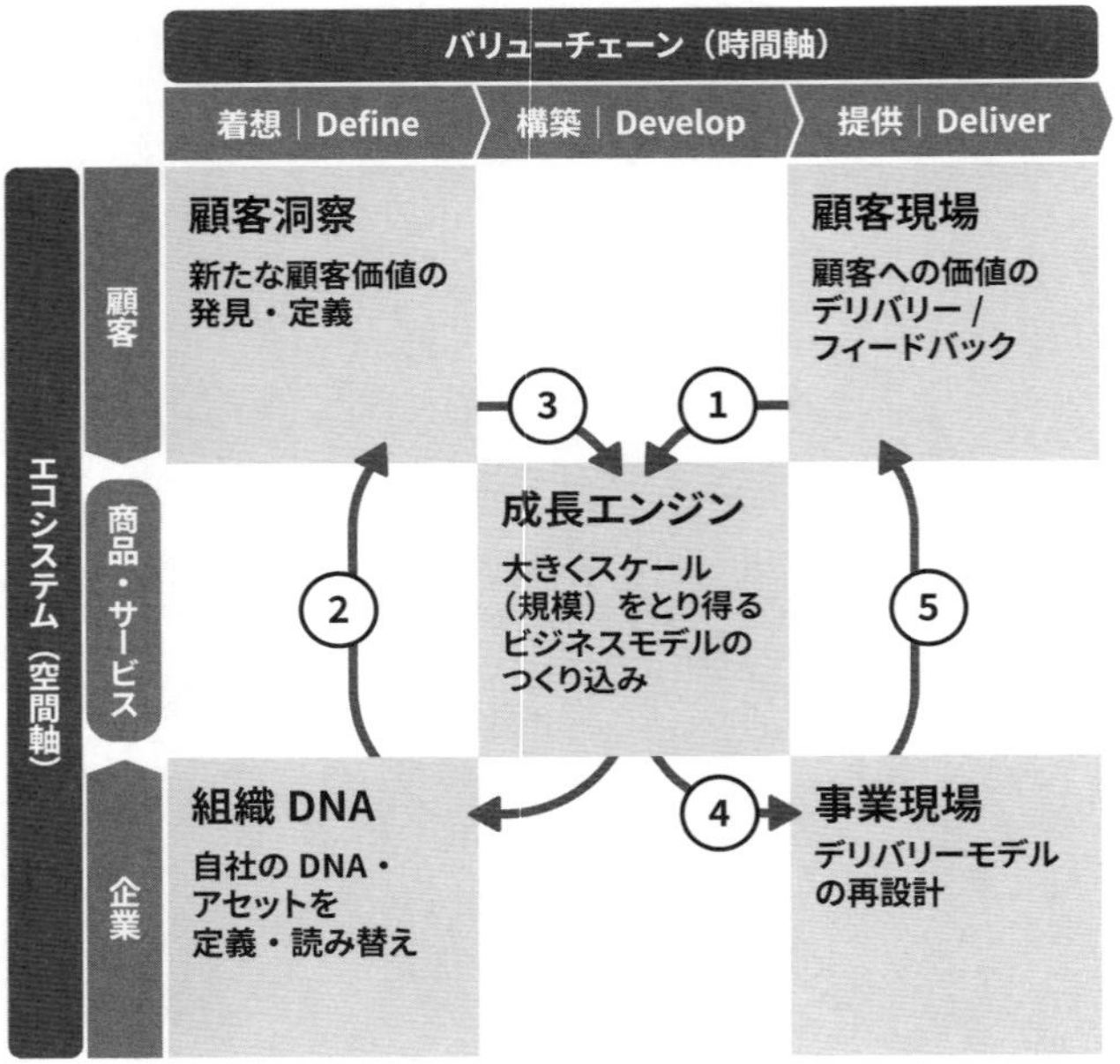

① 顧客のフィードバックを組織の DNA に照らして判断することで自社にとっての「顧客の声」の意味を明確化

② 顧客の声の自社にとっての意味合いを明確にした上で自分たちが提供する価値を定義

③ 発見した価値をベースにスケーラブルな事業モデルをどのように構築するかを設計

④ 顧客への価値をいかに廉価にデリバーするか（リーン）を検討

⑤ デリバリーを通じて顧客の反応を観察

図表4-2　メビウスモデル

つのポイントで、逆に言うと、組織運動さえしっかりしていれば、イノベーションは連打できるんだと。

当時、マッキンゼーは左の上にある「顧客洞察」、つまり「お客が何を求めているか考えろ」といった話から入っていたんですけれども、そんなのは当たるわけがないんですね。

むしろ右上の「顧客現場」を考えないといけない。これは、今の顧客ではなく未来の顧客だというのが難しいところなんです。〝既〟顧客ではなく、〝未〟顧客と呼んでいるんですが、今のロイヤルなお客さんではない。

今、自社の商品や自社以外の商品を使っていない人たちが、一体何につまずいているのか、なぜ自社の商品を使ってくれていないのか、あるいは何があると本当に嬉しいのかということを、しっかりと未来のお客の視点で見るというのが右上なんですね。

まず、未来志向であるのが第一で、今のお客さんを見ていても分からないと思っています。

それを自分の〝持ち物〟というか、自分の得意技で解くというのが左下なんですが、今の自分の強みだけで解いてしまうと、それはすでにやっていることなので全然進歩がないわけです。

小 今のお客さんを見て、今の自分の持ち物を見ていると、今と同じビジネスになってしまう。

名 そうです。だから、未来の自分の強みをここでしっかり読み解く。ここがまた未来志向なので、難しいところなんですね。ここで実は、パーパスというのが必要になってくるわけです。

パーパスと言えば、「創業の精神」のような、原点思考のイメージがありますが、ここで言っているのは未来志向のパーパスです。よくシリコンバレーでMTPと言っている、〝Massive Transformative Purpose〟です。一体我々は、どういう社会、どういう未来をつくりたいのかという「想い」ですね。

自分で何をしたいのか、どういう世の中をつくりたいのかを〝思い詰める〞ことがパーパスなんです。そこに向かっていくときに、もちろん今の持ち物は最大限使いますが、それだけでは足りず、獲得していかなくてはいけない。

未来に自社が獲得するであろう能力も含めて、左下のボックスで「組織ＤＮＡ」と言っていて、これが「今の持ち物だけで解こうとしない」上でのポイントなんですね。

言ってみれば、右上が未来の需要で、左下が未来の供給であり、これをかけ算したところに新しい顧客洞察が生まれると。未来のことなので、仮説を置かざるを得ない。仮説を立てた上で実証していくわけです。

〝想い〞に駆られて、新しいＤＮＡを獲得する

名　一番難しいのは、組織ＤＮＡの読み解き方で、静的ＤＮＡは、自分の今までの強み、自分らしさなので、これは自分を見つめれば分かりますが、未来の我々の強みは、何とでも言えてしまうんです。そこは、自分たちの〝想い〞に寄り添っていないと、自分では獲得できません。

そういう意味では、パーパスに紐づいたことをやろうとすると、「足りないものは何なんだ？」と、自分で学習するなり、他者から学習するなりしていかないといけない。そういう未来進行型の能力が、左下に入っているんですね。

それを規定するのは、パーパスがどこまで煮詰まって、自分の心の中に、しっかりと紐づけられているか。そして、その能力を本当に獲得するつもりで一心不乱にやらないと、自分の新しいＤＮＡになりません。

それをやっていくのが、動的ＤＮＡの力なんですよね。静的ＤＮＡと動的ＤＮＡの2つがあれば、その会社ならではのものが出てくると思います。

小　組織ＤＮＡを学習につなげていくのは、本当に大事だと思うんですが、例えばSoup Stock

Tokyoなどを展開するスマイルズさんは、「世の中の体温をあげる」という理念を掲げていて、その理念の意味を書き換え続ける、考え続けるということに組織として取り組んでいる。

だからこそ、スープ以外にも多様な業種展開をしているわけですね。「世の中の体温をあげる」ことにつながるものを串刺しして、組織として探究し続けているというところに、今の組織の強さがあるのではないかと。こういった組織学習や探究の姿勢が重要になってくるなと。

でも実際のところ、社内で新規事業を公募する施策を見ていると、こういった探究が対話的に行われているケースはほぼ見ない気がします。

名　自分の強みも深掘りせず、何か分かっているつもりになっていることも多いし、もっと言うと、**どういう〝想い〟にせよ、それを実現するために何が欠けているかについての自覚も足りなくて、「想い先行型」になっていることも多い**ですね。

さらに言うと、「こういう世の中にしたい」ということを考えても、たいていみんな同じようなことを思いつくわけです。それが国連お墨つきとなったものが、SDGsですよね。あの17の目標は誰でも思いつくし、誰もが言っていること。それを掲げたところで、レッドオーシャン中のレッドオーシャンでしかありません。

そういう、みんなと同じ未来をつくっても仕方がないんですよね。自分の想いが本当に強くて、そこに自分らしさをしっかり描けて、自分らしい能力が裏側についていないと、自分らしい世界にはならない。

当たり前の未来予想図は、ほとんど何も生まないと思っていて、そういう意味で自分の想いはすごく大事なんです。

どうせ未来なんて分かりませんから。VUCA時代の未来なんて分からない。とすると、未来をつくり上げるしかなくて、それをつくりたいというコミットメントというか、覚悟の度合いが、学習のスケールとスピードを決めると思っているんです。

速く多く学習して、多く学んで多く失敗して、そこから次の新しいことを打ち出して駆け上がっていく。この組織能力こそが、差別化につながるのではないかと思っているんです。

小　失敗から学習につなげていくのが大事だという話にはなるものの、結局失敗を切り捨てて目を向けようともしない、それを学習につなげていないという現実があるなと。どういったところに課題があると思いますか？

名　最初のとっかかりとなる仮説が、しっかり考えられていないですね。仮説は当然、試してみては塗り替えていくんですが、仮説がないまま「とりあえずやってみましょう」と。そもそも仮説がなければ、成功も失敗も分からないですよね。

自分が目指すパーパスがあった上で、それを実現するためにまずどういうステップを踏むべきかという仮説がある。そこに向けていろいろな取り組みをして、実験して、それで失敗したとか成功したとか判断するわけです。

どう実現するかというパスの描き方とか、どういうときに成功して、どういうときに失敗するのかという成功と失敗のシナリオ、あるいは何をもってノックアウトファクターとし、何をもって〝可能性〟と判断するのかという仮説を持たず、とりあえずやってみよう的なものが多すぎる。

ひところ起きていたリーンスタートアップの失敗は、それなんです。考えをしっかり詰めず、とりあえずつくってみましたと。私は「ＰＯＣ病」と言っているんですが、そういうＰＯＣ（Proof of Concept）がやたら多くて。何が何のプルーフなのかもよく分からないし、何が足りなかったのかも分からなくて、学習になっていない。やることと自体が目的化してしまっている。

小　学習仮説になっていないということですよね。「ビジネスとして成立するか否か」を判断基準にしてしまっていて、「成立しませんでした」という結論だけしか得られず、結局そこに学習が生まれていないという。

成功も失敗も、どんどんためて「型化」する

小　あとは、それを個人に委ねがちで、会社としての学習仮説になっていないという気がしていて。誰が、どの部署がアカウンタビリティを持っているのかが不明確だなと。

名　例えば、新規事業の打率が高いリクルートを見ていると、全部「型」になっているんですよね。もちろん、新しい型をつくってもいいんですが、それをまた次の型にするという。「型化」というのが彼らのキーワードです。

それが組織の知恵、組織の学習になっているかどうか。成功も失敗も、どんどんためていく。マッキンゼーもそういうことの連続でしたね。

リクルートやキーエンス、ファーストリテイリングなど、しっかりと価値を連打できている会社は、どんどんそういうものを蓄積していますよね。どこかの部門がそれをやっているというより、そうしないと気持ちが悪いというマインドになっている。

小　普通の新規事業施策の担当者だと、「アイデアが何本通りました」というのが成果になりがちなんですよね。

名　そうなんですよ。新規事業や投資案件の数をアピールするというのはよくありますよね。やるのは自由で、いくらでも愚かな投資はできるし、詰めの甘い新規事業を通すことはできるんですが、どれだけしっかりインパクトを出しているんですかと。

新規事業の成功確率は、普通にやっても7パーセントぐらいで、大企業は0・7パーセントと言われていますから。本気でやってもこういう数字なので、初めから失敗を前提に「数打ちゃ当たる」でやっていたら、たぶん埒が明かないでしょうね。

でも、今の本業をつくったときには、できたはずなんです。たまたまだったかもしれないけれど、なぜできたのかというリバースエンジニアリング

がしっかり型になっていない。「それをもう一回再現してごらん」「第二の創業をやってごらん」と言うと、できないんですよね。

第一の創業はできたので、少なくとも一つの型はあるはずなんです。それをどう〝ずらす〟かというところにもポイントがある。**学ぶ材料は自分の中にもあるのに、それすら学べていないというのが残念と言えば残念だし、やりようによってはこれからチャンスではありますよね。**

小　「型」にしても、どこかから成功する型を見つけてこよう、みたいな安直な考えを持ってしまうケースが多い気がしていて。リクルートがすごいなと思うのは、リボンモデルなど明確な型があって、いかに新しいビジネスをたくさんつくっていくかを学習しているのはもちろん、それ以上に、この型自体がどう深まっていくか、変容していくか、という学習を積み上げる構造がある。企業が価値を生み出していく型自体を探究し続けている。

ファーストリテイリングもそうですよね。SPAという、生産と小売をダイレクトで結ぶ仕組みでうまくやっているわけですが、現場から学習する仕組み、お客さんからニーズを吸い上げて商品を作る仕組みという「型」をつくり続けているところに本質がある。今、新規事業施策にはここが根本的に欠けているよなと。

名　アイデアがおもしろければおもしろいほど、それに飛びついてしまいがちですよね。

私はリクルートの委員を2年間やっていたんですが、そのとき分かったのは、彼らにとってアイデアはゴミなんですね。アイデアを本当に事業化するためには3つの条件があって。まず「ユニーク」である、これは当たり前で、新規事業だからユニークですよね。あとは「リピータブル」と「シェアラブル」。

リピータブルというのは、それが一過性のアイデアではなくて、事業としてちゃんと流れますか、ということ。

それから、シェアラブルというのはスケーラブルと同じだと思いますが、単にちょろい小川をつくっても仕方がなくて、それが大河になるかどうか、横に展開できるかどうか。

この3つを必ず聞くんですね。ただのアイデアは、全部撃ち落とされる。そういうディシプリンがすごくはっきりしていて。

だから、アイデアがおもしろければおもしろいほど疑われるんです。「それって本当に次に続くの？」とか「それって横展開できるの？」というのは、結果的に「型」になるのかを初めから聞いているんですね。

ありがちなのは、まずやってみてから型に落とすという。そうではなく、リクルートは仮説の段階から「それは型になるのか」と問い、やるかどうか決めている。

小　なるほど。今持っている型に対して、どれぐらい深みを出せるか、あるいは全然違う型ならどんな変革をもたらすのかをちゃんと言語化できるか。それが、最初の最初に求められるということですね。

名　リクルートは、新規事業を生み出す制度のRing（リクルートイノベーショングループ）が有名ですね。Ringでは、社内からいろいろな新規事業のアイデアが出てきますが、私が委員を務めていた2年間で1つも通らなかったんです。

月に100件くらい出てきますが、1つも通らない。怖いお兄さんお姉さんたちが、どこでどうしくじるか、ビシバシ指摘するわけです。彼ら彼女らは、すごい失敗の歴史を持っているので、どこでこけそうなのか分かるんです。

結果的に、Ringというのは、何か新しいものをパイプラインに入れるプロセスというよりは、いかにちょろいアイデアがダメかということを、世の中に迷惑をかける前に知らしめるためのトレーニングなんですよね。

小　よくいる「お手並み拝見おじさん」とは全然違いますよね。

名　本当に違いますね。〝お手並み〟が出る前にしばきまくりますから。「だからダメだって言ったでしょ」とあとから言うのは「犯罪だ」、と私はよく言っているんです。若い人の時間と労力を無駄にした犯罪ですよと、よく「後付けおじさん」たちに言っています。

小　いかに早い段階でフィードバックを返せるかという、フィードバックする側にもプレッシャーがかかっている。

名　そうですね。そこは真剣勝負でやった方がいいですね。

新規事業に取り組む目的は何か

小　大企業の新規事業施策を担当する人たちって、本人たちが前向きになれていないという現状を感じることがあるんですよね。

学習の姿勢を持って、新規事業をクリティカルに判断していくことに、ちゃんとモチベーションを持ってコミットできる状態は、どうすれば組織文化として定着させられるんでしょうか。

名　それはたぶん、目的を明確にした方がいいと思うんです。

トヨタの奥田碩さんが社長だったとき、新規事業のパターンは大きく2つやりました。1つは、「第二の創業をやるぞ」というパターン。これは真剣中の真剣なんです。ごく少数のエースをそこに送り込んで、結果的にプリウスを立ち上げた。これがなかったら次は死ぬ、というぐらいのコミットメントでやるので、本人たちはモチベーションがすごく高いですね。

もう1つは、あえて会社を揺さぶるために、「全くトヨタらしくないことを仕掛けろ」というパターン。そう言われて集められたチームが、VVC（バーチャル・ベンチャー・カンパニー）ですが、3年で解散することを前提に、およそトヨタらしくないことを仕掛けろと。

トヨタのカルチャーを揺さぶるのが目的なので、商業的な成功より、いかにトヨタらしくないことを演出するかということを、3年間かけて必死にやった。これはこれで、面白おかしいことを随分やっていたので、それなりのモチベーションはありました。基本的には3人しかアサインされなかったんですが、これはこれで、トヨタを変えましたよね。

本気で第二の創業をやる場合と、今までの凝り固まった静的DNAを揺さぶるために、あえて変わったことをするという、新規事業には2つの要素があるのではないかと思うんです。

「この会社を変えよう」と、志を揺さぶる

小　日本企業では、社長がすぐ交代してしまいますよね。自分の代で結果を出さなければいけないとなると、なかなかこういう施策をとれないという気もするんです。名和先生は、そういう会社にはどう接していますか？

名　2段階あると思いますが、まず、会社全体でなんとかしなくてはいけないという気運がある会社に対しては、やはりトップに迫りますね。

日本の社長は、1期でいなくなることはなくて、だいたい2期8年務めることが多いんですが、そうなると最初の4年は無難なことしかしないんですよね。先輩たちがたくさんいて、気兼ねするから。海外だったら新社長にけしかけますが、それは日本ではうまくいかない。

だから、社長の2期目で、「さあ、あなたも次で終わりだけれども、何を残すんですか」と。「あなたはもう先を考える必要がないから、思いっきり自分のやりたいことを仕込みましょう」と言うと、乗ってくる人と、そのまま無難に会長職に滑り込みたい人に分かれるんです。

でも、自分のレガシーを残したいという人が、そこでもう一回気持ちを改めるケースは十分あるんですね。だから、私はいつも2期目に賭けているんです。もちろん、新規社長がすごくいい社長だったら、初めから仕掛けますけれども。

まずトップに「この会社を大きく変えようじゃないか」と志を揺さぶる活動をしますね。それができない会社、あるいはトップがそれに乗らない会社は、次の次ぐらいの社長に賭けます。

次の次の社長に、「次の次の社長として、この会社を変えてみませんか」と言う。あまり目立ってしまうとまずいので、何か小さくてもいいから、この会社の新しいDNAを生むような活動をしよう、とそそのかす。「あなたはこれで次の社長候補になるんだ」ぐらいのことをやっていく。それが、現社長が乗ってこない場合のバックアップシナリオですね。

小　短期的な何かではなく、長期的に大きなムーブメントを起こすものを残そうよと。結局、そこで志がちゃんと耕されるかどうかですね。

名　次の次の社長に仕掛ける場合は、わりと辺境の方がやりやすいんですよ。ど真ん中でやると目立ってしまうし、上が保守的だったら何もやらせてくれないんで。

どうでもいいところと言ったら失礼ですが、海外や子会社で、思いっきり自分の城というか島というか、そこで仕掛けてみてくださいと。むしろ辺境にいる人の方が仕掛けやすいですね。

小さな成功をアウェイでつくる。それが彼らにとっては、すごく大きな成功になるんですが。

小　そういう話を聞いていると、新規事業はまさに組織の次のあり方をつくるための重要な活動だと思うんですが、「ボトムアップでやる」みたいな話になりがちですよね。なぜそうなってしまうんでしょう？

名　正直言って、今の経営者世代からミドルまで、新規事業で成功した経験がないですよね。既定路線でしっかりとインクリメンタルにやる、というのは強いんですが。

新しいことをやって成功した経験は、戦後の人たちはあったし、ある時期の成長期もちょっとあったけれども、要するに日本がおかしくなったこの30〜40年はないんですよね。

その中で例外的に成功体験を持ったのは、私がこれまで挙げたような会社です。既得権益を持ってしまっている人たちは、商社も含めて、ほぼ何も新しいものを生んでいないんですね。

Soup Stock Tokyoは、私がかつて所属していた三菱商事から生まれていますが、三菱商事からするとスケールが二回りぐらい足りなかった。だから、立ち上げた遠山正道さんが、外へ出て好きにやりたいと考えるのはよく分かるんです。

でも、そういう人が外へ出て小さなものを生むのは、もったいないなと。商社は、新しい商圏をつくるのが本業なわけで、今までの路線にそのまま乗っかっているというのは本来はあり得ないわけです。だとすると、スピンアウトするのではなく、自分たちのスケールに合ったものをスピンインしなければいけない。要するに、遠山さんをもう一回戻して、今のSoup Stockの100倍ぐらいのビジネスをつくる。そういうことこそ、大企業がスタートアップと一緒にやるべきなのに、今は大企業からどんどん人が外に出て、小さな新規事業を生み、大きなインパクトを生んでいないというのが日本の姿ですよね。

パーパスと熱意があれば、能力はついてくる

小　企業が長期目線を持って、ちゃんと志を生んでいけるようにならないと、本当に日本の未来が危うい気がするんですが、改めて何が大切になるとお考えになりますか?

名　私が好きな経営者は稲盛和夫さんなんですが、稲盛流の人生の成功の方程式は、「考え方」×「熱意」×「能力」なんです。

「考え方」は、私の言葉で言うとパーパスに近くて、稲盛さんはときどき「大義」とおっしゃいますが、一体何をしたいのかという〝想い〟が、どの方向に行くかを決めると。そして、熱意がこれを大きくブーストしてくれるわけです。

この2つがあれば、能力はあとからついてくる。稲盛流に言うと、未来志向、未来進行型の能力と言います。これは、先ほどの「学習」だなと。能力は学習の産物、学習の積分であり、現状の静的なものではなく、どんどん新しくなり、積み上がっていくものだと思うんです。

それには熱意がなくてはいけないし、もっと言うと「これをしたい」という大きなパーパスがないと、能力もついてこない。

もう一回ひるがえって言うと、そもそも一体何をしたいんだという原点が希薄なままの社会人や、学生上がりの人たちが多すぎるんです。会社にパーパスがあっても、「あなたのパーパスは何ですか」と聞いたら、みんな分からなかったりするんですよね。

ある意味、会社のパーパスは空虚だと思っているんです。紙に書いてあるだけで、一人ひとりが自分のパーパスと紐づけないと意味がない。会社のパーパスは、ないよりはあった方がいいんですが、あっただけでは全然ダメなんです。

会社のパーパスは、一人ひとりのパーパスと食い違っていたり、うまく重なっていなかったりする場合も多いけれども、重なっているところは会社を軸に実現すればいいし、重なっていないところは会社の外でそれを自己実現するぐらいの気迫を、若い人には持ってほしいなと。

〝やらされ感〟満載で、会社に言われたからやるとか、変なガチャを引いちゃった、みたいな人生観はやめてほしいなと。自分で変えられるはずなんです。

小　学習優位な状態というのは結局、その志や大義など「想い」の総量ででき上がっていく。それを組織環境として膨らませ続けるために、それこそ「型」が必要なのかもしれませんね。

第5章

アイデアが「やってきやすい」場をデザインする

第1節　アイデアはやってくるもの

アイデアが生まれる5つのステップ

アイデア発想と言うと、「突然頭に浮かんできた」「ふとアイデアが降ってきた」といった言葉をよく聞くのではないでしょうか？　人々をあっと驚かすようなアイデアが生まれた瞬間は、このように表現されることが多くあります。

しかしながら、アイデアを考えることには、明確に「技術」が存在します。皆さんの手元にも1冊くらいは、アイデア発想法に関する書籍があるのではないでしょうか？　その古典とも言えるのが、ジェームス・W・ヤングの『アイデアのつくり方』（CCCメディアハウス）です。原著の初版は1940年と、もう85年近く前の書籍ですが、いまだに多くの書籍で引用される名著です。

同書では、5つのステップが紹介されています。整理すると、次のような流れでアイデアはつくられていくのです。

(1) 収集する アイデアの原料となる、対象に対しての知識や情報を集め蓄積する。
(2) 咀嚼する 集めた情報を組み合わせたりしながら、そこに組み合わさった情報の意味の声に耳を傾ける。もうこれ以上ないと絶望するくらいまでこれを繰り返す。
(3) 意識から外す 一旦その状況から離れ、音楽を聴いたり、映画鑑賞に出かけたりと、想像力や感情を刺激するものに心を移す。
(4) アイデアが訪れる ひげをそったりシャワーを浴びたりしている間、期待していないときにアイデアが到来する。
(5) 具体化し展開する アイデアを心の底にしまいこまず、現実世界に連れ出し（具体化し）、理解ある人々の批判を仰ぐ。

多くの人がアイデア発想法と聞くと、直接アイデアを捻り出すような方法を思い浮かべるのではないでしょうか？　そんなイメージを持った方からすると、（1）や（2）のステップは良いとして、（3）や（4）のようなステップは拍子抜けのように感じられるかもしれません。確かにシャワーを浴びているときに突然アイデアを思いついた、といった話はよく聞きますが、だからと言って、社員にシャワーを浴びてこいと言うわけにもいかないでしょう。

様々な新たな発想法が、日々書籍や記事などで紹介され続けていますが、それでも「もっといい方法はないか」という声はなかなかなくなりません。この根本的な問題は、アイデアは「出すもの」「出させるもの」だという認識にとらわれてしまっていることにあると考えています。（3）や（4）のステップの本質を踏まえれば、アイデアは「やってくるもの」なのです。

▼Q
皆さんの中には、どんなアイデアが「やってきた」経験がありますか？

アイデアが生まれる場に必要な中動態と自己組織化という考え方

アイデアを「出す」「出させる」と、アイデアが「やってくる」の違いとは何でしょうか？　その理解を手助けしてくれる考え方に「中動態」というものがあります。

「中動態」とは、能動と受動の対立に対して、その間の状態を示すものとして理解されることが多い概念です。例えば、勉強を自ら「やろう」とする能動的な状態に対して、誰かに言われて「やらされている」受動的な状態の関係は理解しやすいと思います。このたとえでいくと中動態は、気がついたら「やっていた」というような状態と表現できます。

中動態に関する名著『中動態の世界』[*1]では、アルコール依存症の例からその重要性を指摘しています。アルコール依存症の治療は、一時的には強制的に「やめさせる」という、当事者にとっては受動的なアプローチがとられるでしょう。ただ、それでは本質的な解決になりません。

だからと言って、本人の「お酒をやめよう」という能動的な意志によって解決を図ると、治療はうまくいかないと言われます。意志の力で問題を解決できるならそう苦労しないでしょう。治療に大切なのは、「お酒が飲みたくなってしまう」という感情が、どういった状況・環境によって、あるいは外部からの刺激によって生まれているのかを整理し、解消していくこと。こうした意志や感情が「やってくる」という状況や環境に焦点を当てるのが、中動態のアプローチです。

アイデア創発の観点に戻って考えてみましょう。「もっと社員にアイデアを出させなければ」「発想法を学ばせなければ」というトップの考え方は、結果的に社員を受動的にさせてしまうところがあります。アイデアを出そうという意志を持たないことが問題なのだ、というように能動的な意志の有無に問題の本質があると考えることもできますが、こうした意志をどうやって「持たせるか」という問いには、根本的な矛盾が存在します。もっとも本人が意志を持っていれば、アイデアは生み出せるという話でもありません。

つまり、トップが向き合うべきなのは、**どうしたらアイデアが「考えたくなる」「やってくる」ような状況・環境を構築できるのか、という問い**なのです。

▼Q 子供の主体性を育む、という観点に立って考えてみると、何が大切になると考えられますか？

この問いを前提としたとき、次に湧いてくる関心は、「考えたくなる」「やってくる」という現象はどう生じるのか、ということでしょう。ここで重要なのが「**自己組織化**[*2]」という概念です。

自己組織化とは、物理現象や、生物、環境、社会、情報、文化など様々なものに見られる、ある対象が外部からの明確な指示や制御なく、自らを組み替え新たな状態へと向かうことを意味します。例えば、幼虫がサナギを経て成虫へと変わっていく際には、サナギの中で一度自らの身体を溶かして、新たな身体へと組み替えていきますが、これは誰かがコントロールしているものではなく、主体となるシステムが自分自身を組み替えているのです。

アイデアも意志も、どちらも共通しているのは、本人の頭の中に存在する情報や認識のつながり方が変化し、新しい捉え方が生まれることで、本人によって発見されるものだということです。そしてそれは、本人が意識的に起こすとは限らず、むしろ無意識の中で、ふと新しい捉え方がやって

＊1　國分功一郎『中動態の世界』（医学書院）
＊2　第1章で紹介した、自己産出系の組織も、この自己組織化の概念をベースにしています。詳しく深掘りしたい人はエリッヒ・ヤンツ『自己組織化する宇宙』（工作舎）を参照してください。

きたように感じられるのです。

つまり、意志の発現やアイデアの発想とは、その当事者の中で様々な想いや知識の組み合わさり方が、新たに自己組織化したことで生じていると言えます。そしてそうしたつながりは、気がついたら「見えてきてしまった」ものなのです。だからこそ、「気がついたら身体が動いていた」「シャワーを浴びていたら突然アイデアが降ってきた」という認識が生まれるのです。

こうした前提に立ったとき、新規事業施策をリードする担当者や経営層に求められるのは、いかに意志やアイデアが自己組織化しやすい状況・環境をデザインするかということになります。

自己組織化の鍵を握る、「脱学習」

自己組織化を導くためには、もともと存在していた「つながり」を解くことがまず求められます。というのもイノベーションと呼ばれるものの多くは、すでにつながりを持って組織化され、構成された私たちの「常識」に揺さぶりをかけるようなものがほとんどだからです。例えば、iPhoneが出た当初、まだガラケーが主流だった日本では、物理キーボードがついていないなんて、という否定的な声が聞かれました。Appleは人とインタフェースの関係を紐解き直したからこそ、優れた操作性を実現したわけですが、ここを紐解ききらないままに追随した日本企業は、携帯電話の市場で一気にその勢いを失ってしまいました。これは、過去の常識にとらわれ、ただ表層的に追随してしまったことが要因なのではないでしょうか？

創造において、「分解」はとても重要な役割を担います。よく「どうしたら良いデザインを考えられるのか」と質問されることがありますが、まず大切なのは、良いとされるものをとにかく分解することに尽きます。分解していくからこそ、良いものはどう構成されているかが理解できるのであり、またその構成を組み替えることでオリジナリティが生まれていくのです。

バリー・オライリーは『アンラーン戦略』（ダイヤモンド社）の中で、「新しい視点や展望や成功が欲しければ、まずは古い視点や展望、成功体験を手放さなければならない」と述べ、そしてその一歩目が「脱学習（unlearn）」にあるとしています。

私たちは「より良いもの」を突き詰めようとするあまり、一度形づくった「良さ」を脱学習できないままに、さらなる良さを追い求めすぎてしまうところがあります。新たな姿へと変容することを求めるのであれば、こだわってきた「良さ」を一度解きほぐす必要があります。

こだわってきたものから、少し距離を置きたくなるような気持ちがやってくる。そんな状況や環境をデザインする必要がある、ということも前提に置きながら、「場」をデザインするという観点に踏み込んでいきましょう。

▼Q

これまでの人生で、自分の価値観が覆るような脱学習が起きたと思える出来事はありますか？

第2節　自己組織化が起きる場とは？

自己組織化が起きやすい状況・環境とは、具体的にどのようなものでしょうか？　ここでは、組織的な知識創造という観点から、どのような「場」をデザインすることが求められるのかを考えていきます。

「場」とは何か

経営学者の伊丹敬之氏は、『場の論理とマネジメント』（東洋経済新報社）において、「場とは、人々がそこに参加し、意識・無意識のうちに相互に観察し、コミュニケーションを行い、相互に理解し、相互に働きかけ合い、相互に心理的刺激をする、その状況の枠組みのことである」と述べています。そしてマネジメントの本質は、トップから生まれる「タテの影響」、つまり上司が部下に与える影響によって、「ヨコの相互作用」、つまり社員同士あるいは部署を超えた相互作用を活発化することにあるとし、その密度を濃くするための「容れもの」こそ場であると主張しています。

そして、密度が濃い状態が実現すると、①人々の間の共通理解、②個人の中の情報蓄積の深まり、

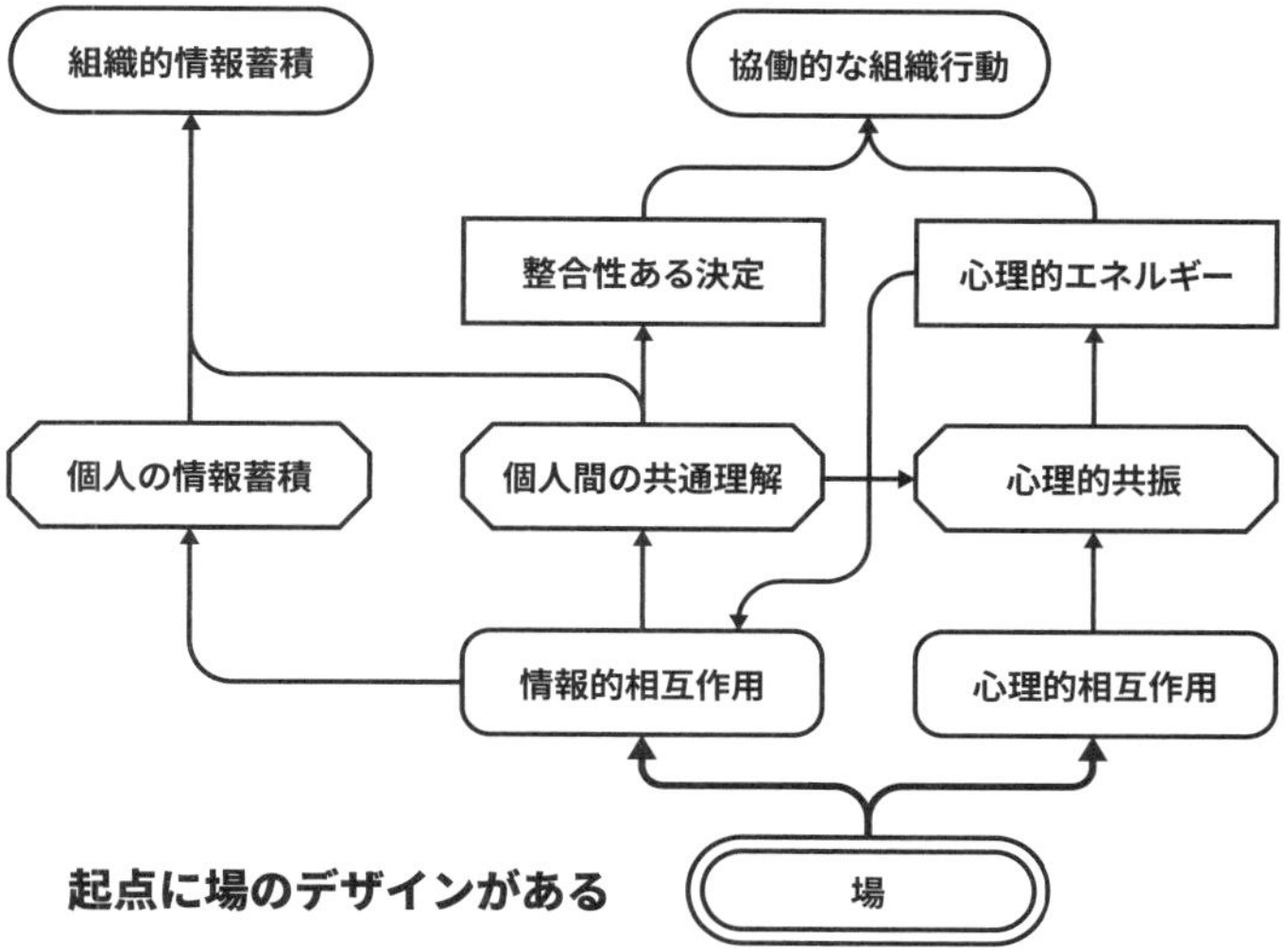

図表5-1　伊丹氏の示す場の機能の基本図

③人々の間の心理的共振という3つのことが自己組織的に起こるとしています。そして、これらが結果的に「組織的情報蓄積」につながり、また「整合性ある決定」と「心理的エネルギー」を生み出すことで、「協働的な組織行動」につながると述べています（図表5-1）。

人と人の情報の処理や交換、蓄積を伴うような情報的相互作用と、互いの心を揺さぶり合うような心理的相互作用が活発になる場を形成することで、結果的に新しい知と意志を伴った熱量が自己組織化されていきます。こうした場を形成し、相互作用を活性化することが、トップに求められる役割と言えるのです。

▼Q 相互作用が活発に起きている場と聞いて、イメージが浮かぶものは何ですか？

また伊丹氏は、場のマネジメントには「**場の生成のマネジメント**」と「**場のかじ取りのマネジメント**」の2つが必要になるとしています。前者はどのように場が生まれていくのか、後者はどのように場が生き生きと密度濃く活性化していくのかということを扱っています。そして、「場の生成のマネジメント」には、経営する側が設定し生み出す「**場の設定のマネジメント**」と、自然発生的にメンバーが自ら場を生み出すことを促進する「**場の創発のマネジメント**」があるとしています。

自己組織化という観点に立ち返ると、場の中での相互作用によって知や熱量が生まれる自己組織化と、場そのものが生成されていく自己組織化という、二重の自己組織化が存在するということになります。場を制御しようとしすぎても、一方でただ放任するだけでも自己組織化は起きず、その間でマネジメントしていくことが求められるのです。

実際、ホンダの「ワイガヤ」や京セラの「コンパ」のように、大企業が大きくなった背景にはこうした場づくりがあります。一方で、ワイガヤをやろうといってもうまくいかない、という声もよく聞かれます。なぜでしょうか？

一つには、こうした場の成功体験にとらわれてしまい、場のあり方そのものが形骸化し、場が正しくつくられることが目的化してしまったことが挙げられます。「正しく場をつくったか」を意識するあまり、場の設定のマネジメントが優先され、場の創発のマネジメントが抑制されてしまったのではないでしょうか？　場の設定にとらわれるあまり、場から相互作用が失われる状況に陥ってしまっては元も子もありません。

もう一つは、情報テクノロジーの発達に伴い、誰もが場を生み出せる時代となった中で、企業内での場の求心力が相対的に下がってきていることが挙げられます。終身雇用が前提にあった時代には、人々のキャリア観のほとんどを勤務先の会社が占めていましたが、時代は変わって人生をより自分らしく豊かに生きるための一つの要素として会社がある、という認識に変わってきています。

強制的に人を集めても相互作用は生まれませんし、とにかく場を設ければ社内から人が集まってくるという時代でもないでしょう。その場に巻き込まれたくなってしまうような、人々を触発できる場をデザインしようとする姿勢が重要です。

▼Q
自分の組織では、社員が主体的に場を生成することはありますか？

アイデアと熱量はどのように生まれるか

こうした相互作用のある「場」によって、どのようにアイデアやそれらを生み出そうとする熱量

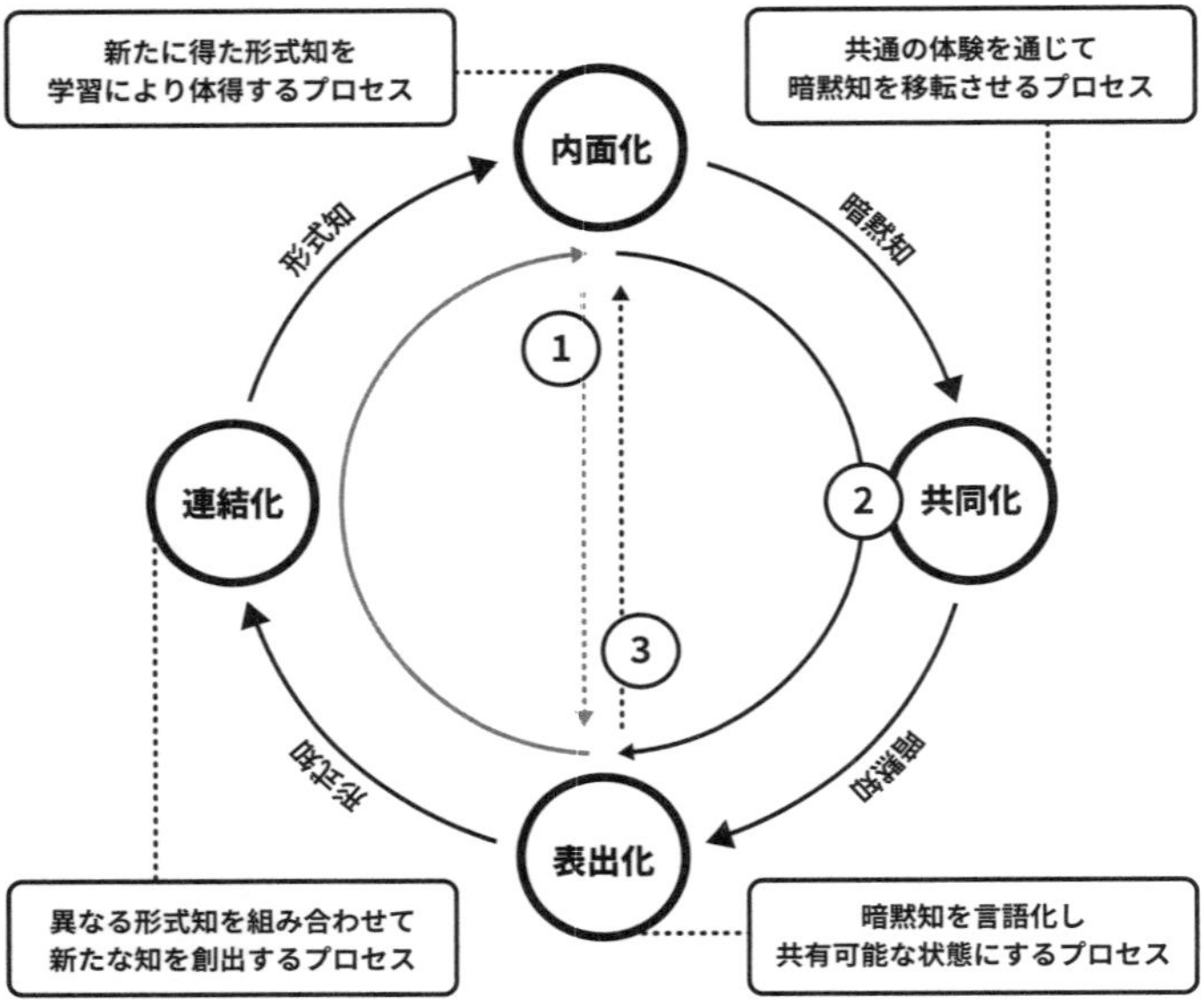
新たに得た形式知を
学習により体得するプロセス
共通の体験を通じて
暗黙知を移転させるプロセス
内面化
暗黙知
形式知
1
連結化
2
共同化
3
暗黙知
形式知
表出化
異なる形式知を組み合わせて
新たな知を創出するプロセス
暗黙知を言語化し
共有可能な状態にするプロセス

(1) 正しく方法論を学ばせ再現性を高めようとするあまり
形式知から形式知を導くことばかりを急いでしまっては
豊かな知識創造とならない

(2) 豊かな暗黙知が個々に育まれ、それが共同化される中で
言葉にしきれないような感覚や熱量が形成されていき、
ここに主体的に向き合うエネルギーが生まれる

(3) 表出化しきれなければ、改めて内面化へと向かうことも大切で、
形式知を表出化することを焦ってしまえば
せっかく生まれ始めていた暗黙知に帯びた熱量も失われてしまう

図表5-2　SECIモデル

は自己組織的に創発されていくのでしょうか。

　ここで重要になるのが、**暗黙知と形式知の相互作用**です。経営学者の野中郁次郎氏は、「人間の知識が暗黙知と形式知の社会的相互作用を通じて拡大される」という前提のもと、共同化→表出化→連結化→内面化、というプロセスで暗黙知と形式知の相互的なスパイラルによって知が創造されるという「SECIモデル」を提唱しています。

　野中氏は『知識創造企業』[*3]の中で、暗黙知の重要性を繰り返し強調しています。豊かに暗黙知が形成されるからこそ、力強い知識創造の循環が生まれるのにもかかわらず、今日の組織では、図表5－2でも示すように、研修によって形式知を積み上げれば新しいアイデアをつくれるようになるだろう、という前提によって、暗黙知が形成されるプロセスをおろそかにしてしまっていないでしょうか？

▼Q
内面化→表出化→連結化といった、豊かな暗黙知形成を省略してしまっているような状況として、思い当たるものはありますか？

＊3　野中郁次郎、竹内弘高『知識創造企業』（東洋経済新報社）

伊丹氏が指摘するように、知を創発するような協働的な組織行動には、心理的共振によって生まれる心理的エネルギーが求められます。そしてこうした心の動きや「共にワクワクしている」ような心理的エネルギーは、明確に暗黙知と言うべきものです。

さらに言えば、その手前の内面化のフェーズで、個人個人の中に豊かな暗黙知が形成されていることも重要になります。ただ外に分かりやすい答えを求めるのではなく、自分のまだ曖昧な感覚や思考とじっくり向き合うことが大切なのです。

しかしながらすでに成功を収めた組織は、その再現性と深化にこだわるあまり、一人ひとりが曖昧で言語化しにくい感覚的なものに向き合うことや、それを分かち合うことに場や時間を割こうとしないものです。

暗黙知の豊かな形成と相互触発があってこそ、結果的に豊かな知が表出していく状況が生まれるのであり、アイデアと熱量が自己組織化していく場をつくるために組織が向き合うべきなのは、どのような形式知を学ばせるかではなく、どのように組織に豊かな暗黙知を形成していくかという問いなのです。

▼Q

組織の中に、豊かな暗黙知を形成している場があるとすれば、それはどんなところですか?

共に「分からないけれど、ワクワクする」ことに向き合う

豊かに価値を生み出し続ける企業は、こうした暗黙知を豊かに形成するための場の重要性を理解しているように思えます。

それが垣間見えるのが、任天堂が生み出した「Nintendo Labo」の開発秘話です。2018年に発売された、Nintendo Switch向けとペーパークラフトのセットからなるこの商品は、総売上としてはヒットとは言えない規模ながらも、フィジカルな段ボールを組み立てて遊ぶゲームとして、SNS上で話題となった斬新な商品でした。

開発秘話が公開されているのですが、この商品の開発は、Nintendo SwitchのJoy-Conという、ジャイロセンサー・IRカメラ・HD振動の3つの機能を活かして遊べるものを作ろうという、非常に曖昧な目的のもと、様々な試作を持ち寄ってみるという活動から始まっています。特にIRカメラは、Joy-Conならではの要素だったこともあり、このカメラを使ってどのように遊ぶことができるのか、試行錯誤が積み重ねられていました。

試作を続けるうちに、でき上がったプロトタイプそのものはゲームとしては全くおもしろくないが、作っている自分たちはそれが動く仕組みにテンションが上がっていることに気がつきます。

面白そうなものができたのはいいんですけど、「これ・・・本当に売ります？」って話になったんですよね。

（中略）

この「オルゴール」っていうヤツが・・・全然、面白くない。

これ、理髪店のカンバンみたいに、筒に斜めにシールを貼っていて、クルクル回すんです。理髪店のカンバンって、回転運動が縦に移動しているように変換されるんですけど、カメラでその移動を読みとれば回転速度をＢＧＭの再生速度に変換できる。

仕組み自体は割と面白いなぁと思って、僕らはちょっとテンション上がってたんですけど・・・。「でもこれ、いざお客さんに遊んでもらうことを考えたら、どうなんやろ？」と。

そのときは、(外からは仕組みが見えない) ブラックボックス化されたアタッチメントを用意するイメージだったんですけど、Joy-Conに何か、クルクルしたヤツをつけて、それで音が鳴って・・・。「これ、おもろいんか？」って思ってしまったんですよね (笑)。

(中略)

「オルゴール」は、「構造が見えていること」と、それを「自分たちが思いついた」っていうところが楽しいのであって、それはこのままではお客さんには届かない部分なんです。だから「こういう風になったらあかんのやな」って、「あかんポイント」がわかったんですよ。

それを踏まえて、どうやって製品化するのか？って考えたときに、「段ボールで、自分で作る」ってことにしたら・・・「弱点を強みにできる」と考えたんです。

(中略)

材質も、段ボールなら自分で組み立てることができるし、直すこともできる。作り変えることもできるし、自在だなと。なにより仕組みが「わかる」喜びがうまれる。

この考えかたは、Toy-Conガレージの発想のもとにもなっています。*04

形式知的な商品のアイデアを急ぐあまり、作ったプロトタイプに対しすぐに「おもしろくない」と判断を下してしまっていたら、仕組みが「分かる」喜びだという観点には気がつけなかったのではないでしょうか。

試行錯誤によって個人個人の中に暗黙知を蓄積できたこと。プロトタイプを通じてそれを分かち合うことで、共に「なんでか分からないがおもしろい」と思えるものを分かち合えたこと。そしてそのおもしろさがどこからやってくるのかを、内省的に問えたこと。

こうした暗黙知と向き合える場があったからこそ、「仕組みが分かる、仕組みをつくる楽しさ」という発見に至れたのでしょう。実際こうした発見は、2023年に発売され大ヒットとなった「ゼルダの伝説 ティアーズ オブ ザ キングダム」の中での「ウルトラハンド」という、自分で様々な素材を組み合わせて、新しい仕組みをつくるという楽しみ方にも活きているように感じられます。

新しいアイデアを創発するというのは、このステップを踏めばうまくいく、という線形的なものではありません。試行錯誤を積み重ねる中で、蓄積され・共有された暗黙知の中に「何かはまだ分からないけれど、おもしろそうな何かが確かにありそうだ」という感覚が生まれ、それを解き明かしたいという熱量が生まれていくことで、結果的にアイデアがやってくるのです。

＊4 https://www.nintendo.co.jp/labo/interview/interview_02/index02.html

第3節　アイデアがやってきやすい場を実現するためのポイント

身体性に意識を向ける

では、具体的にこうした暗黙知が豊かに蓄積・共有され、アイデアがやってきやすくなるような相互作用のある場を実現するためには何が大切になるのでしょうか？

1つ目に挙げられるのは、「身体性」の観点です。

暗黙知の形成には、外界と自分の思考や心理との間に位置する「身体」が強く影響しています。発想に関する認知科学の研究[*5]によれば、ひらめきとは、自身の思考の変化が無自覚に進んだときに起こります。またこうした変化は、本人も注意を向けず、意識にのぼることのなかった外部からの刺激が影響するもので、完全な独創によってひらめきに至ることは難しいとされています。

そして、こうした外部からの刺激は、自身を取り巻く環境から一方的に得られるものではなく、私たちがその環境にどう働きかけるかによっても変化します。[*6]

私たちが無意識のうちに感じとっているものは、認識できていないものばかりです。身体性への意識の向け方を変えると、得られる情報やそこに生まれる認識も変わり、結果的に新たな自己組織化が生じていくことにつながるのです。

筆者が身体性への意識の向け方を変え、場を活性化することができた事例の一つが、オンライン会議です。コロナ禍を経てリモートワークが進む中で、オンライン会議がうまくいかないと頭を悩ませた方も多いと思います。これは身振り手振りや相手との位置関係、アイコンタクトや呼吸のリズムなど、対面では発揮できていた身体性が損なわれたことが一つの要因として考えられます。

筆者はそうした中で、オンライン会議に対して「ラジオ」のイメージを持って臨むと、コミュニケーションが円滑に進むということに気がつきました。たとえ聞いている人たちの画面がオフだったとしても、その向こう側で聞いているリスナーがいる、というイメージを持って語りかけるように進めていくのです。あるいは「何か意見はありますか？」ではなく「ちょっと皆さんから〝お便り〟を募集したいのですが」と投げかけてチャットにコメントを書いてもらい、それを拾い上げながら、お便りをくれたリスナーにゲストとして場に出てきてもらう。ラジオにある相互作用のイメージを場に持ち込むのです。

＊5　阿部慶賀『創造性はどこからくるか』（共立出版）

＊6　Strack, Martin & Stepper（1988）による「ペンテクニック法」の研究では、ペンを口に咥えて、笑顔のときと同じ口の形になるようにした場合と、不満そうな表情の口の形にした場合とで、笑顔の形をした場合の方が漫画をおもしろいと評価する結果が得られたと言います。私たちの身体的な動作は、明確に得られる刺激や、そこに生まれる思考に影響を及ぼしているのです。

ラジオやインターネットのライブ中継を楽しんでいた人であれば、発信者とリスナーの間に一体感が生まれる瞬間を経験したことがあるのではないでしょうか？　離れたところにいても、私たちは豊かに身体性を発揮できるのであり、コロナ禍で会議が難しくなったのは、オンライン環境が悪いのではなく、対面と同じような状況を再現しようとしてしまったことが問題だったのです。

私たちが外部から豊かな刺激を得て暗黙知を内面化していき、さらに他者と共にそれらを分かち合うことで暗黙知を共同化するためには、こうした「身体性」への意識の向け方に焦点を当てる必要があります。**「なんだか分からないけれどおもしろい」「違和感がある」「気になってしまう」といった感覚的なものを豊かに感じとる身体性が発揮される場をデザインすること**が求められます。

フレームワークや方法論の研修や、その正しい利用ばかりに意識をとられ、結果として何かを感じとる身体性への意識が失われていては意味がありません。こうしたフレームワークや方法論は、自ら外部環境にアプローチする手段の一つにすぎません。身体性を豊かに発揮できる場をつくるために、こうしたフレームワークや方法論を活用するという視点を持つことが重要です。

▼Q
今の組織で、最も身体性が高まる瞬間はどんなときですか？

具体的に、身体性を豊かに発揮できる場をつくるための視点をいくつか紹介します。

(1) とにかく大きくしてみる

クリエイティブなオフィスと聞くと、壁一面がホワイトボードになっている様子などを思い浮かべたりするでしょう。壁一面に付箋や写真を貼り、一緒に向き合いながらワークをしていると、ただパソコンに向き合って話しているときよりも場にエネルギーが溢れている気がします。

壁や床などホワイトボードよりも大きな面で情報を整理していると、目で視覚的に情報を捉えるというだけでなく、体を動かして情報と向き合うことになります。一歩引いて情報を俯瞰してみたりすることで、新しいつながりが見えてくることもあるでしょう。

また、マスキングテープなどを使って、フレームワークを大きく床に表現してみるというアプローチも効果的です。ビジネスモデルキャンバスなどを床に大きく描き出し、それぞれのステークホルダーのエリアに誰かを立たせて対話してみると、それぞれのエリアの視座から、そこに生じている関係性を感じとることができます。ただ紙の上で整理するのとは、全く違う感覚が得られるでしょう。

(2) 表現してみる

デザイナーはよくスケッチを描きますが、その本質はカッコ良い形を描くことではなく、自分の頭の中にあるものを描き出して、観察できるようにすることにあります。描いてみて初めて感じとれるのであり、スケッチやデッサンを習熟しようとするのは、より豊かに感じとれるようになるためのアプローチなのです。

活動 **どんな活動・経験から学ぶか** ただ意見を出してもらうのではなく ラジオのお便りを読み上げるような 活動にしてみるのはどうか	**空間** **どんな場所・空間で学ぶか** 机ではなく、床や壁に資料を貼り出し 照明も少し工夫をして美術館のような 空間の中で会議をやってみたらどうか
共同体 **どんな人とどんな関係性で学ぶか** 提案者、評価者の関係を シェフ、ウェイター、お客さんのような 関係で捉え直してみるとどうか	**人工物** **どんな道具や素材を用いて学ぶか** オンラインで声や姿を変えて 別人になりきって 対話してみたらどうか

図表5-3　学習環境デザインの4要素を活かし他の場から学ぶ

ただ考えやアイデアをワークシートに書き出すのではなく、様々な方法で表現してみることが大事です。表現しようという意識で取り組むと、誰しも自然とその表現の質的な違いに意識を向けるようになるもの。ただ課題やアイデアがテキストで書かれているのと、ビジュアルを使って表現されているのとでは、それを見る側の受けとり方も変わるはずです。

Nintendo Laboの事例でも、段ボールを使ってどんどんアイデアを表現してみる、ということを盛んに繰り返していました。何かを作ったり、表現したりしてみて初めて分かることはたくさんあるのです。プロトタイピングの重要性も新規事業ではよく言われますが、単なる仮説検証ではなく、新しい仮説発見や本質の理解につながる行為として認識しておくことが重要です。

(3) 他の場から学ぶ

先ほどのラジオの例もそうですし、スポーツ観戦や映画鑑賞、あるいは天気のいい日のハイキングなど、誰しも自分の身体感覚が豊かになる瞬間を経験したことはあるのではないでしょうか？　こうした経験を内省し、場づくりに適用できないかと考えてみることはとても大切です。

例えば、良いレストランの空間演出を例に挙げてみるとどうでしょう。良いレストランは、料理の味だけではなく、席の配置や照明の明るさ、音、お客さんへの声がけに至るまで、五感で豊かに感じてもらえる空間づくりを意識しているものです。「いつもより少し暗い空間で、テーブルごとに照明を置いてみたらどうだろうか」など、すぐに真似できる要素もあるでしょう。

このように他の事例から学ぶときには、「学習環境デザインの4要素」（図表5－3）の観点で、その環境がどのように構成されているかを分解すると応用しやすくなります。

▼Q

3つの視点の中で、
まずとり入れられそうな感覚が湧いてきたものはどれですか？

心の動きに意識が向く「余白」をデザインする

次に大切になるのが、本書で何度か言及している「余白」の重要性です。そもそも目標を達成することに追われていたり、考えなければいけないことで頭がいっぱいだったりという状況では、ちょっとした気づきに意識を向けようという気持ちも湧いてこなければ、新しい情報のつながり方が自己組織化していくこともありません。

『アイデアのつくり方』で提示されていた（3）と（4）のステップにあったように、一度考えていることを意識の外に置き、シャワーを浴びたりするのは、気づきや新たなつながりが「やってくる」余白を生み出すためと言えるのです。

一方で、ただトイレに行くことを促したり、本屋をブラブラするように言ったりしたところで、ポンポンとアイデアが出てくるのであれば苦労しません。重要なのは、無意識の中に生じている感覚的な気づきに意識が自然と向いていくような場をつくることです。

筆者が、こうした場をデザインできたと実感した具体例の一つが、長野市で2023年から2024年にかけて展開した「日日耕日塾」というプロジェクトです。

このプロジェクトは、観光客と地域とのより豊かな関係を対話的に模索していけるファシリテーター人材を育成するという目的のもと開催されたもので、北は岩手から西は京都まで、地域のあり方やその中での自分のあり方を模索する若手数名が集い、最終的には新たな関係人口や、地域と観光客のアイデンティティ変容の機会を実現する旅のプランを提案するという形で行われました。

どの参加者も自身の好奇心や探究心をベースとした素晴らしいプランを提案してくれたのですが、この探究心が発露し始めたきっかけとなったのがDay1での4時間近くにもわたる「無目的な散歩」と「写真ワーク」で構成された「街歩き」のワークでした。

「無目的な散歩」は、とにかく無目的に、一人で街を歩いてきてください、というもの。日常の散歩ひとつとっても、「体を動かす」や「音楽やポッドキャストを聴く」という目的を持ってしまい

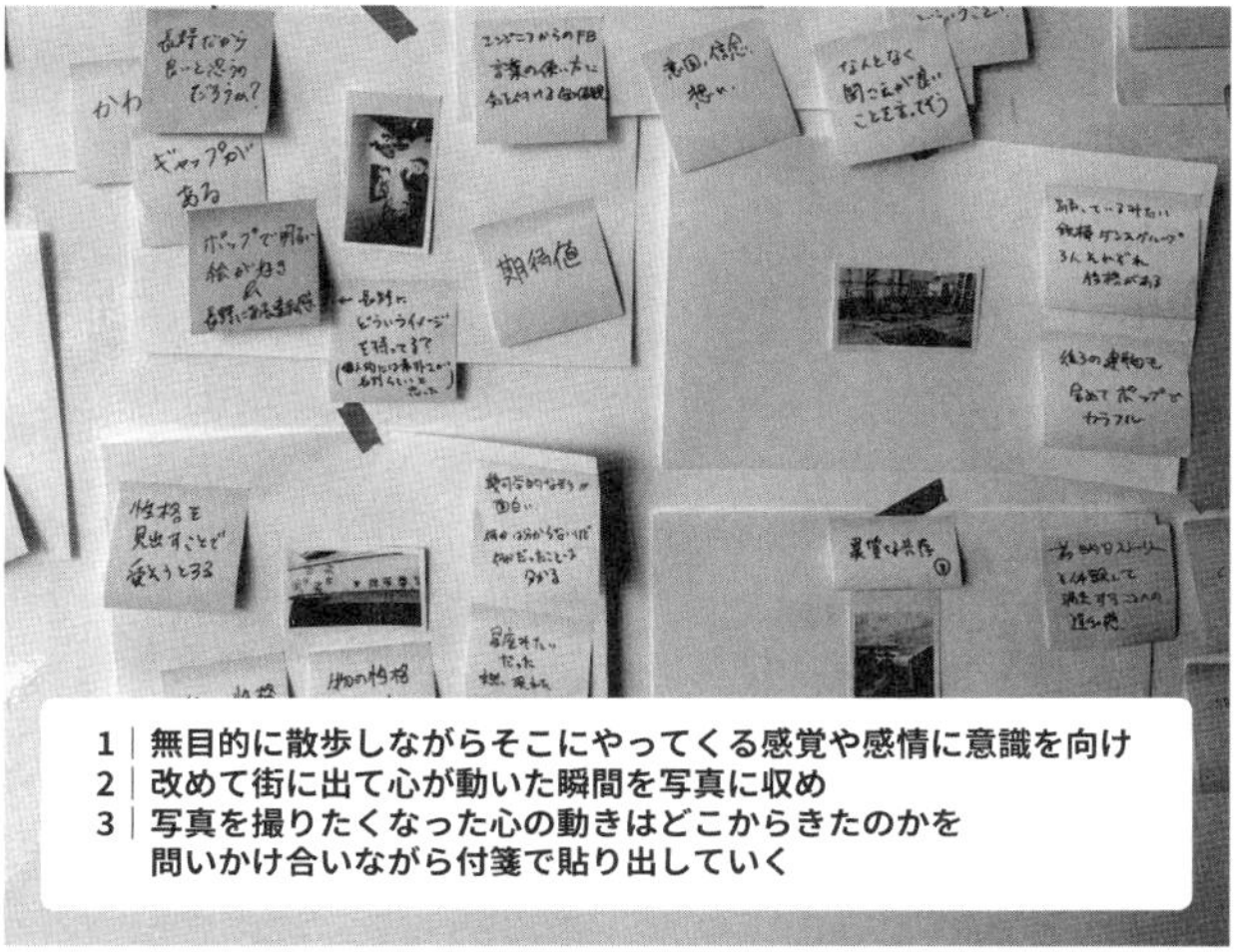
1｜無目的に散歩しながらそこにやってくる感覚や感情に意識を向け
2｜改めて街に出て心が動いた瞬間を写真に収め
3｜写真を撮りたくなった心の動きはどこからきたのかを
問いかけ合いながら付箋で貼り出していく

図表5-4　「日日耕日塾」プロジェクト

がちです。誰かにそう指示されて、無目的に歩くということは、普段あまりしたことがない時間の使い方です。

無目的に歩こうとすれば、自然と私たちの中にやってくる感情に目を向けるしかなくなります。「ちょっとこっちの道が気になるな」「こっちは人の気配があまりないけれど、なんでなんだろう？」――。無目的に歩き回っているからこそ、自分の中に新しい関心が湧いているのに気づくことができます。

こうして湧いてきた関心を互いに共有しながら、自分が何に心が動くのかを模索していくワークを最初に行い、その上で改めて街に出て、心の動きを写真に収めてくるというワークを行いました。結果的に参加者一人ひとりが、自分の中に関心や好奇心が湧いてくる経験を得ることができました。

自分の心の動きに焦点が当たってしまうような余白をデザインする、という営みは、瞑想にも通じます。独特の緊張感がありつつも、自身の心の動きに意識を向ける余白がある。こうした瞑想に通じるような余白のある場をつくることで、一人ひとりの中に自ずと好奇心や問いは湧き上がってくるのです。自分の気づきや好奇心を言語化〝させる〟ワークばかり詰め込んでいても、探究したくなるような熱量が本人の中に湧いてくることはないでしょう。

▼Q

心の動きに意識を向けるような余白を、日常のルーティンにとり入れるとしたら、どのようなものが思い浮かびますか？

問いで場と活動を紡ぎ続ける

一人ひとりの中に熱量が生まれてきたとしても、結果それが他者にも伝わるような発見やアイデアとして形になっていかなければ、そこに生まれたはずのポテンシャルやエネルギーも時間や場の変遷と共に失われてしまいます。

こうした感覚的なものは、まだ誰かに説明可能な状態ではないことがほとんどです。またいつ具体的な発見として自己組織化がやってくるかも分かりません。プロセスを豊かにつないでいくためには、**まだ言葉にできないけれど、ここには何かが潜んでいそうだという感覚を「問い」の形で表**

現しておくことが重要になります。

問いの形で残しておけば、その問いを他者に開くこともできますし、その問いから新たな場や活動をつくり出すこともできます。すぐに答えが見えずとも、問いを紡ぎ続けていれば、新しいアイデアがやってくる瞬間と出会う確率は高まっていくはずです。明確な答えが見えてこない中で、すぐに諦めてしまっていては、決して良い発見がやってくることはないでしょう。

そもそも、新規事業は心がくじけるような出来事の連続であることがほとんど。今までにないことをやろうとしているのですから、うまくいかなくて当たり前です。だからこそアイデアや事業の方針転換をする「ピボット」が必ず起きるのですが、問いが残らないようなピボットを繰り返していては、熱量さえも失われていく一方です。

深い探究を組織的に積み重ねていくためにも、常に場や活動を問いで紡ぎ続けていくことが大切です。活動で得られた感覚的なものを問いの形で残しておけば、あとから問いを見返したとき、当時は見えていなかったつながりが見えてくるかもしれません。誰かが積み重ねてきた問いに触れた人が、新たなインスピレーションを得て、何かを考え始めてくれることもあるでしょう。問いを紡ぐことでアイデアがやってくるポテンシャルは増していくのです。

まずは活動の終わりに、そのとき湧いてきている感覚や考えたくなる気持ちを、問いの形で表現してみる時間をとるだけで良いでしょう。場の前後で、問いにどのような差分が生まれたかを振り返るだけでも、その場に何が生まれたのかを推し測ることもできるわけです。アイデアを分かりやすく定量的に評価するだけでは、豊かにアイデアがやってくるような場が生まれる可能性は減っていくばかりでしょう。

▼Q これまでにあった、うまくいかなかった経験の中に、問いを見出すとしたら、どのような問いが考えられますか？

「やってくる」ことを信じて、試行錯誤し続ける

第5章では、アイデアは「やってくる」ものである、という前提に立ち、この現象はどのように訪れるのかについて、そのための「場」の重要性について紹介してきました。

手軽で再現性の高い方法論ばかりを探していても良いアイデアなど生まれるはずもなく、またそうした方法論を正しく実行させようとするだけでは、アイデアが「やってくる」ような場は生まれていきません。様々な方法論は、自己組織化が生じるような場を構築するための手段にすぎず、その本質を見失ってしまえば、かえって組織の土壌を悪化させることにもつながります。

特に第3章や第4章で紹介してきた、価値観やアイデンティティの変容は、それが起きることを信じて試行錯誤することはできても、強制的に起こすべきではないと筆者は考えています。

第2部で紹介してきたようなアプローチは、どれもすぐに変化を感じられるようなものではないかもしれません。しかしながら、長期的な目線で組織の土壌を豊かにしていくためには欠かせないアプローチのはずです。改めて土壌を豊かにするという覚悟の視点に立ち、新規事業施策の検討や組織のマネジメントに向き合うきっかけとして活用してみてください。

第5章のまとめ

○アイデアは、「出すもの」「出させるもの」ではなく、「やってくるもの」である

○意志やアイデアが「やってくる」という「中動態」の観点に立ち、自らの内側に新しい捉え方が「自己組織化」していく環境をデザインすることが、マネジメントに求められている

○自己組織化を実現するためには、すでに形成された常識やこだわってきた「良さ」を脱学習できるような場をデザインすることも必要になる

○自己組織化の生じる場をつくるには、情報的相互作用と心理的相互作用が活発になる場を形成することが大切になる

○もともと「ワイガヤ」や「コンパ」などでこうした考え方は大切にされてきたが、企業の外にも多様な場が広がった今日は、ただ正しく場をつくるだけでは、場への求心力が生まれなくなっている

○SECIモデルでいう豊かな暗黙知形成のプロセスを重視し、「分からないけれど、ワクワクする」という感覚と向き合える場をつくることが価値創出の熱量を生み出していく

○こうした場をつくり出すためには、身体性が発揮され、心の動きに意識が向いていくような、余白のある場づくりに取り組むことがポイントとなる

○すぐに答えが見えてこないからこそ、まだ言語化できない何かを問いの形で表現し、「やってくる」ことを信じて、場と活動を紡ぎ続けることが求められる

アイデアが「やってくる」ためには？
――「中動態」と「ソース原理」から考える

アイデアは「生み出す」ものというより、「やってくる」もの。

ただ、何もないところに降ってくるわけではありません。

「ソース原理」に関する本を監訳されている山田裕嗣さんに、

「中動態」と「ソース原理」、そしてアイデアが生まれやすい環境について聞きました。

山田 裕嗣 *Yuji Yamada*

株式会社 令三社 代表取締役。人材育成・組織開発のコンサルティング、大手ITベンチャーのHRを経て、株式会社サイカの創業に参画、代表取締役COOを務める。2017年に独立、2021年に令三社設立。『すべては1人から始まる』翻訳・監修。

小田裕和（以下、「小」）　アイデア出しの方法論はたくさんありますが、それを使えばアイデアが出てくる、生み出せるというわけではありません。たくさんのアイデアを出すことによって、自分の中にアイデアが「やってきやすい」状況を構築することが本質ではないでしょうか。

これに通じるのが、國分功一郎先生の著書『中動態の世界』で説かれている「中動態」という考え方です。「私」から出発して「私」の外で完遂するようなものが「能動態」で、一方、自分が起点だけれども、結局は過程もすべて自分の中にあるというものが「中動態」だとしています。

これは、自分の外側にあるものに目を向けるのが能動態、自分の内側に目を向けるのが中動態、と捉えることができます。つまり、アイデアを「出す」のか、アイデアが「やってくる」のか。

アイデアがやってくると言っても、何もないところにパッと降りてくるのではなく、自分の思考を外に出して整理していくうちにやってくる。例えば、付箋を使ってアイデア出ししたりすると思いますが、「アイデアを100個出したら1個ぐらいはいいのがあるよね」というのではなく、100個出すことで、その間の関係性がぼんやりと生まれてきて、そこに何かが見えてくる。

山田さんとは、中動態について夜中まで語ったりして（笑）、たくさん対話を重ねてきましたよね。

山田裕嗣（以下、「山」）　毎回必ず、中動態というキーワードが出てきますよね（笑）。

小　山田さんは、「ソース原理」という考え方についてトム・ニクソンという方が書かれた『すべては一人から始まる』（英治出版）という本の翻訳・監修を務められています。今日は、ソース原理を踏まえつつ、どうすれば中動態を大事にする組織になれるのか、一緒に考えていければと思います。

山田さんは、令三社という会社を立ち上げて、組織のあり方などを探究されていますね。

山　そうですね。もともとは、大企業の人材育成などを外からお手伝いする仕事をしていたのが、ご縁があってITベンチャーの創業メンバーに入りました。そこを退任したあと、フレデリック・ラルー著『ティール組織』（英治出版）という本が出る前後ぐらいから、「日本において新しい組織づくりはどうなっていくんだろう」という問いを持つ知り合いが増えていき、一緒に議論するようになったんですね。

それで今、令三社では、世界で起きていることを日本に紹介し、逆に日本で起きている変化を世界にもっと届けたいと思って様々な活動をしているのですが、その一環として、日本には「ソース原理」を扱う本がなかったので翻訳したわけです。

ソース原理の提唱者はピーター・カーニックという方で、たくさんの教え子の一人であるトム・ニクソンが書いたのが、『すべては一人から始まる』です。

小　「ソース」というのは、組織において価値をつくっていく上で中心役を担う人、という理解で合っていますかね。

山　そうですね。まず、ティール組織とソース原理はスタート地点が違う、というのを理解しておくといいかなと。

『ティール組織』は、ラルーが世界中の新しい組織をたくさん見てきた結果として抽出した、新しい組織の進化形を「ティール組織」と名づけている。基本的には、組織モデルを扱っています。

一方でソース原理は、あくまで個人に焦点を当てています。結果的に見ている世界観はティール組織と近いものの、それ自体は全く組織論ではないんですよね。

ソースたる人は、まだ存在しない未来を思い描いて、それを現実化させる人間の素晴らしい力を発揮する存在、創造力をもって何かをつくり出す人です。

子供が粘土をいじるのも、大人が絵を描くのも、**人が何かをつくり出す営みは、すべてソースとしての活動です**。何も芸術的な活動に限らず、カーニックは、「晩ご飯を作るんだってソースがいるんだよ」と言うんですよね。あらゆる創造的な活動が、ソースを起点としている。

先ほどソース原理は組織論ではないと言いましたが、例えばジブリ作品で言うと、ソースはおそらく宮崎駿さんで、そこからすべての創造活動が生まれています。ただ、作品は一人でつくるわけではないですよね。宮崎駿さんが自分のつくりたい世界観を描き、作画する人、作曲する人、プロモーションをする人などがそれを実現する。

ソースとつながり、「私もつくりたいものがそこにあるので、一緒につくります」と参加する人は、この本では「サブソース」と呼ばれています。

小　ソース原理は組織論ではないが、こうしたソースとサブソースの関係性は扱っていると。

山　そうです。だから、ソース原理で人のコラボレーションを語ることはできます。

ソースとサブソースの関係には自然な秩序があって、サブソースは、宮崎駿さんがスタジオジブリの会長だから従属するのではなく、宮崎さんがつくりたいものの一部を引き受けたいからそこにつながる。

ただ、その秩序はその作品の中だけの話で、例えば作画する人が「ジブリのみんなでパーティーをやりたい」と言って、ソースとしてパーティーの主催を引き受け、宮崎駿さんにサブソースとして何かを頼むことはできる。その場合は、作画する人がソースで、宮崎さんがサブソースになる。

小　新規事業で言うと、提案者がソースになって、そこにいろいろな人たちがサブソースとして関わっていくわけですよね。

アイデアの種を「受けとりやすい」状態になる

山　ソース原理の源流は、提唱者のカーニックが「マネーワーク」と呼んでいるものにあります。もともと彼は金融系のコンサルタントで、マネーワークとは、自分の内面を探究するものです。

彼はコンサルタントとして、30年くらいいろいろな人の内面に向き合ったところ、本人が本当につくり出したいものを素直に創造できている場合と、そうでない場合があることに気づいたと。そして、無意識に追いやられている自分の「とらわれ」が、お金というものに投影されていることが分かったんです。

お金がないと自分が脅かされるという不安がある人は、お金をどんどん追い求めていく。それにとらわれている限り、ソースとしてクリエイティブに何かをするのではなくて、お金が欲しいから何かをする、という方に偏ってしまう。

そうしたとらわれがない状態で、ソースとして本当につくりたいという衝動に従って行動したとき、初めて本当にクリエイティブなものができる。

そう考えると、**自分にアイデアがやってきやすい環境をつくるためには、エゴやとらわれを一旦とり除いてみる必要があるのかもしれません。**

「お金が欲しいから」とか「人に承認されたいから」といった欲求から生み出そうとすると、アイデアがやってくる状態を自分のエゴによってねじ曲げてしまう。アイデアの種を受けとりやすい状態をつくるというのがもともとのマネーワークであり、素直にアイデアを受けとれるほど、クリエイティブな人になれる。そのあたりが、とても中動態っぽいと思いました。

小　新規事業開発の現場では、「自分がやりたいことが分からない」という悩みをよく聞くんですが、大人になればなるほど、「こうやって生きなければいけない」とか、家族がいるなら「家族を守らないといけない」など、いろいろな制約が課されるわけですよね。

ましてや、大企業で新規事業開発をやると、既存の事業部との関係性による制約も出てくるし、自分の仕事が上司に評価されるという前提もあるわけで、いろいろなしがらみがあるなと。

ここが、大企業で事業をつくる人と、ゼロからスタートアップを起こす人の明確な違いだったりするんですよね。一人で事業をつくり始める人は、自分の周りに何もなかったというケースが結構多いと思うんです。

「これを大事にしたい」というものから事業をつくるにしても、大企業の中にいると、そこにたどり着くまでにいろいろなものをとり除かなければいけないという前提がまずあるんだろうなと感じました。

子供は、しがらみやとらわれがなく、「これやりたい」「あれやりたい」と素直に言えるけれど、大人になればなるほど、心が動きにくくなっていくというか。いろいろな制約がとり除かれたときに、純粋に自分の心が動くものが、やっと見えてくるんですよね。

「何がしたいか」に目を向けやすくする

山 また、「あなたはどういうものを世の中につくり出したいの？」という問いを投げかけられること、それを考えることなどに慣れているという環境は結構大事だなと思います。

人間はやっぱり環境に影響されるので、「私は本当は何をしたいのか？」という問いに向き合いやすい環境設定ができているかどうか。

小 その話は中動態とすごくつながると思いました。

新規事業がなかなか生まれないという組織の方から相談されるとき、「うちの社員、なんか熱量がないんですよね」とか「自分のやりたいことか、あんまり言わないんですよね」という話が出ることが多いんです。それって、自分のやりたいことが自分の内側から湧いてくるという前提ですよね。

中動態という考え方のベースには、スピノザがあるんです。要は、自分が「これをやりたい」という気持ちは、自分の中でゼロから湧いてくるわけではなく、何かから影響を受けて発露するものだという考え方です。「やりたい」という気持ちは、外からやってくるものだという発想が根本にあるわけです。

山　組織文化をどう扱うかはすごく難しいと最近よく思うんですが、基本的には、今持っている勝ちパターンの再現性を上げられるのが強い組織文化ですよね。

言語化されていないにしても、「こういうのがいい振る舞いだよね」という共通認識がその組織内に生き残っているということは、それに何らかの合理性があるはずです。

「うちの社員に熱量がないんですよ」というのは、悪い言い方をすると、「いいから黙って言うことを聞け」という文化の方が、これまでは会社として成功しやすかったという可能性がありますよね。

イメージだけで言ってしまいますが、例えば金融系の大きな会社だったら、ミスがなく、つつがなく、同じことを繰り返すことで、結果的にお客さんも喜ぶ、事業も続く。だったら、そういう文化を強化した方がいいわけです。

「中動」ではなく「受動」を引き起こしやすい環境設定があったら、「やってくること」に目を向けようとはしないですよね。

「価値観が強い」と「価値観が深い」

小　さっきのソースとサブソースの関係につながるんですが、「価値観が深い」と「価値観が強い」を分けて考える必要があると思うんです。

「価値観が強い」というのは、価値観が固まっている状態ですよね。

一方、「価値観が深い」場合は、いろいろな考え方を許容できる。だから、ソースに引き寄せられた人たちは、ソースの価値観と照らし合わせながら自分たちの価値観を発露させられる。

「価値観が強い」状態だと、自分自身の価値観などいらなくなってしまう。その違いがあると思うんですよね。人を制約する価値観なのか、人を引き寄せる価値観なのか。

山　人を引き寄せられるかどうかは非常に重要ですよね。最近、日本全国いろいろな会社にインタビューをして回っているんですが、特に地方のおもしろい会社に行くと、とにかくどう人を採用するかという話に帰結しがちなんです。

未来の事業をつくっていくとなったときに、その事業をどうつくってお客さんに選んでもらえるかという話の手前に、能力が高くて、自分から何か事業をつくってくれる人にこの会社は選んでもらえるのかという問題がある。そこがクリティカルではないかと最近よく思います。

小　人を引き寄せる力のない組織は、ＡＩを活用したり、人をロボットのように働かせたり、ロボットを使ったりするしかなくなる。そのような形でやっていけるかもしれないけれど、「何かやりたい」という人は集まってきませんよね。

山　いろいろな会社をじかにインタビューしていて感じるのは、やっぱりおもしろいところは思想が明確なんです。こだわっている想いがあって、その想いや哲学に沿った試行錯誤をしているから、それが積み重なっておもしろい挑戦につながるんです。

それに、たいていたくさん失敗しているんです。一貫した思想のもとにチャレンジを積み重ねて、結果的にユニークなものが生まれている。

創業者の第一歩に立ち返る

小　人の心の中に、「考えてみたい」とか「試行錯誤してみたい」という気持ちを「やってこさせる」ような深い思想は大事だなと改めて思いますね。どの大企業に行っても、そういう創業者の精神があるんですよね。そこにもう一回立ち返らないといけないんだろうなと。

山　ソース原理で言えば、ソースが最初にイニシアチブを引き受けて一歩踏み出した瞬間、何がそうさせたのかを考えるのは大事だと思うんです。

小　「なぜか」ではなくて、「その気持ちがどこからやってきたのか」と。

山　まさに、「Where」の問いです。

最近、大阪にある平安伸銅工業さんという突っ張り棒の会社や、佐賀にある和多屋別荘さんという旅館など、3代目の方々が経営されている組織のお話をうかがう機会がたまたま続いたんです。今の経営陣にとって、創業者はおじいちゃんだったりするので、身近な存在として知っているわけです。その上で、折に触れて「なんでうちのじいちゃんはこれを始めたのか」と問うて、創業者の踏み出した一歩をたどり直している。その問い方は、ソースとしての創業者に触れることですし、その結果としてすごくユニークに生まれ直している感じがするんです。

小　自分なりに再解釈して、それを自分の想いと結びつけ直して、現在の形になっている。

山　平安伸銅さんは、日本に初めて突っ張り棒をヒットさせた会社です。大量生産・大量消費の時代は、機能性が高くて安いものをいかにたくさん売るか、ということを追求していれば良かった。ただ、事業を引き継いだ40代の経営陣からすると、「かっこ悪いものは自分の家に置きたくない」という感覚も持っていた。

それで今の時代に合ってデザイン性があるものを作ろうと言って、ブランドを新しく立ち上げて、業績を戻したんですよね。

でも、根底にあるのは「人の暮らしを豊かにすること」であるというのは変わっていない。それこそが、「ソースが踏み出した一歩に立ち戻る」ということだと思うんです。そこはずれていないから、同じイニシアチブで新しいものをつくれるんですよね。

小　「強い」ものではなく、「守るべきもの」でもなく、人々の心が動いてしまうような哲学やパーパス。それを自分なりに咀嚼し直すことで、自分のやりたいことが見えてきてしまう。そういう環境をデザインしていくということが、新規事業施策において大事だなと改めて考えさせられました。

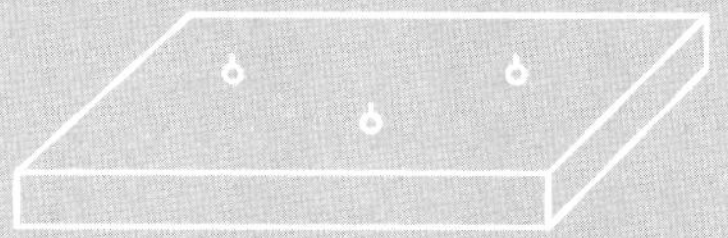

第3部

ボトムアップで価値をつくる3つのアプローチ

第３部では、第２部まで見てきた、組織の土を豊かにする知の探索活動という観点を前提に置きながら、実際に新たな提案を考えたり、新しい価値を探究したりしていくことに向き合う人は具体的にどうすればいいか、という観点を紹介します。

第6章 価値の格をデザインする

第1節 価格とは、価値の格である

安直な低価格は成功しない

新規事業の提案で欠かせないのが、競合の事業やサービス・商品との比較と差別化の観点です。どこに優位性があるのかを具体的に示すことができなければ、提案の強みを言語化できているとは言えず、「競合は存在しません」という提案は、それを求める市場が存在する可能性も低いでしょう。競合との比較は、技術面や顧客接点での強みや、提供する価値の質的な違いなど、様々な観点で行われますが、中でも売上の行方を左右する「価格」の観点は重要な観点です。よくあるのは、様々な工夫によって他社よりも低い価格を実現できる、という提案です。当然顧客側にとって、良いクオリティのものが安く手に入るに越したことはありません。

しかしながら、商品やサービスを安く提供するということは、大量生産のようなスケールメリットが前提にあることがほとんどです。大量生産を前提とすれば、初期投資に莫大な資金が必要となり、結果として本当に売れるのかを徹底的に確かめない限り上市できません。受容性調査を繰り返すうちに、もともと想定していた顧客のニーズや市場環境も変化してしまい、結果として事業が日の目を見ることもなく撤退に向かうということも少なくないでしょう。

だからこそ、事業はリーンに、スモールに始める必要があるとされているのです。しかしながら、そうなると今度は必然的に価格は上がってしまいます。価格が上がった分、純粋に価格競争では優位性が保てませんし、価格を抑えたら利益率も下がってしまいます。結果、事業性がないと評価されてしまうこともしばしばです。

つまり、たとえ高い価格がつけられたとしても、必要とされ売れるものを編み出すことが新規事業においては重要です。そもそも価格とは、単純な高低で比較すれば良いものなのでしょうか？

▼Q

新しく登場した製品やサービスで、価格は高いけれど、欲しくなってしまうものと言えば、どんなものが思い浮かびますか？

より価値のあるものとは何か

ここでまず本書で提案するのは、「価格とは価値の格である」という捉え方です。

例えば、エルメス社のバッグを例に考えてみましょう。エルメスのバッグには、なぜあれだけの高値がついているのでしょうか？　品質の良さや希少性など、その要因はいろいろ考えられますが、特にブランド価値によるところが最も大きいでしょう。

ではそのブランドは、そもそもどのように確立されたのでしょうか？　その原点は創設者であるティエリ・エルメスが１８３７年に立ち上げた、小さな馬具工房にあります。当時はまだ、馬車が移動の中心にあった時代。おそらく当時から、高い品質を誇る馬具工房は他にもあったでしょう。そんな中でエルメスは、「馬も傷つけない馬具」というこだわりによって、支持を集めていったと言われています。

「高い品質を誇る馬具」と「馬も傷つけない馬具」。どちらも品質を謳っていますが、仮に全く品質が同じだったとしたら、後者により高値をつけるのではないでしょうか？「私は高い品質の馬具を使っています」というのと、「私は馬も傷つけないような馬具を使っています」というのでは、後者の方が魅力的に感じます。単純に良い品質のものが買える、という価値ではなく、より魅力的な自分を表現できる、という価値に訴えかけているのです。

▼Q
皆さんが好きなブランドは、同価格帯の商品と比べてどのような質の違いを持っていますか？

もう一つの事例として、筆者が研究してきた「意味のイノベーション[*1]」でもよく紹介される、「アロマキャンドル」についても同様なことが言えます。アロマキャンドルの価格を調べてみると、1万円を超えるような商品が数多く見つかります。一方、和蝋燭のような高級蝋燭を調べてみても、良くて5000円がいいところで、1万円を超えるような商品はなかなかありません。

もちろんアロマオイルを使用しているなど、原価が高くなる要因は考えられますが、それでも倍近い差がつく理由にはなりません。なぜこれだけの差が生まれるのでしょうか？

それは、私たちがそこに感じる「価値」に差があるからです。もともとローソクは、「部屋を明るくするため」や「祭壇を照らすため」、あるいは「ケーキに飾るため」に使われていたもの。今日、部屋を明るくすることにさほど価値は感じませんし、熱心な信仰心を持った人ならまだしも、家の仏壇にわざわざ高いローソクを使おうという人もさほどいないでしょう。ケーキを飾るローソ

＊1　商品やサービスの仕様ではなく、そこに付与される「意味」を問い直すことに着目した、ロベルト・ベルガンティによって提唱されたアプローチです（ロベルト・ベルガンティ『突破するデザイン』日経BP）。

クであっても、ケーキの値段を超えるようなローソクを使う人はいないでしょう。

一方でアロマキャンドルは、リラックスする時間を過ごしたり、部屋の印象を形づくるために使われたりします。より良い空間や時間をつくるという目的であれば、価格の比較対象は、和蝋燭ではなく「家具」や「照明」になります。1万円で上質な空気感をつくり出せる家具や照明はあまりないでしょう。得られる価値を考えれば、アロマキャンドルが1万円することにも納得できます。

人々は多様な観点から、そこにある価値を評価しています。そして**どの観点から評価するかによって、そこに与えられる格付けは変わる**のです。つまり価格を設定するとは「価値の格」を設定するということであり、価値を格付ける観点が変われば、「適正価格」も変わってくるのです。

さらに身近な例として、カフェについて考えてみましょう。皆さんにとってお気に入りのコーヒーチェーンや喫茶店はどこでしょうか？　もちろんコンビニコーヒーが良いという人もいるでしょう。落ち着いたカフェがいい、タバコが吸えるところがいい……皆さんそれぞれに「ここが良い」と思う理由があるでしょう。当然それによって、価格に対する評価も違うはずです。

最近では、蔦屋書店が展開する「シェアラウンジ」や、スマイルズ社がプロデュースし、日本出版販売株式会社が運営する「文喫」のように、入場料や利用時間に応じて金額を支払うような場所が増えています。カフェで仕事をするという人も多いと思いますが、落ち着いて思考を巡らしたい人にとっては、チェーン店は少し集中しにくい環境です。たとえコーヒーを一杯買うよりも高かったとしても、いい仕事をするためであれば、高い価格も惜しまないという人もいるでしょう。

▼Q
皆さんのお気に入りのカフェには、他のカフェとどんな違いがありますか？

価格は単純な高低を示す「スカラー」ではなく、どの方向にどれくらいの価値があるかという「ベクトル」で評価されるべきものです。

アロマキャンドルが家具や家電と比較されたように、新規事業では新たな「価値の格」を提案し、競合との差を示していくことが必要となります。いかに原価を下げ、利益率を上げるかばかりを考えていてはダメなのです。

日本の文化特性に潜む、価値の格の問い直しにくさ

価値の格の捉え方について具体的に考えていく前に、もう一つだけ触れておきたいことがあります。それは日本人の持つ文化的な特性に、「価格」がなかなか上がらない要因があるのではないかということです。

ＩＭＦのデータによるＧ７の消費者物価上昇率のグラフを見ると、日本は最も低いままで推移し

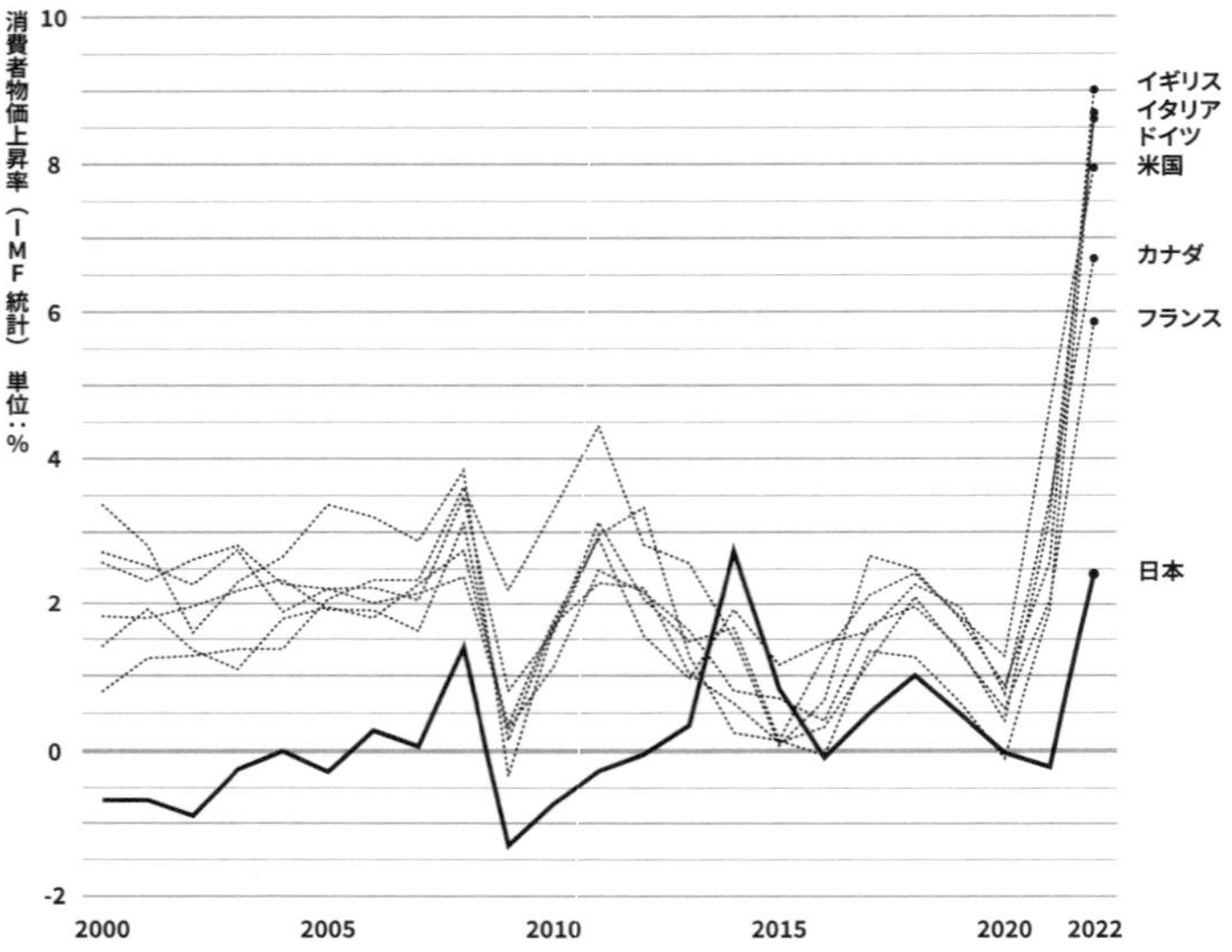
消費者物価上昇率（IMF統計）単位：%
10
8
6
4
2
0
-2
2000
2005
2010
2015
2020
2022
イギリス
イタリア
ドイツ
米国
カナダ
フランス
日本

図表6-1　G7の消費者物価上昇率

ていることが分かります。[*2]　このデータだけで結論づけられないところもありますが、日本は諸外国に比べて価格が上がりにくい傾向にあると言えるでしょう。

その要因については、様々な分析がなされていますが、最もよく見られるのは、最終的な価格への転嫁が許容されにくいことにあるという指摘です。赤城乳業社の「ガリガリくん」は、値上げのたびに話題に上がる代表例ですが、２０１６年に25年ぶりに60円から70円に値上げされた際の謝罪ＣＭは、海外でも話題となりました。

そもそも、価格が上がり、売上が上がれば、それに伴って賃金も上がっていくもの。しかしながら、価格が上がることを過剰に否定的に捉えてしまう傾向が、私たちの中にはあるように思います。

こうした認識や感情の背後には、私た

ち日本人の持つ文化的な特性が挙げられるのです。特に、エドワード・T・ホールの示す「コンテクスト」の観点と、ヘールト・ホフステードの「6次元モデル」の中の、「不確実性の回避」と「人生の楽しみ方」の観点は大きく影響していると考えられます。

「コンテクスト」とは、ホールが著書『文化を超えて』（TBSブリタニカ）の中で、世界中の様々な言語圏のコミュニケーションスタイルにおいて、言葉に表現されない「コンテクスト（文脈）」がどのように共有されているのかを分類したもので、「暗黙の了解」のように、言葉に表現されなくても互いに言いたいことを理解し合えるようなコミュニケーションが比較的得意な日本は、「ハイコンテクストカルチャー」にあると言われています。これは裏を返せば、言わずとも私たちは同じような価値観を有しているはずだ、という前提が根強くあるということでもあります。

一方、ホフステードの「6次元モデル」は、「権力格差」「集団主義／個人主義」「女性性／男性性」「不確実性の回避」「短期志向／長期志向」「人生の楽しみ方」という6つの観点で国ごとの傾向を比較したモデルです。

このうち「不確実性の回避」は、リスクを避けたがるか、積極的に受け入れるかの傾向を見るもので、「人生の楽しみ方」は、楽しいことをポジティブに評価する傾向にあるか、抑制すべきと考える傾向にあるかを見るものです。日本は「どうなるか分からない状況を極端に避けたがり」、「比較的抑制的に幸福と向き合うべき」という傾向にあるとされています。

一概にすべての人がそうだ、と言えるわけではないですが、日本人は「同じ価値観を有している

＊2　大きな上昇が見られる2014年は、消費税引き上げが影響しています。

だろう」というスタンスのもと、「幸せになることを手放しによしとせず」、「できるだけ新しいことを避けようとする」という特性が強いということが、こうした研究から見てとれます。

▼Q

「同じ価値観を有しているだろう」というスタンスのもと、「幸せになることを手放しによしとせず」「できるだけ新しいことを避けようとする」ような具体的な事例として思い浮かぶものは？

この前提に立って考えてみると、価格が上がることに対して、抵抗感が働く様子が見えてくるのです。できるだけ安く、多くの人が使っているものを選択しようとし（ハイコンテクスト／不確実性の回避傾向）、人よりも高いものを買っていたり、良い生活を楽しんでいたりする様子を目にすれば、憧れる以上にそれを否定してしまう（ハイコンテクスト／抑制的な幸福観）。そもそも、何に価値を感じるかは人それぞれであり、高級なものを使おうが、安価なものでもこれがいいと思おうが、それぞれの自由です。それなのに、「傲慢だ」と指摘したり、「こんなものがいいと思うなんてセンスがない」と蔑んだり。自分にとってちょうど良い「価値の格」の中で生きていればいいものを、ちょっとでも差を感じると、それを否定し合ってしまうことはよくあります。もちろん、値段が下がることは、ほとんどの人が肯定的に捉えるでしょう。こうした背景から、価格を上げることに対して、「申し訳ない」という気持ちが生じてしまいやすいのです。

アロマキャンドルが出た当初は、「あんなに高いキャンドルを買う人の気が知れない」といった反応もあったことでしょう。しかしながら、リラックスする空間をつくるためにはお金を惜しまない、という価値観が徐々に広がったことで、否定的な声はほとんど聞かれなくなったように思います。当時は購入者のほとんどが女性でしたが、今ではお香や香木などと共に、男性の購入者も多く存在します。

つまり、価格を上げていくためには、市場の「価値観」を変容させていくことが求められます。新規事業とは、こうした新しい価値観を提案していくような営みなのです。

▼Q

最初はこんな高いもの売れるわけない、と言われていたのに、次第にそれが価格の基準となっていった事例として思い浮かぶものは？

第2節　価値の格のシフトはどのように起きるか

価値の格は、関係性によって変化する

では、価値の格はどのように変わっていくのか、具体的に考えていきましょう。

まず、私たちの価値観によって価値の格が決まるということは、その**価値観が形成されている「関係性」**に焦点を当てる必要があります。

関係性について理解を深める上で、最も分かりやすいのが「推し活」です。皆さんの周りにも、自分の「推し」のためなら出費を厭わないという人が少なからずいるのではないでしょうか？　年に2回開催される「コミックマーケット（通称コミケ）」の経済効果は、計300億円を超えると言われており、プロ野球の日本シリーズの経済効果が100億円超と言われていることを考えれば、そのインパクトの大きさが分かります。

クラウドファンディングにも、同じことが言えます。クラウドファンディングのリターンを期待し拠出する人も多いとは思いますが、同様の商品やサービスが、同じ金額でインターネット上で購

入できるだけだったとしたら、皆さんは同じようにお金を払うでしょうか？　私たちは、単純な物やサービスの「購買関係」よりも「推す」「応援する」という関係に対して、より高い価値を感じていることが多いのです。

このように、価値の格はその商品やサービスとどのような関係性にあるかによって、大きく変わります。裏を返せば、その関係性を変えられれば、価値の格が変わる可能性が高いのです。

▼Q
支出を惜しまずに応援したくなってしまうような、皆さんの「推し」の商品やサービスは？

顧客課題の捉え方が価値の格を左右する

こうした関係性の変化にもつながる観点として挙げられるのが、顧客課題の捉え方です。

例えば、皆さんも肩こりをなんとかしたい、と思ったことはあると思います。かく言う執筆中の筆者も肩こりに悩まされています。ストレッチしてみたり、整体に行ったり、薬を服用してみたり。なんとかして肩こりを解消しようとアプローチします。

さて、このとき私たちは、肩こりの解消にどれくらいのコストをかけるでしょうか？　ある人は自

トップ5		販売金額差	ワースト5		販売金額差
1	漢方薬	253 億円	1	ミニドリンク剤	-666 億円
2	目薬	236 億円	2	胃腸薬	-328 億円
3	鼻炎治療剤	176 億円	3	総合感冒薬	-308 億円
4	皮膚用薬 ※	159 億円	4	ドリンク剤	-304 億円
5	解熱鎮痛剤	139 億円	5	ビタミンE剤	-191 億円

※殺菌消毒剤除く

©INTAGE GROUP

図表6-2　平成8年度と平成30年度の販売金額差　増減ランキング

宅でストレッチするだけでなんとかしようとするでしょうし、またある人は高いお金を払って専門家の施術を受けようとするでしょう。ではその違いはどこから生じるのでしょうか？

例えば、大事な仕事に取り組まなければならないとしたらどうでしょう。もしそれがより大きな価値を生み出す仕事であるならば、多少なりともお金がかかったとしても、パフォーマンスを上げたいと考えるはずです。つまり、仕事のパフォーマンスを上げる必要がある、という課題意識の中で、価値の格を判断しているのです。

実際に、こうした課題の捉え方の違いによって、価格を上げているのが目薬です。目薬と言うと、どうしてもその成分や効能を謳いがちですが、目薬を日常的に利用する人の中には、目の渇きを潤したいということ以上に、仕事を頑張るために気持ちを切り替えたい、という人がいるのではないでしょうか？　仕事を頑張る、という観点に立つと、栄養剤やエナジードリンクなども同じような課題意識のもと利用される商品です。エナジードリンクを毎日買うくらいなら、より爽快感の得られる目薬に多少お金を出しても良い、と思っても不思議ではありません。実際、一般用医薬品の販売金額を見ても、エナジードリンクの台頭もあってドリンク剤の販売金額は大きく低下した一方で、目薬は大きく販売金額を向上させています[*3]（図表6－2）。

▼Q
ある程度お金を出したとしても、これがあるから仕事を頑張れる、という商品やサービスは？

もう少し具体的に考えるために、事例として「プリクラ」[*4]ことプリントシール機について考えてみましょう。1997年のブーム絶頂期には1000億円規模だった市場は、2010年代以降200億円程度まで落ち込み、その後その規模を保ち続けています。1回の単価は、現在およそ500円程度。ではこの価値の格を高めるとすれば、何ができるでしょうか。

プリクラを撮ろうとする前提には、一緒に写真撮影する時間を楽しみたい、あるいは一緒に過ごした時間を思い出として残したい、といったニーズが想定されます。もう少し抽象的に捉えれば、

＊3　https://www.intage-healthcare.co.jp/news/release/d20190516/
＊4　「プリクラ」は株式会社セガの商標です。

私たちらしさを表現することを楽しみたい、と捉えることもできるでしょう。ここにヒントがあると筆者は考えます。

というのも、VTuberの台頭や、バトルロイヤルゲーム「フォートナイト」などでのバーチャル環境下でのコミュニケーションの広がりによって、私らしさを表現する幅は、どんどん広がりを見せています。

例えば、自分がつくったキャラクターと一緒に写真を撮ったり、あるいはその撮影や描画の機能を活かして、自分のアバターとしてのキャラクターづくりができたりする機械があったらどうでしょう？　機材そのものは大きく変えず、1000円に設定したとしても利用する人は出てくるのではないでしょうか？

つくったキャラクターで遊べるアミューズメントゲームなども展開できるかもしれません。フィジカルとデジタルが融合した楽しみ方という、ゲームセンター全体のあり方も大きく変えられる可能性もあります。こう考えてみれば、1回500円とは全く違った、価値の格の捉え方をすることができるでしょう。

このように、ニーズや課題意識の捉え方によって私たちの価値の格の捉え方は変わり得るのです。

▼Q
自分の分身としてのアバターをつくることに、
皆さんならいくら出しても良いと考えますか？

小さく力強い共感から、新たな価値の格は生まれる

もう一つの重要な観点として挙げられるのが、価値観の変化につながる、「共感」の力です。一つの事例として挙げられるのが、フィットネスジムです。最も代表的なのは、RIZAPグループの展開する「chocoZAP」でしょう。月額3000円程度の会費や、スーツや革靴のままでも利用できること、セルフエステや脱毛・ホワイトニングの機械が利用できることをアピールし、「コンビニジム」というポジショニングで1年余りで1000店舗まで急拡大を遂げています。

しかしながら、それ以上に筆者が注目するのは「FIT PLACE24」です。元シルク・ドゥ・ソレイユのパフォーマーであり、筋トレ系YouTuberとして知られていた山澤礼明氏が立ち上げたこのジムは、2023年2月から12月末までで60店舗を展開。月額3000円程度に抑えながら、店舗の広さや置かれた機材は本格的であり、話題を集めています。

どちらのジムも、「スタッフの削減」や「シャワーをなくす」など、徹底的なコストカットによってこの価格帯が実現されています。ただ、なぜ同じ価格帯で、FIT PLACE24はより本格的な環境を実現できているのだろうという点が差として浮かび上がります。

最も大きな要因として言われているのは、100万人近くのYouTube登録者を持つ山澤氏の影響力によって、広告宣伝費がかかっていないことです。山澤氏の発信に共感してきた人たちがフォローしているわけですから、100万人にチラシを配布するのとは訳が違います。

それ以上に大きいのは、山澤氏に共感する利用者の、ジム利用に関するリテラシーの高さでしょう。山澤氏のYouTubeの動画を見ると、ただトレーニングのメソッドを紹介するだけではなく、ト

レーニングのカルチャーをより良くしたいという想いが伝わってくる発信が多いです。こうした想いに触れてきた利用者は、自然と良いジムの環境を保とうとするのではないでしょうか？

スタッフのいないジムは、清掃や機材メンテナンス、利用者同士のトラブルなど、利用のされ方に課題が生じることが多々あります。不快な思いをすれば、当然退会する人も出てきてしまうでしょう。逆に環境が良ければ、ジムに通うフィットネス人口もさらに増えていくはずです。ジムをフランチャイズで運営する人々のマインドセットにも良い影響が生まれるでしょう。山澤氏の姿勢に対して生まれていた「共感」が、こうした好循環につながっていると考えられます。

たとえ数字的な価格は一緒でも、共感の力によって、「価値の格」の質には大きな差が生まれます。より本格的にトレーニングに取り組もうとする人が増えれば、プロテインやサプリメントなどの関連する商品も売れるでしょう。価値の格が上がる構造が、共感によって実現しているのです。

こうした人々の「共感」の力は、新しい価値観や価値の格を実現していく上でとても重要なファクターとなります。そして力強い共感は、たいていの場合は小さな熱狂から生まれていくものです。事業を小さく始めることの重要性として、こうした小さな熱狂を伴うような共感関係を実現できるか、という観点は、もっと重視されるべきでしょう。

▼Q 力強い共感によって事業を成長させた事例として思い浮かぶものは？

第3節　新たな価値の格を提案するためのポイント

既存の価値の格を観察する

ここからはさらに具体的に、新たな格を提案していくために意識するポイントについて紹介していきましょう。

最初に挙げられるのは、価値の格の観察者になるということです。

私たちが普段生活したり、働いたりしている環境には、様々な価値の格がすでに溢れ返っています。より品質の良いものに高い値段がつけられる場合もあれば、アロマキャンドルのように、一見すると「なんでこんなに高いのだろう?」と疑問を持つようなものもあるでしょう。

私たちの中にすでに存在するこうした価値の格が、どのように形成に至ったのかを観察する癖をつけることが重要です。価値の格がどのように生まれるかを感じとる力がなければ、新たな価値の格を生み出すこともできないでしょう。

価値の格を観察するためには、いくつかの切り口があります。

（1）同業種の中に生じる価格の差を観察する

最もシンプルなのは、同じ業態、同じ商品やサービスの中での、価格の違いを比較することです。例えば、コーヒーチェーンによって、コーヒー一杯の金額は様々。もちろん品質の違いもあるでしょうが、カフェとしての場への期待値の違いが発露しているポイントでもあります。

原価ではさほど差がないように思えるのに、価格に大きな違いが表れていれば、価値の格の捉え方に顕著な差があると考えられます。洋服などはその代表例です。ただ生地が良い、造りが良いだけではない違いが、つくり手やそれを買う人々の価値観の違いとして表れているのです。

自分には理解できない価格の商品には、自分が認識できていない価値の格が存在しているわけです。「自分には理解できない」と距離を置くのではなく、積極的に関心を寄せることが重要です。

（2）同じ価格の中での顧客層の違いを観察する

次に挙げられるのは、先ほどの「chocoZAP」と「FIT PLACE24」の比較で挙げたような、同じ事業や商品・サービスの中で価格が同じものにおいて、どのような顧客層の違いが生じているかを観察するというアプローチです。顧客層が違うということは、たとえ金額的な価格は同じでも、価値の格に質的な違いが生じているはずだからです。

皆さんも、たとえ価格は同じでも、「なんとなくこれがいいんだよなぁ」と感じる商品やサービスはないでしょうか？　それを選びたくなってしまう心の動きは、どこからやってくるのでしょうか？　こうして問いかけていくと、自分なりの「評価軸」が見えてくるはずです。同じ価格のものだからこそ、人の価値観がより繊細に表れやすいとも言えます。

（3）異業種間での、類似する価値の格を観察する

3つ目は、少し難しいのですが、異業種同士で、提供価値が類似するものを探す、というアプローチです。

皆さんは、スターバックスのフラペチーノを購入する高校生を見かけて、「よくあんなに高い飲み物を買うなぁ」と感じたことはないでしょうか？　季節物の商品は700円近くになる場合もあります。

しかしながらよくよく観察してみると、友人と写真を撮って楽しんでいる様子がよく見られます。いわゆる「映える」写真を撮ろうと楽しんでいるわけです。「映え」スポットが用意されているお店もたまに見かけられます。

こうした観点で考えてみると、実はこうした高校生たちは、プリクラ代わりに写真を撮っているのでは？とも思えてくるのです。そして、プリクラを複数回撮影することと比較すれば、700円近くするフラペチーノを買ったとしても価格にあまり差はないのです。

つまり、「友だちと写真を撮って楽しむ」という価値の格においては、プリクラとフラペチーノには類似性が見られるのです。このように、異なる業態や商品・サービスの間でも、同じような価値の格が形成されていることがあるのです。

これは本質的な「競合」がどこにいるかを探るということにもつながります。スマートフォンがプリクラの競合になり得るのはまだイメージはできますが、フラペチーノがプリクラを撮影する機会を奪っているという考えにはなかなか結びつかないのではないでしょうか？

このように、今すでに実現している価値の格に目を向けて観察してみるだけでも、様々な発見が

あります。観察を積み重ねていけば、価値の格を捉えるセンサーはどんどん磨かれていくでしょう。

▼Q

(1)~(3)の中で、

皆さんはまずどの観察から始めてみようと思いますか?

省察によって価値観や哲学を深める

価値の格は、そこに存在する評価軸の表れでもあります。つまり**新たな価値の格を実現していくとは、こうした評価軸そのものを提案すること、あるいは新たな価値観を提案していくということ。**つまり、事業や商品・サービスのつくり手の価値観こそが、本質的な価値の格の差を生み出す源泉となるのです。

大企業の中で新たな事業を生み出そうとするとき、こうした価値観を自ら提案していくという姿勢の重要性があまり問われていないように感じたりします。どうしても大企業の中で働いていると、アイデアを評価する人の価値観に刺さるかどうかが焦点になってしまいがちです。また、評価者の価値観に刺さらないような提案をしても意味がないと思ってしまい、自ら価値観を提案しようという姿勢が損なわれてしまうことも少なくありません。

「FIT PLACE24」の山澤氏が、共感を集め事業を成功させているのは、「フィットネス」に対する価値観や哲学の深さがあって故のことです。私たちにとって「トレーニング」とはどんな営みであるべきなのか。日々の暮らしや私たちの人生にどのような影響をもたらし得るのか。つくり手自身が、何を「良い」とするのか、しっかりとその哲学を深められていなければ、事業が成功することはないと言って良いでしょう。

そのためにも重要になるのが、今の自分がどのような価値観や評価軸で良し悪しを判断しているのかを、しっかりと省察することです。省察的に自分と対話を積み重ねていけば、今の自分のこだわりやとらわれに気がつき、その解像度を高めていくことができます。

こうした省察を深めていく上では、第4章で紹介した「動詞」に問いを立てるアプローチも効果的です。例えば「フィットネス」という対象の周囲には、「続ける」「実感する」「意識する」といった様々な動詞が潜んでいます。こうした動詞に対して、どのような状態を「良い」としているのかを省察することで、「フィットネス」に対する哲学は深まっていきます。

▼Q
新たな価値の格を提案していく人には、どのような姿勢や哲学が求められると考えますか？

価値観を変える場や関係性を構築する

つくり手が価値観を深めたとしても、ただ自らの感じている「良さ」を主張するだけで、顧客や生活者の価値観を揺さぶることができなければ意味がありません。価値観を揺さぶるためには、「ストーリー」が重要です。これについては第7章でも紹介します。

そしてそのストーリーと共に重要なのが**「場」**と**「関係性」**です。

「場」については、すでに第5章でも紹介したように、情報的相互作用と心理的相互作用が生じるような環境を意味します。また人と人の「関係性」によって、どのような相互作用が生まれていくかも変わります。顧客や生活者の価値観を変容させるためには、こうした「場」と「関係性」の作用を意識しなくてはなりません。

端的に言えば、**商品やサービスとの「接点」としてどんな人と、どんな場で関係性を構築するのかということ。**「ワークマンプラス」は、場と関係性をシフトさせ、新たな価値の格を実現した代表例の一つでしょう。作業服専門店だったワークマンが、アウトドアショップという新業態を始め、結果大ヒットにつながったことで知られるこの事例ですが、当初並んでいた商品は、これまで扱ってきた商品ラインナップと同じだったそうです。たとえ商品が同じであっても、置かれる場所やその商品を届ける顧客との関係が変われば、そこに向けられる期待は変わります。新たな価値の格を提案するのであれば、既存の売り場に縛られていてはいけないのです。

ただ、特にメーカーが作った商品が、卸から小売へと渡り、店頭に並ぶような場合は、自由に置く場所を設定できないことがほとんどです。既存のカテゴリの中に位置づけられないような商品は、そもそも置いてもらうことさえ難しかったりします。

売り場を自由に表現しやすいのが、ＥＣサイトやポップアップショップです。例えば、「DAYLILY」という漢方のブランドを例に挙げてみましょう。漢方と言うと、どうしても「健康になるためのもの」という価値の格で評価されがちです。しかしDAYLILYは女性のライフスタイルに寄り添い、素敵な一日をつくるための漢方という新たな価値の格を提案しています。そうしたブランドの価値観を伝えるためには、その世界観を表現する場所が重要です。

ＥＣサイトは、実店舗に比べて、世界観をより豊かに表現できる場所でもあります。ただ商品の機能や効能を謳うだけではなく、その商品を取り巻く人々の生活のシーンに訴えかけるような、人々の価値観を揺さぶる場の設計が求められます。実際DAYLILYのＥＣサイトには、こうした世界観を感じさせる表現がふんだんに見られます。

また、実際に価値観を揺さぶり合うための「関係性」づくりも大切になります。DAYLILYでは、ヘルシーに、楽しく、気持ちのいい日々を一緒に過ごしたいというのは皆同じ、という考えからブランドのスタッフも、商品を購入したお客さんも、「sister」と呼んでいるそうです。こうした関係づくりを重視することが、徐々にブランドの価値観への共感を呼び、漢方という存在の新たな価値の格の形成につながっていると考えられます。

ファンコミュニティの重要性は、近年盛んに唱えられるようになり、様々なメーカーがコミュニティ形成に取り組んでいます。しかしながら、その取り組みの多くは、自社のＣＲＭを構築し、次の商品づくりにつながる「インサイト」を得ることだけを目的に展開されていないでしょうか？

一方的に「インサイト」を抽出しようというコミュニティは、さほど活性化せず、長続きすることもありません。コミュニティの中で価値観を分かち合い、共創できてこそ、そこには熱量が生まれ、次第に新たな価値の格が広がっていきます。

このように、人々の価値観を揺さぶるような場や関係性を構築することが、新たな価値の格を実現していくことにつながるのです。

▼Q
皆さんがより高い価値の格を感じている商品やサービスとは、どこでどのように出会いましたか?

価値の格の質を高めて文化を豊かにする

様々な企業努力によって適切な価格を実現し、収益性を高めていくことも欠かせませんが、新規事業の本質は、顧客や生活者により高い価値を持ったものを提案していくことにあるはずです。

またそれは、一方的に質の高いものを提供しようということではなく、つくり手側の価値観を社会に提示しながら、新たな価値の格が受容される状況を構築していくことが求められます。そのためにも顧客と深い関係性を築いていくのが重要なのです。

価値の格の質を高めていくことは、私たちの市場における文化的な豊かさを実現していくことではないかと筆者は考えています。起業家とは、事業だけでなく、文化をつくっていく存在でもあるのです。

自分が向き合いたい価値の格とは何か。どのように市場や社会の文化を豊かにしていきたいのか。事業を構想する原点として、こうした問いをまず自らに投げかけてみてはいかがでしょうか？

▼Q

皆さんが向き合いたい、価値の格の対象は何ですか？

第6章のまとめ

○安易に低価格を差別化要因とするのではなく、新たな「価値の格」を提案することが重要
○価値の格はどこからその価値を評価するかによって変わる「ベクトル」で捉える必要がある
○価値の格の変化は、価値観の変容を伴うものであり、日本人の文化的特性が、それを妨げていると考えられる
○価値の格は、顧客との関係性やあるいは顧客課題の捉え方によって変化する
○小さく力強い共感関係の構築は、新たな価値の格の実現に寄与する
○まずは既存の価値の格を観察し、その格を捉えるセンサーを磨くことが重要
○省察を通じて価値観や哲学を深め、価値観変容を実現する場や関係性の構築に取り組むことが大切になる
○価値の格の質を高めることは、最終的に市場や社会の文化を豊かにすることにつながる

「ある」が溢れる世の中で、新しい価値をつくる
――新規事業と「価値の格」

「なぜ女子高生はスターバックスのフラペチーノにあの金額を払うのか」――。
この現象は、フラペチーノを「単なる飲み物」としか捉えていないと理解できません。
「価値の格」とは何か、AとBの値段の差異は何なのか、
価値を〝編集〟する株式会社Huuuuの徳谷柿次郎さんに聞きました。

徳谷 柿次郎 *Kakijiro Tokutani*

株式会社Huuuu代表取締役。全国47都道府県を編集している。主な仕事『ジモコロ』、『Yahoo! JAPAN SDGs』、『SuuHaa』など。40歳の節目で自著『おまえの俺をおしえてくれ』を刊行。長野市で「シンカイ」「スナック夜風」を営んでいる。

小田裕和（以下、「小」）　僕はよく、いろいろな方の新規事業の提案を聞く機会があるんですが、事業の魅力をアピールするために競合に対する「安さ」を強調したり、一方でやりたいことをやろうとすると採算が合わなくて価格を上げないと成り立たなかったりなど、価格の面で難しさを抱えているのを見てきました。

買ってもらうために価格をひたすら下げていっても、当然ながら事業としては成功しないし、だからと言って高い価格を正当化するためにどんどん付加価値を加えていくのも、ありがちなバッドパターンですよね。

実は、新規事業においては、新しい格付けを提案できるかが大きなポイントだと思うんです。

普段、徳谷さんを「柿さん」と呼ばせていただいているので今日もそうさせてもらいますが、まさに柿さんはこれをやっていると思っていて。

例えば、運営されているウェブメディアの「ジモコロ」は、地元に眠っている当たり前だったものを、「これおもしろいじゃん」と、いわば価値を掘り返している。様々な価値を〝編集〟しているのが、柿さんが代表を務める株式会社Huuuuですよね。

徳谷柿次郎（以下、「柿」）　そうですね。ジモコロをはじめとするオウンドメディアの運営をやっていますが、企画や名前、編集部をつくるところ、課題感に対する提案をするところから入っていたりしますね。あとは、長野市に事務所があるので、古民家を改装したシンカイというお店を5年やっていたほか、最近は夜風というスナックを作るなど、今はリアルな場の編集にシフトしているところです。

小　柿さんがプロデュースされたOYAKI FARM（おやきファーム）も、長野の郷土料理である「おやき」の価値の格を問い直していますよね。長野では当たり前の文化をもっと違う形で見せることで、「こんな魅力があるんじゃないの」と。見せ方だけじゃなく、おやきに対する認識を変えていこうとする。そういう取り組みとしても、すごくおもしろいなと。

それから、自分たちで立ち上げた風旅出版という出版レーベルで、『おまえの俺をおしえてくれ』という自著を出していますが、その冒頭で、かつてプロ野球チップスのカードを集めていたという話が出てきますね。さらに、それを誰かと交換することで価値の差が生まれていたという。

古着も価値がものすごく上がったり下がったりするし、今で言うとポケモンカードも値上がりが激しいと言いますよね。ある集団の中での価値の位置づけは、どう生まれてくるのかなと。

まずは、柿さんがプロ野球チップスカードにのめり込んでいったきっかけや、何が収集癖の源泉にあるのか聞かせてください。

柿　僕は大阪で生まれ育ったんですが、父親が巨人ファンで、当時、巨人戦は大阪でも生中継されていたんですね。家族の共通の趣味が、プロ野球だった。

同時に、プロ野球ゲームも数多くリリースされていて、のめり込んでいたんです。中でも「プロ野球チームをつくろう！（やきゅつく）」という、野球球団のシミュレーションゲームがあって。プロ野球の生中継と同じおもしろさだったんです。

さらに、各選手の成績や、何のタイトルを獲得してきたかなどを覚えるのが僕は好きで。プロ野球チップスは近所のコンビニに必ず置いてあるので、1袋買ったらカードの裏のプロフィールを見て、「こいつはこういう成績を出しているから、こういう特徴があるんだな」と覚える。そこでラーニングしたことが、実際のプロ野球を観戦するヒントにもなるし、かつゲームの中で選手を選ぶ基準になる。

カードは、1シーズンごとに140枚とかあったのかな。それを集めきるのが大変なんですよ。弟と手分けして、近所のコンビニをあちこちハシゴして。

当時、「やきゅつく」をプレーしていたのがセガの「ドリームキャスト」で、国内では初めてインターネットにつなげられるゲーム機だったんですね。インターネットの登場によって、余っているカードを、名前も顔も知らない人と交換するようになった。

「今この番号が余ってます。私はこの番号が欲しいです」と呼びかけるとすぐにリアクションがあって、自分のカードを封筒に入れて送ったら、向こうが持っているカードが届く。そこで、カードの希少性に応じて、レートが勝手に生まれるんですよね。「ロッテの初芝が異常に多いやん」みたいなことが起きていた（笑）。

とにかく、その体験自体がすごくおもしろかったんですね。

小　ある意味、体験自体が価値になっていた。

柿　そうそう。たぶんインターネットがなかったら、全部集めようとは思わないんですよ。経済力の限界があるから。カードショップというお店があって、少しお金を出したらカードが手に入るというのは知らないまま、ダイレクトにインターネットに入り込んだんですね。

「歯抜けのカードを埋めていきたい」という気持ちが異常に強かったんです。プロ野球チップスカードに限らず、古本のマンガについても、歯抜けを埋める行為に異常な興奮を覚えていたというのが、この収集癖の根っこにある気がしますね。

価値の差異に気づくためのセンサー

小　柿さんの本では、ビジネスホテルのドーミーインがものすごく大切なインフラになっているという話が出てきます。ドーミーインとそれ以外のホテルの違いは何なのか、そもそも価値の違いに気がつくことができる人とできない人の違いは何なのか。

柿　そもそも、「違いに興味がある」かどうかというのがありますよね。

例えば、今ならホテルの検索サービスを使って部屋を比較できますが、「なぜこの値段になっているのか」に目を向けられるかどうか。さらに、「損をしたくない」という気持ちがある人の方が、価値の差に気づける前提条件がありますよね。お金がありすぎると、損したくないというエネルギーが小さくなってしまうので。

僕だったら、例えばドーミーインがアパホテルより3000円高かったとしても、3000円を払う方を選びたい。なぜなら、ドーミーインに泊まると、チェックイン直後、寝る前、朝の合計3回、温泉風呂に入れるので、1回当たりで換算したら1000円の価値はあるから。僕はその差分について、自分の理屈で納得できるんです。

小　つまり、自分にとって何が良いかに対し、いかに自覚的になって、差を言語化できるか、というところが大事であると。

柿　そうですね。Aといういわゆる〝推し〟のホテルを見つけると、たまたま安いからという理由でBのホテルに泊まったときに、自分の感覚が違うなとか、隣の声が聞こえてくるなとか、そういった経験がどんどんたまっていく。

僕は年間80～100泊ぐらい外泊していて、それを9年ぐらい続けていると、ある程度当たりと外れを言語化できるようになるんです。そうなると、最近のおしゃれアートホテルは、マジでクソだなと思ったり（笑）。

小　（笑）

柿　ある1万円台のアートホテルに泊まったら、あまりに空間の雰囲気づくりを狙いすぎていて。夜中1時に帰ってきたとき、暗すぎて何がどこにあるのか分からなかったり、そもそも建築材が良くないなって気づいたり。

悪い点を見つけることは簡単なので、推しホテルに対する差分を積み上げていくと、よりドーミーインが輝いてくるんですよ（笑）。

あと、そのホテルの文脈もちゃんと読みとりたいので、創業者の生まれた年やどんなことに関心があったのかを調べていくんです。実はドーミーインは、学生寮事業が発端となってホテル業につながっているから、疲れている人全員に大浴場のお風呂に浸かってほしいというコンセプトがある。そして夜は、夜鳴きそばが出てくる。

そういった原体験に紐づいた価値は、時間が経てば経つほど、凝縮されて外に表れてきますよね。

価格の差だけを楽しむ、究極のエンタメ

柿　僕の場合は、お金がないというのが一番のパワーでしたね。どう工夫して工面するか。当時あまり友だちがいなかったので、あり余った時間をいかに一人で完結して楽しめるかに重心を置いていたんです。

単純なお金の価格差という意味では、古本に興味があって、本にも書きましたが、「50円でも安い古本を探す」ということをやっていました。あとは、電気屋さんを1日で4軒ぐらいハシゴするという謎の趣味を持っていて。A店、B店、C店で、同じCDコンポの値段がなぜ違うんだろうと。

この趣味のいいところは、お金を持っていないので、一切買わないんです。ただ、A店、B店、C店の新しい家電をずっと眺めて、パンフレットを持って帰る。

そこで、ものの「差異」とか市場の裏側を知ることに興味が湧いて、それが今の仕事に活かされている気がします。

小　高い安いとか、買う買わないとか、そういう話ではなくて、純粋に価格の差に対して「何なんだろう」ということを観察し続けていた。

柿　もう、買わなくていいんですよ。価格だけで楽しめる。

小　確かにそれは究極のエンタメですね。

柿　そういう楽しみ方をおのおの持っていて、その数と興味対象の幅がある人の方が、価値の格をシビアに見られるというか、おもしろがれるんじゃないかなと。

アンティークとか、ちょっと値が張るものに手

を出し始めたのがここ数年なんですが、ここまで来ると、もうプロ野球チップスカードを集めていた頃の収集癖とは違う。お金がない状態から、ある程度自分で自由に使える、ものによっては会社の経費を使える、となると、価値の格を見極めるシビアさは失われていくんです。

小　失われていっちゃうんですね。

柿　もう失ってます（笑）。ポチポチポチと買っている時点で、もう喜びがないんで。

「ない」に身を置き、「ある」を見つける

小　本に書いていましたが、柿さんは幼少期に生活が苦しかったり家庭環境の複雑な状況があったりして、「ない」という状況が身の回りにあった。その中で「ある」というものを見つけていったというか、つかんでいった。「人生のカードを交換していった」と書かれています。

東京で新規事業を考えようとすると、「ない」を無理やりつくり出そうとするという「無理ゲー」が生じる気がするんですよね。それが、お客さんが求めていないものをつくってしまう現象なのではないかと。

柿さんは、東京という「ある」が溢れている街を離れて、長野県信濃町に移住されました。ある意味、地方という「ない」状況に身を置くことで、新しい「ある」を探す環境に身を移したのかなと。

「ある」が溢れる世の中で、新しい価値をつくるとなったときに、私たちは「ある」と「ない」と、どう向き合っていけばいいんでしょう。実際に信濃町に移住して、見え方が変わったことってありますか？

柿　現時点では、お金を介在させると、かなりのスピードで「ない」を「ある」状態に持っていけることに気づいてきました。ただ、畑をやるとか、冬支度をするとなると、ものをちゃんと手入れする「時間」が「ない」ことに今つまずいていますね。

一言で言うと、やることが異常に多い。畑も、植えて、育てて、収穫して、はい終わりではないんです。いまだに、夏野菜のトマトの支柱が畑に刺さっていて、ただ抜けばいいだけなのに、2週間放置している自分の心の重さみたいなのがある(笑)。

さらに、高温期に耕して土に戻し、雪が降るまでに土の分解を促し、来年の春に向けて土づくりをしないといけないと、頭では分かっているんですけど、その時間がとれていない。

物質的な「ない」は、自分の今の環境では、ある程度「ある」に変えられるし、変える喜びはあるんです。ものを選んで買うという、価値の格を今の自分のベストな状態で掘り起こす喜び。でも、時間がない。時間は増やせない、ということに今ぶつかっています。

小　でも、じゃあテクノロジーで畑を自動化しましょうと言ったら、柿さんなら嫌がる気がする。

柿　そうですね。だったらもう、やらないです。

小　でも、「ない」ことを自覚しないと気がつけないなと。時間がないことや、自分の中に何かがないということにある程度自覚的になって初めて、どうしたいかという話が来るのではないかと。これって、「やりたいことがない」現象とつながるような気がするんです。やりたいことがないとか、熱量がないとか。

結局その人たちは、**自分の中で「ない」が不足している故に、渇望する気持ちとか、機械で代替されるのを嫌がるといった現象が起きないんだろ**うなと。

「ある」という状況にまみれすぎている。自ら「ない」という環境に身を置こうとしないと、気づけないものがあるという気はします。

「ある」状態の東京では気づけないこと

柿　東京のような都市部には何が「ある」んだろうと考えていくと、利便性もあるし、人も多いし、仕事の機会も多いし、金を稼ぎやすい。何が「ない」かと言うと、結構難しいですよね。

東京都民1万人にアンケートをとって、「今何がないですか」と聞いたら、皮肉なことに、「コミュニティがない」とか「お金がない」とか、こっちからすると「あるやん！」というものを挙げる人が圧倒的に多い気がするんです。それを目指して住んでいるはずなのに。

1万人のうち何人が「野菜がない」とか「土がない」と答えるかと言うと、ものすごく少ないと思うんですよね。

僕は土と水があるから信濃町という大自然を選んでいるんですが、東京に住んでいると、そもそも土がないことにすら気づけないんです。土がないと何が困るのかも分からないんですね。

小　自分にとって何に価値があるのかないのか、自ら考えて選びとっていくことに、どれぐらい向き合えているかが大事なのかもしれません。そういう意味で、価値の格を自ら考える「アイデンティティ」が失われているという部分もあるのではないかと。

新規事業で言うと、誰かのためにやるわけですよね。「誰か」が価値をどう感じるかというセンサーを、どう豊かにしていくか。

柿　新規事業は、やっぱり原体験が大事ですよね。日清チキンラーメンの安藤百福さんが貧しいときに、「いつでもおいしく食べられるものを作りたい」と考えたという。これって、カッコ書きで「自分」も含まれますよね。

圧倒的な「ない」という状況に浸かっていないから、分からなくなるわけです。日本がここ50年、100年、それなりに豊かな国であったことのツケですよね。ダイナミックなことが起きたときに、本当の「ない」が発生するんで。そう考えると、今、新規事業が当たるわけがない。

そういう意味では、海外に行くことの意義もありそうですね。言語が通じ「ない」という不自由さから、自分に向き合えたり、ものの見方が変わったりするはずなので。

小　原体験の話をすると、「原体験がないんですよね」と言う人が多い。それって、自分の中に「あった」ものを探すのがそもそも間違いで、自分に何が「なかった」のか、ちゃんと向き直るべきなのかもしれません。自分の心を動かす「なかった」経験が何なのか。

柿　それは、僕が最近好きなテーマの「自己開示の欠如」が関係している気がします。

小　確かに。自己開示ができないから、それを言語化する機会もなく、自分で気がつくこともできない。

柿　枠組みとフレームの中でこう振る舞えば出世する、という方法論は言語化されてシェアされていますよね。でも、成功を追い求めないといけない男性性の集団の中では特に、自己開示が圧倒的に弱いですよね。

自分が自己開示していないから、他者との関係性が手薄になっていく。**実は、日々の生活で目にとまらないようなことの中に、社会の変化が埋もれているんですが、そこに降りることも気づくことも拾い上げることもできない。まずは、自己開示の中から自分の「なさ」を探すというのが重要な気がしています。**自分の中の「ない」は、コンプレックスに起因している場合もありますしね。

小　自分の中で「ない」という感覚が、価値の格を問い直す源泉になる。それが事業をつくる人として、自分自身の土壌を耕していく上で大事なのかもしれませんね。

第7章 課題のストーリーを描く

第1節 事業の根幹となる「課題のストーリー」

新規事業は、課題から始まる

第3章でも触れましたが、一般的に新規事業においては、CPF（Customer Problem Fit）→PSF（Problem Solution Fit）→PMF（Product Market Fit）の順に、Fitしていること、つまりそれが確かであることを実証しながら事業開発を進めていくことが重要だとされています。

では、「課題が確かにある」と実証された状態とは、どのように定義できるのでしょうか？

「課題を持っている人が実際にいました」ではあまり説得力がないですし、一方で課題を持っている人が大勢いるかどうかだけを見てしまっては、結局PMFの観点で市場の規模ばかりを評価してしまいがちになってしまいます。

また、安易に定義した課題の仮説を確かめるために、課題を持っている人を探そうとしてしまう、というのもありがちなバッドパターンです。まるで誘導尋問のように課題感を抽出してしまい、あまり深刻視されていない課題を、まるで重要であるかのように取り上げてしまうこともあります。

では、確かに解決すべき課題があるかどうかをどのように評価すれば良いのでしょうか?

▼Q
皆さんの組織では、課題があるかどうかをどのように評価していますか?

事業につながる課題に共通するもの

どのような状態を「Fitした状態」と呼べばいいのかを考えていくために、実際に事業化に至った2つの事例を紹介したいと思います。

1つ目は、本書で何度か紹介している、京セラの新規事業施策から生まれた「matoil」の事例です。アレルギーを持つ子供や親のための、アレルギー対応のミールキットサービスという事業の根幹には、アレルギーを抱える子供の「私これ食べたいと言えない」という悩みや、他の人と同じように、食を楽しむ時間を叶えてあげたいという親の願いがありました。

もう1つ取り上げるのは、株式会社abaが提供している介護向けの排泄検知センサーである

「Helppad」です。寝たきりの要介護者は、自ら起き上がってトイレに行けないため、オムツをしてベッドで排泄することになります。そして定期的にそのオムツを介護スタッフが交換するのですが、タイミングを逃すと排泄物が溢れ、身体を拭いたり、シーツを交換したりするなど、膨大な手間が増えてしまいます。一方で頻繁に確認しようとすれば、毎回オムツを開けて中を確かめることにもなり、介護する側にとってもされる側にとっても、精神的な負担が増してしまいます。

「オムツを開けずに、中が見たい」という願いから生まれたこの製品は、排泄の有無をにおいセンサーで検知し、交換のタイミングをスタッフに通知します。また蓄積されたデータを活用して、その人に応じた排泄リズムのパターンを推定することで、介護に関する様々な活動をより効率的に行うことを支援するというプロダクトです。

では、両社の事例に共通していることは何でしょうか。

1つは、**課題そのものが確かに存在している情景が目に浮かぶ**ことです。ファミレスで周囲の子供は好きなものを注文しているのに、「自分が頼める商品はこれっぽっちしかない」と悲しそうな顔をしている様子は、聞けば誰もがイメージしてしまう情景でしょう。

驚きがあるというのも重要なポイントです。介護の現場に接したことがなければ、排泄についてこんな課題があったなんてなかなか知り得ません。そして、どちらの事例も「これは解決しないといけないな」と**人の心を揺さぶるパワーを持つ**ように感じられます。

もちろんどれくらいの人が課題を抱えているのか、という規模の話も重要です。アレルギーを持つ家庭は、全世帯の7分の1にものぼると言われています。また、誰しもいつかは介護という状況に関わることになりますし、人口減少が進む中で、介護の負担をどう減らすのかは喫緊の重要なテーマです。規模の大きさから見ても、課題の重要性を訴えかける力を持っています。

しかしながら、ただ規模の大きな課題を見つけようという姿勢では、この人のために課題を解決したいんだ、というような使命感のような想いが宿ることはないでしょう。ただ「困っている人がこれだけいます」と数字を示されるのと、具体的な当事者のいる状況に触れた上で規模の大きさを知るのでは、心の動かされ方も違います。こうした**課題に対する想いが共感を呼び様々な協力者を巻き込んでいる**のです。

整理すると、解決すべき課題が確かに存在することを実証できた状態となるには、以下のことが求められます。

- 課題を抱える当事者が確かに存在することが、その情景と共にリアルにイメージできる
- 課題を解決することの重要性が、当事者以外にも理解できる
- 事業の提案者が、その課題解決に向き合うことに使命感を持てている
- 課題を共に解決したいという仲間を集めることができている

特に4つ目の「仲間が集まっているか」という観点は、その他3つを満たしていなければ、なかなか満たせない項目です。その課題が確かにあることを実感し、また課題解決に自分も向き合いたいという認識が生まれて、初めて「仲間」になりたいという感情が生まれるもの。裏を返せば、共に課題を解決したい仲間が集まっていれば、課題が確かに存在すると実証できているとも言えます。

▼Q

皆さんの中で思い浮かぶ、課題に共感して人々が集まってきたような経験は？

課題のストーリーへの共感が人々を巻き込む

この課題を解決できたら儲かりそうだぞ、といった認識では、本当の仲間になったとは言えません。「確かになんとかしたい」「自分もそこに力を貸したい」――そうした突き動かされるような心の動きが生じて、初めて仲間と呼べるような関係が生まれるでしょう。では、こうした突き動かされるような感情はどのように生まれるのでしょうか？

ヒントは、アニメや映画などの物語にあります。その主人公や登場人物に心動かされ、応援したくなるような感情が湧いてきた経験を、誰しもが少なからず持っているのではないでしょうか？

例えば、スパイダーマンを挙げてみましょう。コミックの原作を起点に、映画が何本も作られ、多くの人を魅了してきた「スパイダーマン」の物語ですが、なぜここまで魅了されるのでしょうか？　そのポイントは、主人公が常に向き合い続けてきた「葛藤」の物語にあると考えます。

作中度々登場する「大いなる力には、大いなる責任が伴う」というセリフからも読み解けるように、自分の力を示したいという欲求を持ちながらも、その力が周囲の人間に危険をもたらしてしまうという状況に置かれた主人公は、自分の正体を明かしてはいけないという感情と、そんな孤独な状況に一人の青年として向き合わなければならない苦しさの中で、葛藤し続けているのです。そうした中、様々な壁を乗り越えていこうとする姿に、人は心を動かされるからこそ、これだけのヒット作品になったのではないでしょうか？

▼Q 皆さんが心惹かれる映画やアニメの作品では、主人公はどのような課題や葛藤を抱えていますか？

このように人の心を動かす物語に共通する構造として研究されてきたものの一つに「ヒーローズ・ジャーニー」があります。ジョーゼフ・キャンベルによって提唱され、クリストファー・ボグラーが『神話の法則』（ストーリーアーツ&サイエンス研究所）でまとめたこの構造は、主人公が試練を乗り越え成長していく数多くの物語の基本構造として知られています。事業の話に立ち返れば、課題の当事者が、どのような壁と向き合っているのか、という状況の物語に人々の心は動かされるのです。

matoilにもHelppadにも、壁に直面した人々の物語が事業の根幹にあります。「私これ食べたい」と言えない中で、食事のシーンで疎外感を抱いている子供たちや、安全には配慮しつつも、食事の楽しさを感じてほしいと願う親。人間にとって欠かせない「排泄」という生理現象において、自身の尊厳が失われていく感覚に苦しむ被介護者や、肉体的にも精神的にも追い込まれつつも、自分の時間を犠牲にして働く介護職員の人々。こうした壁に直面した状況の物語にこそ、「なんとかして解決したい」と人の心は揺さぶられていきます。

こうした、人の心を動かすような**「課題のストーリー」**を描くことこそが、事業を生み出す人にまず求められるのです。こうしたストーリーなくして、事業のつくり手として試行錯誤し続けることも、仲間を集めることもできないでしょう。

第2節　課題のストーリーを描くための「山の図」

様々な課題に共通する構造

ではどうすれば、人の心を動かすストーリーが描けるのでしょうか？

大前提として、研修を受ければ、誰もが人の心を動かすストーリーを描けるようになる、という簡単な話ではありません。試行錯誤を続けなければ、魅力的なストーリーは見えてこないでしょう。

しかしながら、共通する構造は確かに存在します。事業の前提となる課題の捉え方については、アメリカの経営学者であり、イノベーション研究の第一人者でもあるクレイトン・クリステンセンが提唱した「ジョブ理論」という考え方がよく知られています。

ジョブ理論の説明としてよく取り上げられるのが、実際にクリステンセンがコンサルティングを手がけた「ミルクシェイク」の話です。

購入データの分析や顧客へのヒアリングを進めても、「どうすればミルクシェイクがもっと売れるか」という答えがなかなか見つけられない中、相談を持ちかけられたクリステンセンのチームは、

「来店客の生活に発生したどんなジョブ（用事、仕事）が、彼らを店に向かわせ、ミルクシェイクを〝雇用〟させたのか」という視点のもと、店頭での顧客の観察から始めました。

すると、午前9時より前に車で一人で来店し、ミルクシェイクをテイクアウトで購入するケースが多いことに興味を持ちます。話を聞いてみると、「会社に向かう長い運転時間の間、退屈をしのぎたい」「お腹を空かせた状態で会社に着くことを避けたい」といった目的からミルクシェイクを購入していると気がつきます。

つまり顧客は、ミルクシェイクそのものを求めていたのではなく、「朝の退屈な車通勤の間に目を覚まし、時間を潰す」というジョブを解決するためにミルクシェイクを購入していたのです。

こうした**「どのようなジョブの解決を望んでいるのか」を突き止めることが重要**なのであり、どのような味の商品を作ったら良いかを考えていても、売上を格段に上げることは難しいでしょう。

こうしたジョブを抱えていそうな人が頻繁に行き来する場所に店舗を構えたり、車から降りなくても購入できるようにしたりと、ジョブが分かれば工夫できることはいろいろ浮かんできます。

こうしたジョブに焦点を当てることは、新たな事業を考えていく上でもとても重要です。

ただ、このミルクシェイクの事例を見ると、ある疑問が生じます。こうした「困りごと」レベルのジョブを見つけたとしても、仲間を集められるような引力があるようにも思えないのです。

ここでポイントになるのは、**このジョブを片づけることで、どんな「進歩」が待っているのか**もう一歩踏み込んで考えることだと筆者は考えます。「朝の退屈な車通勤の間に眠気を解消できて、時間を潰せる」ことは、車の運転手にとってどんな「進歩」をもたらしてくれるのでしょうか？

「退屈な車通勤」と書かれていることから、この人はある程度長い時間運転をする必要があるということが分かります。片手で手を汚さずに飲めるし、おそらく朝食も兼ねているのでしょう。日本人からすると、「朝から甘いもの？」という疑問はありますが、仕事で頭を働かせるために糖分を摂っていると考えれば理解できなくもありません。時間も潰せて空腹も満たせて一石二鳥という感覚なのでしょうか？

筆者が推測するに、この運転手は、あまり仕事に前向きではないように思えます。仕事に毎朝行くのも嫌なのに、ひどい渋滞の中を車で通勤せざるを得ないとしたら、退屈で嫌になる気持ちも分かります。それでも仕事には向かわなければならない。そんなとき、毎朝のミルクシェイクが、自分の気持ちにちょっとスイッチを入れてくれる存在だとしたらどうでしょう。仕事を頑張ろうとする自分の状態をつくるために、車の中で退屈と空腹をまぎらわせる必要があると整理すれば、先ほどよりはストーリーとして惹きつけられるのではないでしょうか？

もっと言えば、この運転手のパーソナリティも気になります。この人はどんな人なのでしょうか？　もしかしたら、家族の学費を稼ぐために、少し離れたところまで仕事に向かっているのかもしれません。学費のために贅沢はできない中、それでも頑張る自分を元気づけたい。ファストフードチェーン店のミルクシェイクが、自分の唯一の癒しになっている。そんなストーリーが見えてくるかもしれません。ここまで来れば、先ほどよりも共感できる物語になっているようにも思えます。

これらを整理すると、人の心を動かす課題のストーリーを見出すためには、「**①どのような人が、②どんな進歩を望んでいて、③そのために片づけるべきジョブがあるか**」という構造があるということが分かります。どうしても「片づけるべきジョブはどこにあるか」を安易に見つけようとしてしまいがちですが、あくまでこの3つの観点の関係性によって、人々の心が動く課題のストーリーが見えてくるということを踏まえておく必要があります。

▼Q
ジョブを安易に見つけようとするバッドパターンとしてどんなことが思い浮かびますか？

山登りになぞらえて考える

この構造をさらに分かりやすくするために、山登りの様子にたとえて整理したのが図表7－1の「山の図」です。これは筆者が京セラ社で新規事業施策に取り組む際に、ジョブ理論を理解してもらうために整理したもので、（1）喜ばせたい人は誰か（山を登ろうとする人）、（2）その人はどのような状態を目指すのか（向かおうとしている山頂）、（3）そこに向かう上で乗り越えるべき壁は何か（道のりに存在する障壁）、（4）どのように壁を乗り越えたいかという4つの関係によって事業の提供価値を描き出すキャンバスになっています。

この山の図は、ジョブ理論や、そこから派生したバリュープロポジションキャンバスなどを整理してアレンジしたものにすぎないため、全く新しいフレームワークというわけではありません。しかしながら、山登りの景色にたとえて構造を整理することで、自分が向き合う課題のストーリーを

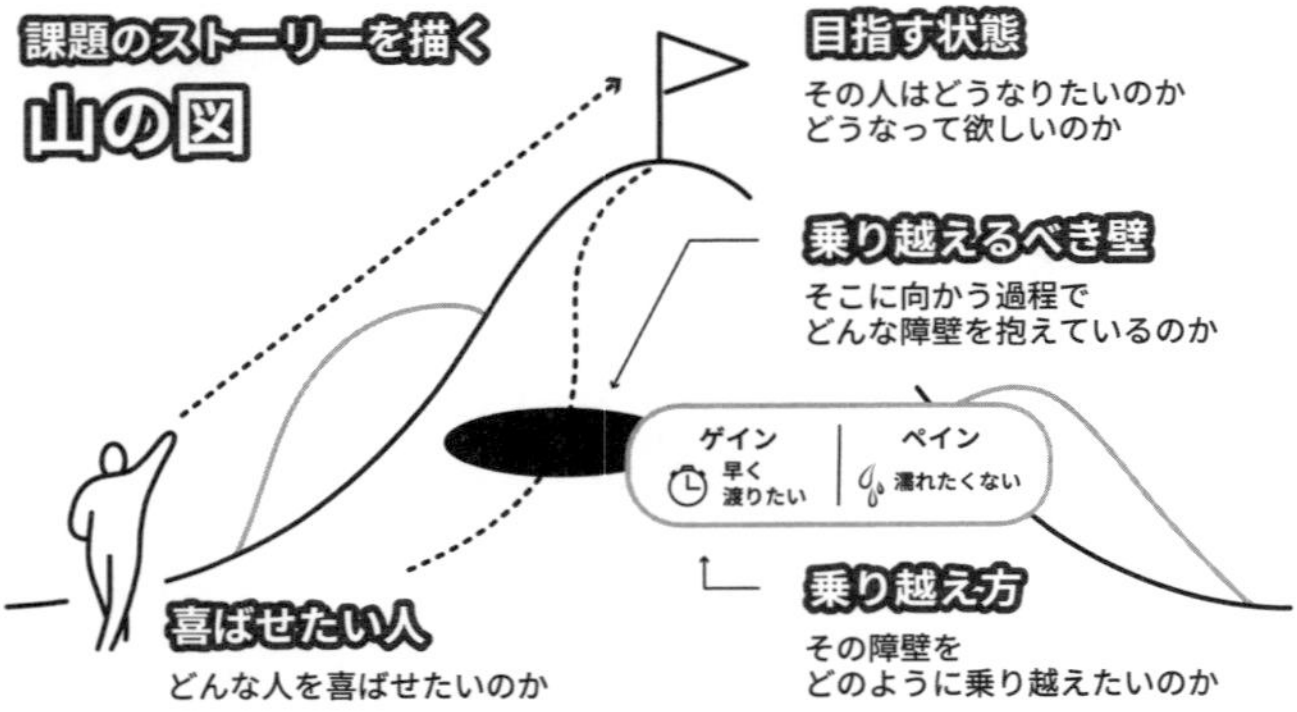
課題のストーリーを描く
山の図
目指す状態
その人はどうなりたいのか
どうなって欲しいのか
乗り越えるべき壁
そこに向かう過程で
どんな障壁を抱えているのか
ゲイン
早く渡りたい
ペイン
濡れたくない
乗り越え方
その障壁を
どのように乗り越えたいのか
喜ばせたい人
どんな人を喜ばせたいのか

私が喜ばせたい人は _________ な〇〇さんです。（喜ばせたい人）
〇〇さんは、_________（目指す状態）な状態を目指していますが、
そのためには _________（乗り越えるべき壁）する必要があります。
そんな〇〇さんを助けるために、_________（乗り越え方）に考慮した
_________（事業案）というアイデアを考えました。

図表7-1　山の図

より感覚的に模索できるようになります。

　まずは４つの要素についてそれぞれ見ていきましょう。

（1）喜ばせたい人は誰か

　新規事業アイデアの提案の多くは、「誰のためのアイデアなのか」という、喜ばせたい人の抽象度が高い状態のものです。ストーリーを聴いた人の頭の中に具体的な人物像が湧いてくるくらいでなければ、課題のストーリーに共感する人々を増やすことはできません。

　こういった話をすると、「具体的な一人のためにビジネスを考えてもしょうがないじゃないか」といった声をもらいます。

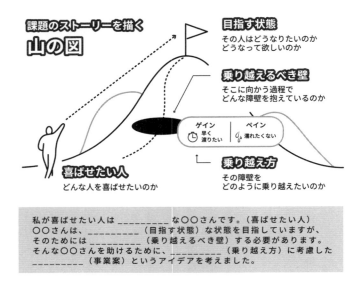

確かに課題を持った人がたった一人しかいなければ、ビジネスとして成立しません。ただ、主人公が明確でない物語に、心動かされる人などいるのでしょうか？

課題のストーリーに共感してくれる人が現れたら、それは同じ課題を持つ人がある程度存在することの証となります。主人公を曖昧にして、ありそうな課題を探すだけでは、かえって実在しない課題を描いてしまったり、表層的な課題設定で終わってしまったりします。

性別、年齢はもちろん、その人がどのような生活を送っているのか、どのような状況に置かれ、どのようなことを考えているのか。そのパーソナリティが感じとれるくらいまで一度落とし込まなければ、課題を抱えた当事者の葛藤にまで迫ることはできません。

いきなり具体的には落とし込めないかもしれませんが、様々な当事者や現場と出会いながら、向き合いたい対象の人物像に磨きをかけていくという前提で、まずは妄想でもいいので具体的に考えてみることが重要です。

▼Q
喜ばせたい人が曖昧だと、
課題のストーリーにはどんな影響が出ると思いますか？

（2）どのような状態を目指すのか

課題は、常に理想を目指す過程の中に定義されるもの。しかしながら、どうなりたいか、どのようにありたいかという理想は、そう簡単に断定できるものではありません。

自分のことでさえ、そう簡単に理想を語ることはできないでしょう。ましてや喜ばせたい人の理想ならなおさらです。にもかかわらず、「もっと楽に暮らしたい」といったように、喜ばせたい人にとっての理想を安易に設定して、課題を定義づけてしまうことは少なくありません。

どれくらい先の理想をイメージするかによっても、課題のストーリーは大きく変わってきます。今日や明日といった連続する日々の中に理想を描くのか、はたまた5年後や10年後など、長い目線での理想をイメージするのか。複数のスパンを意識して理想を探ることも重要でしょう。

また、価値ある事業をつくるということは、喜ばせたい人に新たな景色を届けることでもあります。喜ばせたい人にどうなってほしいのかを、つくり手の想いとして深めることも重要です。

▼Q

目指す状態を安易に決めてしまうと、
課題のストーリーにはどんな影響が出ると思いますか？

（3）乗り越えるべき壁は何か

目指す理想の状態が描ければ、なぜそこにたどり着けていないのか、たどり着くために乗り越えるべき壁は何か、などを考えられるようになります。これを乗り越えるために製品やサービスを採用するのであり、ジョブ理論の指す「片づけるべき仕事」とはまさにこの壁を表していると言って良いでしょう。

理想にたどり着くための道のりが複数ある場合も、複数の壁を乗り越える必要がある場合もあります。複数の壁がある場合は、どこまでをサポートしようとするかによって、実現すべき製品やサービスのあり方も大きく変わってきます。

乗り越えるべき壁は、「〜〜する必要がある」と記述すると整理しやすくなります。理想の状態に向かうためになすべきことは何か、できていないことは何か、と記述することで、壁がよりはっきりと見えてきます。

（4）どのように壁を乗り越えたいか

山頂にたどり着く上で、池を渡る必要があるとしましょう。このときどのように池を渡れれば、喜ばせたい人にとって嬉しいでしょうか。早く渡れたら嬉しいかもしれないし、ゆっくりと景色を楽しみながら渡れることの方が嬉しいかもしれません。当然リスクを伴うような渡り方はしたくないでしょうし、濡れたくはないという気持ちもあるかもしれません。

このように、壁をどのように乗り越えるのが、喜ばせたい人にとって良いことなのかを考えるのも重要です。これは、バリュープロポジションキャンバスで言う「嬉しいこと（ゲイン）」と「避けたいこと（ペイン）」という2つの観点がまさに当てはまります。早く注文した料理が提供される方が嬉しいこともあれば、料理を待っている時間が心地良く感じられることもあるように、喜ばせたい人や理想の描き方によって、嬉しいことや避けたいことは変わるということも意識しておく必要があります。

課題のストーリーは、要素の関係性によって変化する

こうした4つの要素によって、そこに見えてくる課題のストーリーは大きく変化します。特に、（1）喜ばせたい人、（2）目指したい状況、（3）乗り越えるべき壁の3つの関係性がその根幹を成します。この3つの要素から見えてくる課題のストーリーに人々の心が動くことがなければ、いくら製品やサービスとしての質的な違いを訴えかけても、そこに強く価値を感じる人は現れないからです。

ここでは、具体的にイメージをつかんでいただくために、「働き方改革をＤＸで推進する」という題材で、課題のストーリーが3つの関係性によってどう描かれていくかを見ていきましょう。

まず喜ばせたい人は誰でしょう。「忙しくて働きすぎの従業員」としてしまったら、具体的な情景はなかなか浮かんできません。では「現場に復帰したばかりの、保育園児を育てている30歳の女性職員」としたらどうでしょう。先ほどよりイメージは湧いてくるはずです。あるいは「定年が近づいてきた、専門性の高い技術を持つ62歳の男性」でもだいぶ違うストーリーが描かれるでしょう。

喜ばせたい人のイメージがある程度できたら、今度はその人がどのような状態を目指すのかにつ

いてです。先ほどの女性職員で考えてみるとどうでしょうか。「できるだけ早く仕事を終えて帰りたい」と描いても、あまり心が動きそうな感じはしません。その人がどのような状態を目指したいのか、その景色を思い浮かべながら考えることが大切になります。例えば、キャリアの観点で見てみるとどうでしょう。やはり復職したからには、自分のキャリアもしっかりと築きたいと考えているかもしれません。あるいは、ちゃんと子育てにも向き合いたい気持ちもあり、自分ができる範囲で組織の力になりたいと考えているかもしれません。キャリア形成と子育てに向き合いたいという気持ちは、人によってその程度は違えど、多くの人が葛藤することです。こうした葛藤がある中で、この女性がどのような姿を目指しているのかを精緻に探ることが大切です。

目指す状態が定まったら、乗り越える壁の設定です。子育てにちゃんと向き合いつつも、自分ができる範囲で組織に貢献できている状態を理想として考えてみましょう。それを実現する上で立ちはだかる障壁や片づけるべきジョブは何でしょうか？　例えば、そもそもその人の状況に合わせて仕事を割り当てるとき、実態として業務負荷がどれくらいなのか把握できておらず、結果誰かに負担が偏ってしまったり、工数が読めないが故に積極的に手を挙げられなかったり、といった壁があるかもしれません。あるいは、保育園からの呼び出しがあっても、うまく時間を調整して柔軟に働けるようにする必要があるかもしれません。

乗り越える壁について考えていたら、この人は誰かのために頑張りたいという気持ちを持ちつつも、一方で自ら環境を変えたり、誰かを頼ったりするのが苦手で、結果的に言われたことはついつい全部やらねばと思いがちなのかもしれない、とも思えてきました。このように、描いていくプロセスの中で喜ばせたい人のイメージも徐々に具体化されていきますし、それによってまた目指した

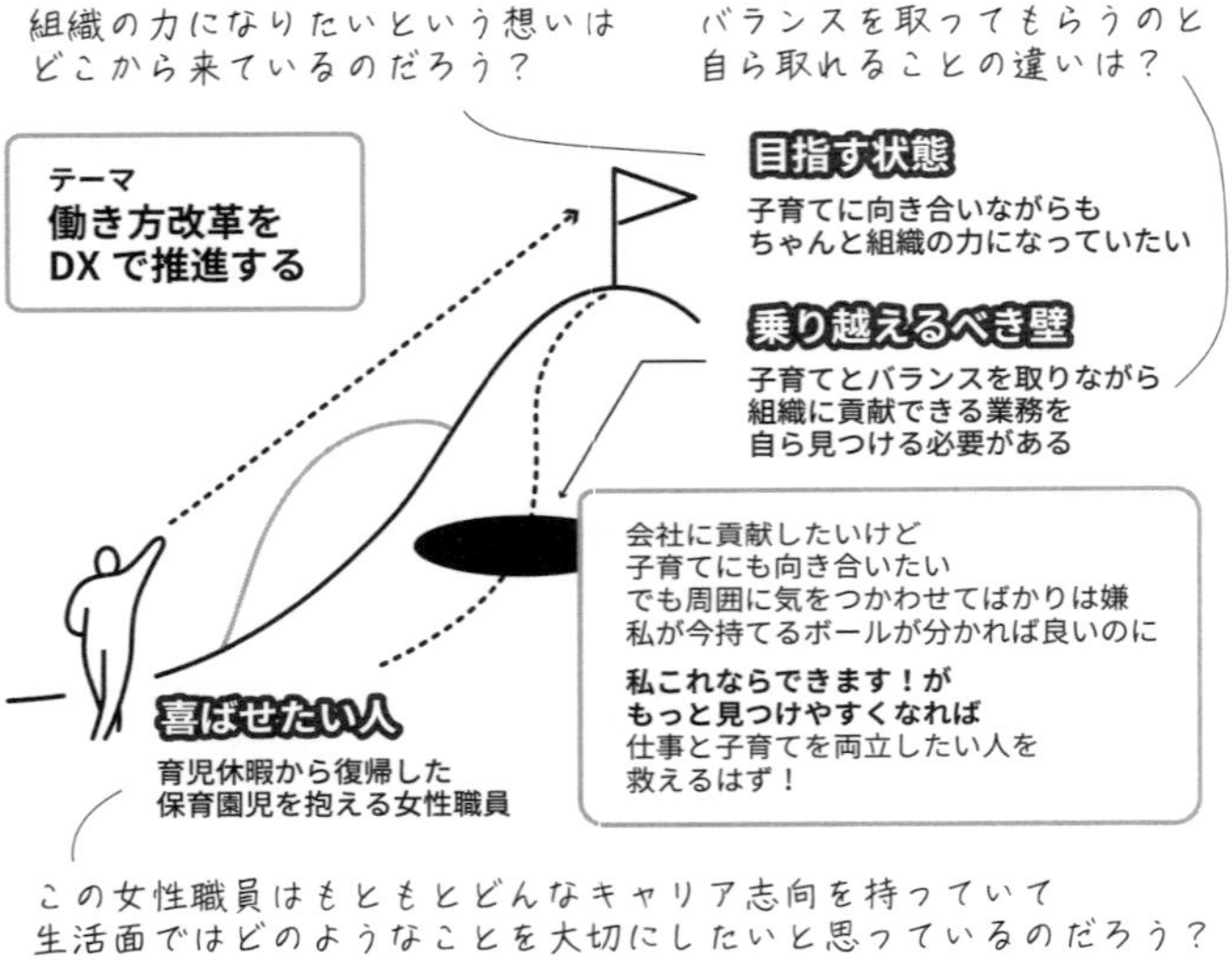
組織の力になりたいという想いはどこから来ているのだろう？
バランスを取ってもらうのと自ら取れることの違いは？
テーマ
働き方改革をDXで推進する
目指す状態
子育てに向き合いながらもちゃんと組織の力になっていたい
乗り越えるべき壁
子育てとバランスを取りながら組織に貢献できる業務を自ら見つける必要がある
会社に貢献したいけど
子育てにも向き合いたい
でも周囲に気をつかわせてばかりは嫌
私が今持てるボールが分かれば良いのに
私これならできます！が
もっと見つけやすくなれば
仕事と子育てを両立したい人を
救えるはず！
喜ばせたい人
育児休暇から復帰した
保育園児を抱える女性職員
この女性職員はもともとどんなキャリア志向を持っていて
生活面ではどのようなことを大切にしたいと思っているのだろう？

図表7-2　山の図に起こしてみると

い状態のイメージも変わることでしょう。

描いてみた山の図をもとに、ストーリーに落とし込むなら、例えば、「私これならできます！がもっと見つけやすくなる」、としてみるとどうでしょうか？　今浮いてしまっている作業や、その難易度や工数がもっと分かりやすくなれば、自分なりにできることを見つけ、みんなにオファーしやすくなるかもしれません。マネジメントから見れば、自ら手を挙げてくれるほど嬉しいことはありませんし、自分から手を挙げた方が、お願いされてやるよりも、組織に貢献できている感覚も形成されやすいかもしれません。

「私これならできます！がもっと見つけやすくなる」をDXで実現する、というストーリーにたどり着けば、アイデアも考えやすそうですし、喜ばせたい人として想定した女性以外の人、例えば新入社員や、たまには現場を手伝いたいと思っている上層部の人にも、喜ばれる可能性がありそうです。**具体的に景色が見えてくるところまで一度描いてから、ストーリーを抽象化して捉えてみると、他にも通じる本質的な課題が見えてくることも少なくない**のです。

3つの要素のどこかが変われば、他の要素にも影響を与えますし、全体として見えてくるストーリーも大きく変わってきます。これらを、ああでもないこうでもないと、試行錯誤しながら描き続け、そこに見えてくるストーリーを探ろうとすることが大切です。

▼Q

働き方改革をテーマに皆さんが考えるとしたら、どのような喜ばせたい人、目指す状態、乗り越えるべき壁を設定し、どんな課題のストーリーを描き出しますか？

第3節　ストーリーを描けるようになるためには

既存の事業に潜むストーリーを紐解く

人の心を動かすような課題のストーリーを描けるようになるためには、どのようなアプローチが必要でしょうか？　具体的にいくつかのアプローチやポイントを紹介していきたいと思います。

まず1つ目に挙げられるのは、**すでに社会的に価値を実現している事業の根幹に、どのような課題のストーリーが潜んでいるのかを紐解いてみる**ことです。

どのような事業でも、今日それが社会の中で成立しているということは、そこに価値を感じる人、あるいは課題を抱えた人が存在するはずです。そこから課題のストーリーを抽出してみることで、人の心を動かすポイントを徐々に自ら探れるようになるのです。

例えば、Uber Eatsのような、個人の配達パートナーを利用したフードデリバリーの事業について考えてみるとどうでしょう。

喜ばせたい人は、どのように設定できるでしょう。食事の配達を希望するユーザーもいれば、配達を依頼する店舗側も対象になるでしょう。もちろん配達パートナーを喜ばせたい人として山の図を描くこともできます。それぞれを高い解像度で描くことが重要です。ユーザーはどのような暮らしを送り、食に対してどのような価値観を持っているのでしょうか？　店舗側はどれくらいの売上があるのでしょうか？　配達パートナーは、どんな人柄の人でしょうか？

その喜ばせたい人は、どのような状態を望んでいるのでしょうか？　あるいは、どのような新しいビジョンをその人に示すことができるのでしょうか？　そしてその状態を実現するためには、どのような壁を乗り越える必要があるのでしょうか？

このように、いわば「リバースエンジニアリング」のような形で、すでに形になっている事業を紐解くことをまずは繰り返してみることが重要です。必ずしも正解を探そうとする必要はありませんが、自分なりに分解してみることを繰り返していけば、そこにある提供価値の本質や課題のストーリーを言語化できるようになるでしょう。

また1つの事業から複数のストーリーを描いてみると、さらに発見が得られます。お題を設定して、チームでそれぞれ描いてみて、その差を眺めながら対話することもおすすめです。様々な角度からその事業の前提にある課題のストーリーを読み解くことで、それぞれのストーリーに共通するもの、しかも事業の根幹を成すものが見えてくることもあります。

加えて、読み解いた課題のストーリーをベースに、その事業の新たな展開をプランニングしてみるというアプローチもあります。喜ばせたい人の抱える理想や壁をより抽象的に読み解き直したり、新たな喜ばせたい人を巻き込み、新しい関係性が実現できないかを考えてみたりすると、新しいアイデアが見えてくるかもしれません。特に自社の事業を題材にした場合は、事業を多角化させてい

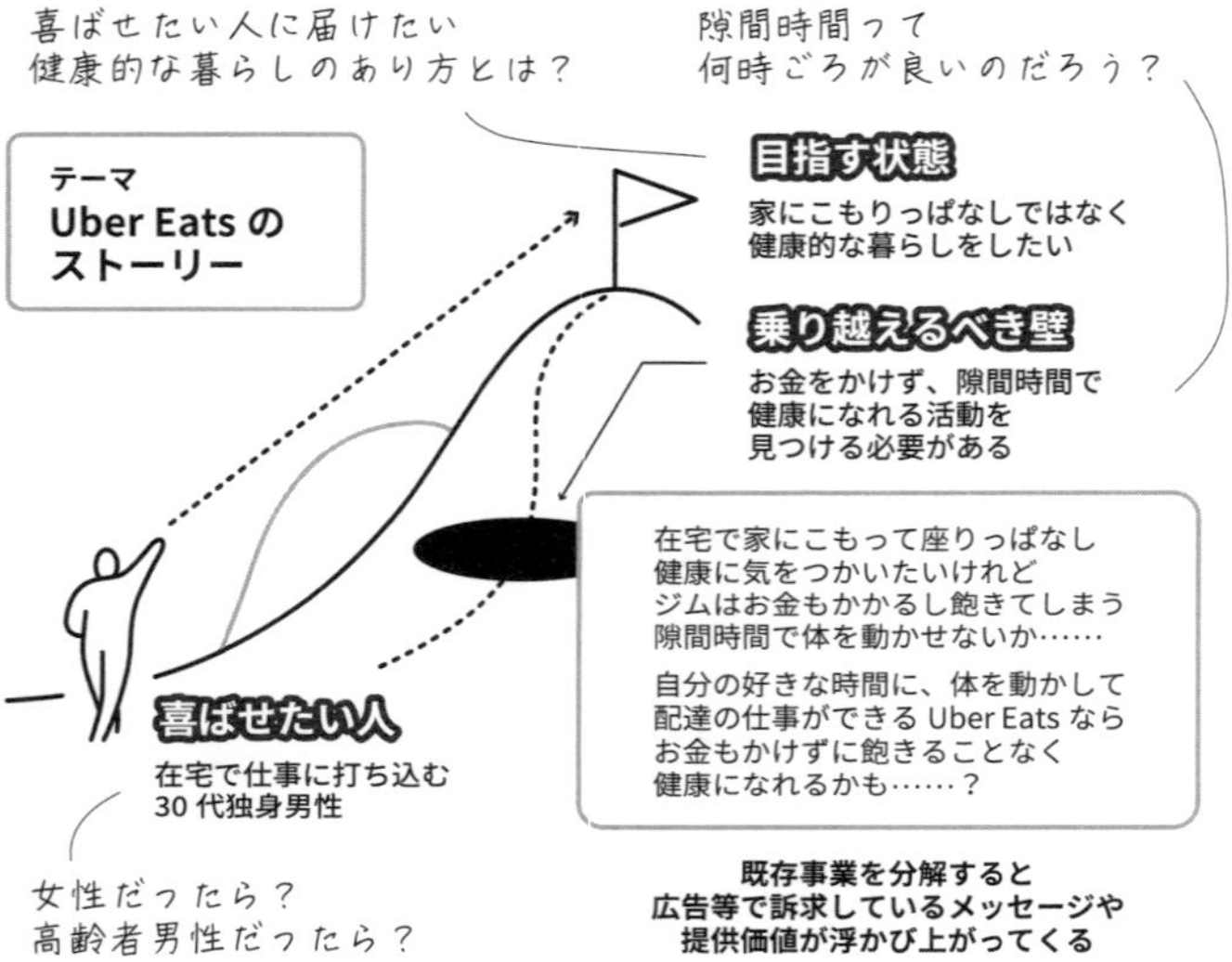
喜ばせたい人に届けたい
健康的な暮らしのあり方とは？
隙間時間って
何時ごろが良いのだろう？
テーマ
Uber Eats の
ストーリー
目指す状態
家にこもりっぱなしではなく
健康的な暮らしをしたい
乗り越えるべき壁
お金をかけず、隙間時間で
健康になれる活動を
見つける必要がある
在宅で家にこもって座りっぱなし
健康に気をつかいたいけれど
ジムはお金もかかるし飽きてしまう
隙間時間で体を動かせないか……
自分の好きな時間に、体を動かして
配達の仕事ができる Uber Eats なら
お金もかけずに飽きることなく
健康になれるかも……？
喜ばせたい人
在宅で仕事に打ち込む
30 代独身男性
女性だったら？
高齢者男性だったら？
既存事業を分解すると
広告等で訴求しているメッセージや
提供価値が浮かび上がってくる

図表7-3　UberEatsを題材にした山の図の例

くヒントが見つかることもあるでしょう。

例えば、喜ばせたい人として「一人暮らしをしている高齢者の男性」を新たに設定するとどうでしょう。特に独り身の高齢者の孤独死や発見の遅れなどは、今後大きな問題になることが想定されます。一方で高齢者向けの配食サービスはすでに存在しますが、ある種のプライドも邪魔して、高齢者向けのサービスを本人たちは案外使いたがらないものです。より多様な店舗の商品から選べることに価値を感じてくれる可能性はあるでしょう。配達員が見守り役も兼ねれば、行政側との連携で、さらにサービスの展開を進められるかもしれません。[*1]

▼Q

皆さんが既存の事業を分解して山の図に落とし込んでみるなら、何を題材に設定しますか？

ストーリーを開き、共に描く関係を築く

山の図を用いて、課題のストーリーを探索していく上で重要になるのは、兎にも角にもまず描いてみること、そして**見えてきた課題のストーリーを、課題を実際に持っていそうな人や、関心を寄せてくれそうな人に、積極的に開いてみること**です。

山の図の項目を一度埋めただけで魅力的なストーリーを描けるというのは、かなり力量のある脚本家でない限り難しいでしょう。描いては、誰かに語り、そこで得られた発見を活かして描き直しを繰り返す。何度も繰り返して初めて、喜ばせたい人や理想の状況の解像度も高まっていきます。

課題の当事者と実際に出会えれば、共に理想の景色を描くこともできるでしょう。ただ一方的に相手の理想を聞くのではなく、共に問いを考え、対話し、理想を形づくっていけたら、すでに最初の顧客との関係性を築いたようなもの。共に試行錯誤の時間を過ごせば、「この人のためになんと

＊1 福岡市などでは実際、こうした取り組みをすでに始めている事例もあるようです。

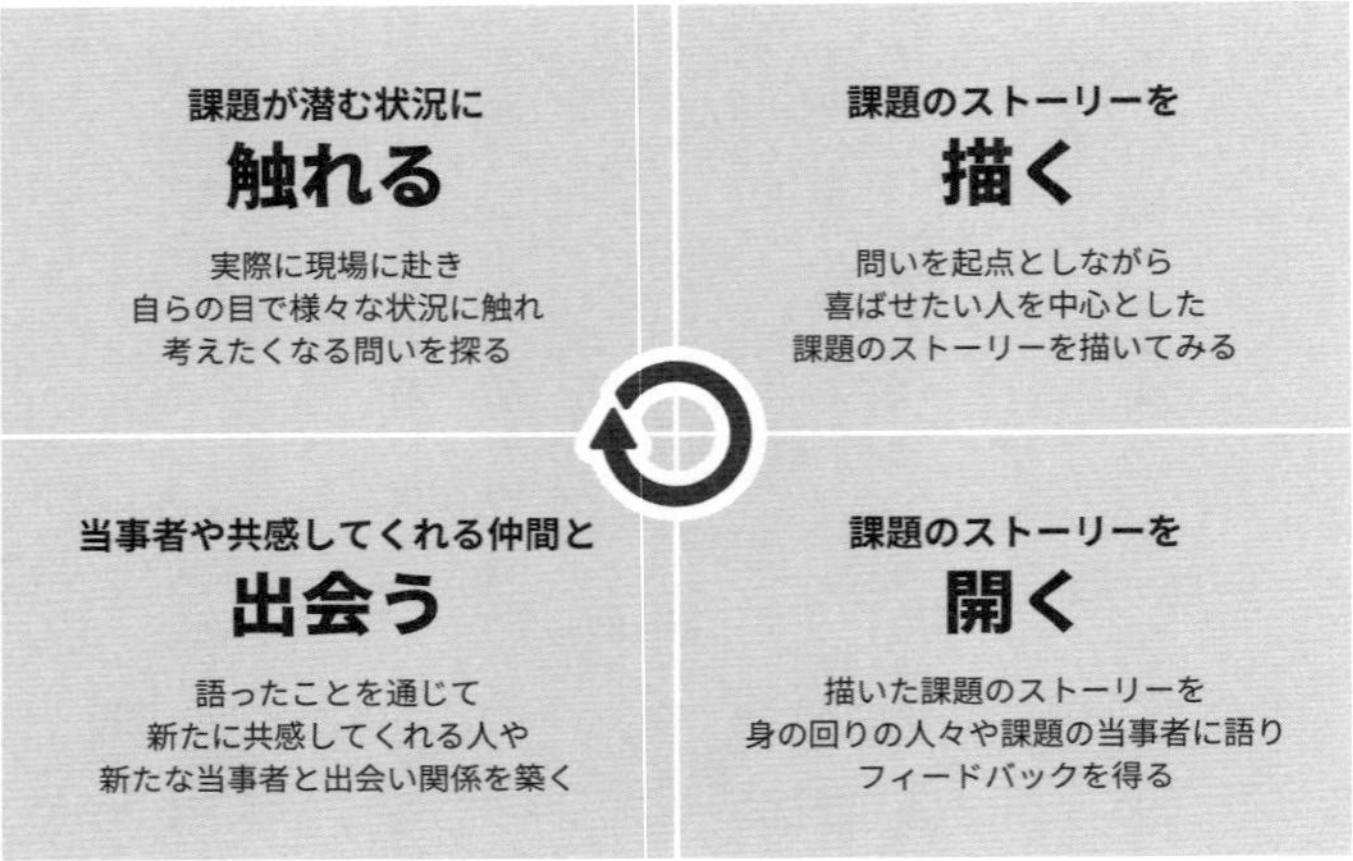
課題が潜む状況に
触れる
実際に現場に赴き
自らの目で様々な状況に触れ
考えたくなる問いを探る
課題のストーリーを
描く
問いを起点としながら
喜ばせたい人を中心とした
課題のストーリーを描いてみる
課題のストーリーを
開く
描いた課題のストーリーを
身の回りの人々や課題の当事者に語り
フィードバックを得る
当事者や共感してくれる仲間と
出会う
語ったことを通じて
新たに共感してくれる人や
新たな当事者と出会い関係を築く

人の心が動く課題のストーリーはそう簡単に描けない。
問いや人との出会いを積み重ねながら探索し続けることが重要
（このプロセスを組織がいかに支援できるか）

図表7-4　課題のストーリーを探究するプロセス

かしたい」という想いも生まれるでしょう。

ストーリーを聞いた人が別の人を紹介してくれることもあるでしょう。そこからさらに新しい関係を築いたり、新しい状況を見つけたりすることができます。

そして、課題のストーリーに共感する人々との関係性は、社会関係資本として蓄積されていきます。単に互いに収益が得られるといった利害関係ではなく、課題のストーリーをベースに構築された関係性は、簡単に真似できるものではありません。実際アイデアを検討したり、形にしたり、それを社会に広げていく上で、強力なパートナーとなってくれることでしょう。

▼Q 皆さんが手がける既存事業の中には、どのような課題のストーリーやそこに共感してくれている人とのつながりがありますか？

Identity, Ideal, Ideaの構造を意識する

課題のストーリーや、そこから生まれる事業案のインパクトを考える際に意識すると良いのが「Identity, Ideal, Idea」という構造です。

Identity（アイデンティティ）は、第4章でも紹介した「私は・私たちは何者であるか」「私は・私たちは何をするのか」を意味します。この場合は、喜ばせたい人のアイデンティティと認識してください。Ideal（アイディール）とは理想のこと。そしてIdea（アイデア）は発想や意図を意味します。

この3つのどこにインパクトがあるのかによって、その事業が顧客にもたらす価値の新規性やインパクトは変わってきます。Ideaレベルは「その手があったか」と思わされるような発想の新しさや着眼点のおもしろさ、Idealレベルはより良い理想を抱かせられたかどうか、そしてIdentityレベルは喜ばせたい人自身が何者であるかという自己認識が問い直されるかどうか、という度合いを意味します。

特に今日の新規事業では、Identityレベルにインパクトをもたらすような事業を構想することが

求められると筆者は考えています。喜ばせたい人の人生に大きな影響を及ぼす事業こそ、より大きな共感や注目を集め、また長期的な新しい市場を構築する可能性を秘めているからです。

例えば、YouTubeは、単なる動画配信サービスではなく、個人で動画配信を仕事にするという新たな職業観を形成していくサービスとして、Identityレベルに大きな影響を及ぼす事業となりました。多くの人が新たなアイデンティティを獲得することで、新しい経済圏が生まれたのです。

Idealレベルに対して新しさを提案する事業は、他者には簡単に真似できないブランドを形成していくことにつながります。MIMIGURIでブランディングを手がけたfufumu社の離乳食「paqupa」は、アレルギーの問題に注意を払いながら離乳食を子供に与えなければならない状況に対して、単に安全で便利な商品を提案するだけでなく、忙しい中でもふふッと笑顔がこぼれるような瞬間を提供したい、という想いが事業の根幹に込められています。

これが単にIdealレベル、つまりアレルギーを考慮したフリーズドライの離乳食、という着想の部分だけを強調していたら、すぐに競合との価格競争に巻き込まれるでしょう。ブランドとして目指す理想の景色を示せたことで、他者には簡単に真似することができない、子育てにもっと向き合いたいという人々との豊かな関係性が生まれています。

IdentityやIdealレベルにアプローチするためには、今すでに存在しているアイデンティティや理想の認識に揺さぶりをかけることが重要です。こうした揺さぶりをかけるためには、人々が抱えるパラドックスや葛藤に意識を向けることが重要になります。

自分のオリジナリティを示したいけれど、ちゃんと生計を立てていかないといけない。できれば楽をしたいけれど、手を抜きたいわけではない。喜ばせたい人が抱えるパラドックスやそこに生じる葛藤に向き合い、問いかけていくこと。こうした対話的な関わりを深めていかない限り、インパクトのある事業は実現できないでしょう。

そして、IdentityやIdealレベルのインパクトをもたらした事業のつくり手は、自分自身のアイデンティティにも大きな変容が生まれているはずです。matoilの谷さんはアレルギー課題と向き合うことが人生のミッションになっていますし、abaの宇井さんは女性起業家として様々なピッチを積み重ねたことで、介護業界全体や女性起業家を引っ張る存在として注目を集めています。

喜ばせたい人の人生に、大きなインパクトをもたらそうとすることは、自分の人生に大きな変化をもたらすことにもつながるのです。

▼Q
人々のIdentityを変容させるような事業と聞いて、思い浮かぶものは何ですか？

自分を起点に探索し始める

では、どこからこうした課題のストーリーの探索を始めたら良いのでしょうか？　まず目を向けるべきなのは、自分自身の関心、好奇心、あるいは悩みです。

スポーツ観戦が好きであれば、そこにまつわる喜ばせたい人や理想の景色を探ってみてもいいでしょう。スポーツに関連する動詞を広げ、その動詞について問いを立ててみると、考える糸口が見えてくるかもしれません。

第4章で紹介したように、新規事業施策全体のテーマが、パーパスなどから設定されているのであれば、それに関連する本を探してみたり、テーマに関連した事業に取り組む人を探してみたりすることから始めてもいいでしょう。そうした本や人と出会うことで、自分の中に好奇心が生まれるかもしれません。

自分が課題の当事者であれば、そこを起点にするのも良いでしょう。その場合はさらに自己理解を深めていく必要があります。ただ、一人で自己理解を深めることはそう簡単ではありません。近い課題を持った人を探し、一緒に対話していく中で、より向き合いたくなる問いが見えてくることもあるでしょう。

探せばどこかに落ちているような課題を拾い上げるだけでは、そう簡単に人の心を動かすような課題のストーリーを描くことはできません。ストーリーのつくり手は皆さん自身なのです。自分の関心や好奇心と向き合うことで、誰かを喜ばせたくなる自分と出会えるはずです。

▼Q 豊かな課題のストーリーを模索しながら描いていくために、皆さんは何を大切にしたいですか？

第7章のまとめ

○新規事業において最初に重要となる、解決すべき課題があるかどうかは、一緒に解決したいという仲間が集まっているかどうかで確かめる
○人々を巻き込むためには、主人公となる課題の当事者が向き合う「課題のストーリー」を描き出すことが重要になる
○単に片づけるべきジョブを探すのではなく、課題の構造を意識して人々の心が動く課題のストーリーを模索する
○喜ばせたい人やその人が目指す状態、そこに向かう上で乗り越えるべき壁という「山の図」の3つの関係性で課題のストーリーを模索する
○課題のストーリーを模索するためには、既存の事業を分解してストーリーのポイントをつかんだり、描いてみたストーリーを他者に開いて共に描いてみたりすることを繰り返す
○喜ばせたい人のアイデンティティや理想が問い直されるようなストーリーを模索することを意識する
○自らの関心や好奇心を起点に探索し始め、誰かを喜ばせたくなる自分と出会う

「課題に恋をして、意志を持った愛に変えていく」
――新規事業に不可欠な〝課題のストーリー〟

新規事業の成功に必要なのは、「この課題を解決したい！」と、勝手に仲間が集まってくるような「ストーリー」を示すことです。そんなストーリーを描くにはどうすればいいのか？　クリエイターのエージェント会社「コルク」を立ち上げ、マンガや小説を生み出す編集者の佐渡島庸平氏に、「物語の描き方」について聞きました。

佐渡島 庸平 *Yohei Sadoshima*

株式会社コルク 代表取締役社長。編集者。講談社を経て、コルクを創業。クリエイターエージェンシーとして、作品編集、新人作家の育成、ファンコミュニティの形成、SNS運用などを行う。三田紀房、小山宙哉らとエージェント契約を結ぶ。

小田裕和（以下、「小」） 新規事業づくりの現場ではよく、「お客様の課題を見つけよう」「お客様が本当にその課題を持っているのか確かめよう」などと言われます。それが、「正解探しモード」になってしまっている部分が大きいのではないかと感じています。どうすれば〝正しく〟課題を見つけられるんだろうか、と問い続けて疲弊する人も少なくありません。

起業家であるユリ・レヴィーンの『Love the Problem 問題に恋をしよう』（日本実業出版社）という本があるのですが、自分が〝恋〟に落ち、「なんとかしたい」と思ってしまうような課題をいかに見つけるのかがポイントなのではないかと考えています。

もともと佐渡島さんは、どんな原体験があってコルクを起業したのでしょうか？

佐渡島庸平（以下、「佐」） 僕は出版社というメディアにいたわけですが、メディアが長期的に生きていくために一番必要なのは、「新陳代謝」なんですよ。ある作品が終わったら、次の作家と新しい作品を作る方が、編集者にとっても、出版社にとっても理想的なんです。

でも僕は、メディアが覇権をとっていくことに力を入れるより、自分が生み出した作品が世の中に影響を与え続けることに関与したいんです。『ドラゴン桜』によって「日本の教育を変えられないだろうか」、『宇宙兄弟』によって「宇宙がもっと身近にならないだろうか」ということに、ずっと挑戦し続けたい。

となると、作家に寄り添っていくしかないんです。アメリカでは「エージェント会社」が作家の著作権をずっと運用する仕組みになっているのに、日本にはエージェント業がない。現状、作家が複数の出版社と付き合っていると、著作権がバラバラになり、しっかりと運用されません。だったら、日本にもエージェント会社の仕組みを導入した方がいいなと起業したんです。

小 作家さんが「物語をつくる」という営みに向

き合い続けることができる仕組みをつくりたかったというわけですね。
物語のつくり手としては、主人公が抱えている想いや葛藤にどれだけ迫れるかが大事だと思っていますが、そういった感情に対する洞察をどう深めていくのか、おうかがいしたいなと。

物語を描く上で、感情の洞察を深める

小　佐渡島さんが書かれた『観察力の鍛え方』(SB新書)という本に、「複合感情」という話が出てきます。私たちの感情は、基本となる8つの情動と、それらの組み合わせからなる複合感情によって整理できるということで、プルチックの「感情の輪」を引用しています。特に青年マンガには、登場人物の表情やセリフだけでは分からないような、より深い複雑な感情が込められている、そういうところに青年マンガの魅力があると書かれています。
自分の感情でさえ日々変わっていくし、読み解くことも難しい。『分かる』から遠ざかろうとして世の中を観察すると、違う世界が見えてくる」と書かれているのですが、非常におもしろいなと。「分からない」ままに向き合い続ける、そんな中に物語が生まれてくるということをこの本の中で紹介されていますね。

佐　世の中にある多くの物語は、複雑な感情をそんなに描いていないんです。例えば、水戸黄門みたいな物語には「お約束」があるわけですよね。エンタメというのは、ほとんどバトルをしているわけです。ほとんどのバトルは、勝ったら嬉しい。そういうシンプルな感情を描いています。
でも僕は、「こんなことがありました」「そんなときにこんな表情や視線になりました」という物語全体でしか伝えられないものがあると思っている。青年マンガは、そこを描こうと挑戦していること自体がおもしろいんですよね。

小　感情を端的に整理するより、感情の「動き」

を作品として描き出すにはどうしたらいいかと。

佐　ビジネスで考えると、新規事業をつくったら、それがお金に替わらないといけないわけですよね。お金ってかなり明確で、1000円と2000円を比べたら、全員が2000円の方が高いと言うんですよ。価値が明確なんです。

だから世の中のほとんどの事業は、価値を明確にしていくこと、分かりやすくすること、一瞬で価値が判断できるようにすること、というのが仕事としてすごく重要なんですね。

一方で僕らがやっている「物語」は、読み終わったときに心が揺さぶられてさえいれば勝ちなんです。「心がモヤモヤした」というのでもいい。

物語をつくるときに僕らが重要視しているのは、**複雑な感情を理解することではないんです。複雑な感情は理解できないし、人によって違うし、結局は言語化できない。でも、その前後の感情は何なのか、というのは知りたいんです。**

例えば僕と小田さんが話している数十分の間、ずっと緊張しているわけではないし、ずっと楽しいわけでもないし、感情はいろいろ動くわけですね。その感情の動きの順番がリアルかどうかが、物語創作では重要になります。

小　ある1点の心の動きというよりは、面や立体でその感情全体を捉えるわけですね。

佐　そうです。時間軸の方が重要なんです。

感情に対する観察力を磨くには

小　では、マンガ家さんなど物語のつくり手は、どうすれば感情に対する洞察を深められるようになるんでしょう?

佐　その質問に対してはいつも、「観察力が重要だ」と答えていますね。

例えば、小田さん、オフィスの水道水と家の水道水の味の差を説明できます?

小　いや、普段の生活では、ほぼ意識しないですね。

佐　ワインのソムリエは、「このブドウはフルーティ」「このブドウはこう」というのを知識として覚えていて、ラベルを見て「このワインはこういう味」と言うんです。でも、味覚だけでこのワインはどんな味なのか表現するのは、すごく難しかったりする。

昨日感じた気温と今日感じた気温の違いを言語化するのも難しいし、香りを言葉にするのも難しい。実は僕らは、五感をほとんど言語化できていません。

五感を言語化できないのは、実は「前後関係」があまりないからです。昨日は暑かった、くらいのおおざっぱな記憶しかない。そして感情についても、僕らはすごくおおざっぱにしか記憶していないんです。

一方、マンガ家たちは、例えば一コマで感情がどう変わっていったかを記憶している。時間軸の解像度がすごく高いんです。それが、クリエイターに求められていることなんですよね。

小　なるほど。私たちは日々何かを感じているはずだけれど、そこに意識が向くことはほとんどなく、なんとなくぼんやりとしか言語化できていない。感覚が積み上がっていく時間軸を意識して、どれだけそこに焦点を当て続けられるかというのが、「観察する」ことの大きなポイントになっているわけですね。

佐　新規事業に取り組むとき、「リアルな顧客を想像してみて」「カスタマージャーニーをやってみて」となりがちなんですけど、その際に「感情の流れ」に対する想定がおおざっぱすぎるんです。その想像力だったら、カスタマージャーニーをやる意味があまりないよね、ということが起きがちなんですよ。

小　本当にそうですね。自分が喜ばせたい相手を明確にした方がいい、とよく言われますが、なかなかその相手を描けないんですよね。

一番のドッグフーディングの相手は自分

佐　新規事業において重要だと思うのは、「喜ばせたい人は自分が一番いい」ということなんです。他人の心の動きを観察して想像するのって、めちゃくちゃ難しいですが、自分の心の動きだったら、まだ観察できるはず。

顧客は「自分」だと思って、「自分だったらこれに対してお金を払うのか」、「自分なら行動するのか」、「行動しないとしたらなぜなのか」。そういうのを徹底するのが重要だと考えています。

結局、「物語ってこういうもんでしょ」「主人公ってこういう方がいいよね」「世の中でこういうのが流行っているよね」という感じで物語をつくっている作家は、いつまでも当たらないんですよね。自分と向き合いきって、「すべての主人公は僕の分身です」と恥ずかしげもなく言えるとき、やっぱり当たるんですよ。そこまで自分の感情や思考法と向き合いきる、というのが創作だと僕は思いますね。

小　そうやって向き合いきれる人というのは、どういう人なんでしょう？

佐　基本的に、作家は生きづらさを抱えていて、自分の代わりとなる人間を主人公にすることで、生きやすい世界への挑戦をしています。同じように、多くの起業家は世の中への生きづらさを感じていて、自分が生きやすくなるためのサービスをつくっていることが、特にＩＴ系では多いなと思っているんです。そこが、「創業者」と「社内で新規事業をつくる人」の違いなのではないかと。

社会がハードからソフト化していく中で、そのソフトがあることによって自分が救われるというものをつくっている人は、「一番のドッグフーディングの相手は自分」ということが多い。

一方、会社員が社内の役員会などで新規事業についてプレゼンするとき、「これは絶対いいです、なぜなら僕が欲しいからです」と言える破廉恥さを持っていない。「顧客Ｘ」をつくってしまうことで想像力が働ききらず、サービスを詰めきれない。そういうことが起きているように僕は思いますね。

「とりさらわれる」ほど夢中になる

小　本当にそうですね。國分功一郎先生の言葉で「とりさらわれる」というのがあるんですけど、「これをやらずにはいられない」という何かに夢中になるのが大事なのかなと。そういう自分の想いって、どうすれば見つけられるんでしょう。いや、「見つける」んじゃなくて、「やってくる」ものなんですよね。

佐　その感覚は、「恋」だなと思うんです。恋は〝落ち〟たりしますよね。そして「恋」を「愛」に変えていくんだと思っているんです。愛は〝意志〟なので、恋を意志の力によって愛に変えていく。

仕事においても、仕事に〝恋に落ちた〟あと、飽きずにやり続けていくために重要なのは「意志の力」ですよね。そのために何を見つけて、何をいいと思って、何を掘り下げていくのか。対象物にしっかり興味を持って、新鮮な目で観察し続ける必要があると思うんです。

小　最初にあるのは、「恋に落ちる」という瞬間で、意志を持ってそれにさらに向き合おうとする。「分かろうとする」より、「分からない」ままにそこに向き合い続けようという意志を持つのが、愛していくということなんですね。

佐　「分かろうとし続ける」ということかもしれない。「分かった」と思った瞬間に冷めてしまうんで。相手が、分かりきることのない深さを持った存在であるとしっかり認める、信頼することが重要だと考えています。

小　今、新規事業づくりの現場では、マッチングアプリで恋人を探そうとしているようなところがあるかもしれません。「こうすれば課題が見つかりますよ」という方法論を探して、それによって課題を見つけよう、という。

佐　マッチングアプリだと、条件の中から選ぶわけですもんね。恋に落ちるというより選ぶ感じに近い。

みんな論理的にやろうとしていますよね。僕は、結構論理的じゃないんですよ。先に、心のおもむくままに動いて、そこでしっくり来たものに対して、周囲を巻き込むために論理を使う。僕は自分の人生を論理的に生きようとは思っていなくて、論理自体は周囲のためであり自分のためではないんですよね。

小　そうなると、新規事業をつくるのは本当に自分のためなのか、という話に戻ってきますね。

佐　自分はなぜその会社にいるのか。その会社で自分は何をするのか、新規事業で何をするのか。自分に深く問い直す必要がありますよね。自分と向き合うのを避けている限り、結局、誰が何のためにその事業をやるんだっけ、という話になってしまう。オーナーシップは絶対必要なんです。

その事業をやることで、みんながあなたにキレまくるとする。あなたにキレまくっている友だちと、二度と連絡をとらない関係になってしまうとする。それでもあなたは、その事業を続けますかと。それでもあなたは、その事業が世の中に必要だと言えますかと。

小　物語をつくる方は、そことずっと向き合い続けているわけですよね。恋に落ちて愛していくことで物語をつくっていく。自分または誰かの心の動きに意識を向け続ける。その中で、「分かったかも」という感覚を持つこともあるかもしれないけれど、分かってしまってはおもしろくない。ずっと探究し続ける姿勢が、物語をつくる人には求められるわけですね。

第8章 探索の場づくりに取り組む

第1節 探索は小さな一歩から始まる

企業人から起業人へ

新規事業を生み出すために最も重要なことは何かと言われたら、「**行動を起こすこと**」でしょう。新規事業にまつわる様々な書籍でも、必ずと言っていいほど、行動することの重要性が唱えられています。「インタビューする人を見つけてきましょう」と言われても、実際に見つけてくる人は限られますし、その後自らインタビューしたり、新たなインタビュー対象者を見つけたりしてくる人はさらに限られてきます。では、なぜ行動が起こせないのでしょうか？　もっと言えば、行動が起こしにくい要因はどこにあるのでしょうか。

特に大企業で働いていると、様々なルールが存在します。社会的にも広く認知されている企業が、何かしら問題を起こせば当然注目を集めてしまいますし、コンプライアンスの問題もあります。だからこそルールは必要なのですが、こうした**ルールのもとで働き続けると、その中で物事を考えるのが次第に癖になってしまいます**。「会社の中でこんなこと勝手にやっていいのか分からない」という声がよく聞かれるとしたら、その証です。

そして次第に、自分の意見を主張することさえしなくなってしまいます。「これは会社としての考えではないのですが」と枕詞をつけて語り始める人がよくいますが、これは組織の中で自分の主張をすることに、何かしらの抵抗感を抱いている状態を表していると言えます。

個人的な意見も言えず、会社のルールに縛られている状況では、ちょっとした行動にも「承認を得ねば」となってしまいますし、こうした状態から新しい事業が形になるとも思えません。新しい事業をつくるということは、少なくともその組織の中では前例のないアクションをとるということ。こうしたルールにとらわれた状態から脱していくことが必要です。

こうした「企業人」としてのとらわれこそが、アクションを起こせない要因の一つになっていると筆者は考えます。企てるだけでなく、起こす人としての「起業人」になっていかなくてはなりません。まずは小さなことからアクションを起こし、積み重ねていくことが重要。そうしているうちに、向き合わずにはいられないような課題やアイデアと出会えるはずです。

▼Q
皆さんは、アクションの起こしにくさは、どこから来ると感じますか？

やりたいことは、見えてくるもの

第7章でも見てきたように、起業家は、課題のストーリーに向き合う中で、自分自身のアイデンティティが大きく変容していくことが少なくありません。もともとmatoilの谷さんはデザイナー、abaの宇井さんはロボットについて学んでいた人です。それが今では、アレルギーや介護の課題に向き合う人として日々取り組みを続けています。

そして、こうした新しい自分との出会いは、アクションを積み重ねた人の中にやってくるものです。だからこそ、「何がしたいか」「どうなりたいか」が明確になってから行動するのではなく、まず小さくアクションを起こしてみることが大事なのです。

▼Q
何か行動していたら、やりたいことが見えてきたという経験は？

1｜手中の鳥の原則

「目的主導」ではなく、既存の「手段主導」で何か新しいものをつくる

2｜許容可能な損出の原則

機会利益の最大化ではなく、損失（マイナス面）が
許容可能かについてコミットする

3｜レモネードの原則

予期せぬ事態を避けるのではなく、むしろ偶然をテコとして活用する

4｜クレイジーキルトの原則

コミットする意志を持つすべての関与者と交渉し
パートナーシップを築く

5｜飛行機のパイロットの原則

コントロール可能な活動に集中し
予測ではなくコントロールによって望ましい成果に帰結させる

図表8-1　エフェクチュエーションの5つの原則[*1]

こうした考え方は、近年注目を集める「**エフェクチュエーション**」という理論にも見られます。この理論を提唱した経営学者のサラス・サラスバシーは、様々な優れた起業家に共通して存在する思考プロセスの体系化を試み、5つの原則としてまとめました。目標を定めてその達成に向けて動こうとする、バックキャスティング的な「コーゼーション」と呼ばれるアプローチではなく、**「私は誰か（Who I am）」「私は何を知っているか（What I know）」「私は誰を知っているか（Who I know）」**を起点に、今できることを少し

＊1　吉田満梨、中村龍太『エフェクチュエーション』（ダイヤモンド社）

ずつ積み重ねることで、より良い結果を生み出しているというのです。

新規事業と言うと、どうしても大きなことをやらなければならない、これまでにない斬新なアイデアが必要だと思ってしまう人もいると思いますが、ヒントは案外、自分たちの身近で気がつかないところに落ちているものです。もっと言えば、そこに意識を向けるからこそ、自分ならではの喜ばせたい人や課題が見えてくるのです。

前章で紹介したabaの宇井さんも、自身の祖母の介護現場を見て、介護現場を助けるロボットを作りたいと考え大学に進学しました。在学中には現場を知るためにも特別養護老人ホームでの実習にも参加していたそうです。ただ夢を描くのでもなく、独創的なアイデアを考えようとするのでもなく、目の前の出来事をきっかけに、できる行動を積み重ねたからこそ、今の活躍があるのです。

自分の周囲に目を向け、学びが生まれるような小さいアクションを積み重ね、そしてそこで得られた経験を豊かに意味づけていけば、自ずと自分の向き合いたいものが見えてくるでしょう。

小さく、未知の未知へと足を踏み出す

小さなアクションを積み重ねると言っても、ただ普段と変わらないことをやっているだけでは、新しい発見は得られないでしょう。普段通りの生活、普段通りの行動、普段通りの思考をしていても、新しい自分と出会うことはできません。身近な〝らしくないこと〟に触れてみることが、新たな自分と出会うための最小単位の探索アクションとなるのです。

例えば、動物が好きな人を例に挙げてみましょう。動物に関する課題を探ろうと、自分と同じよ

うに動物が好きな人に話を聞きに行っているだけでは、すでに持っていた自分の課題感とさほど変わらないことを確かめるために聞くだけになりかねません。

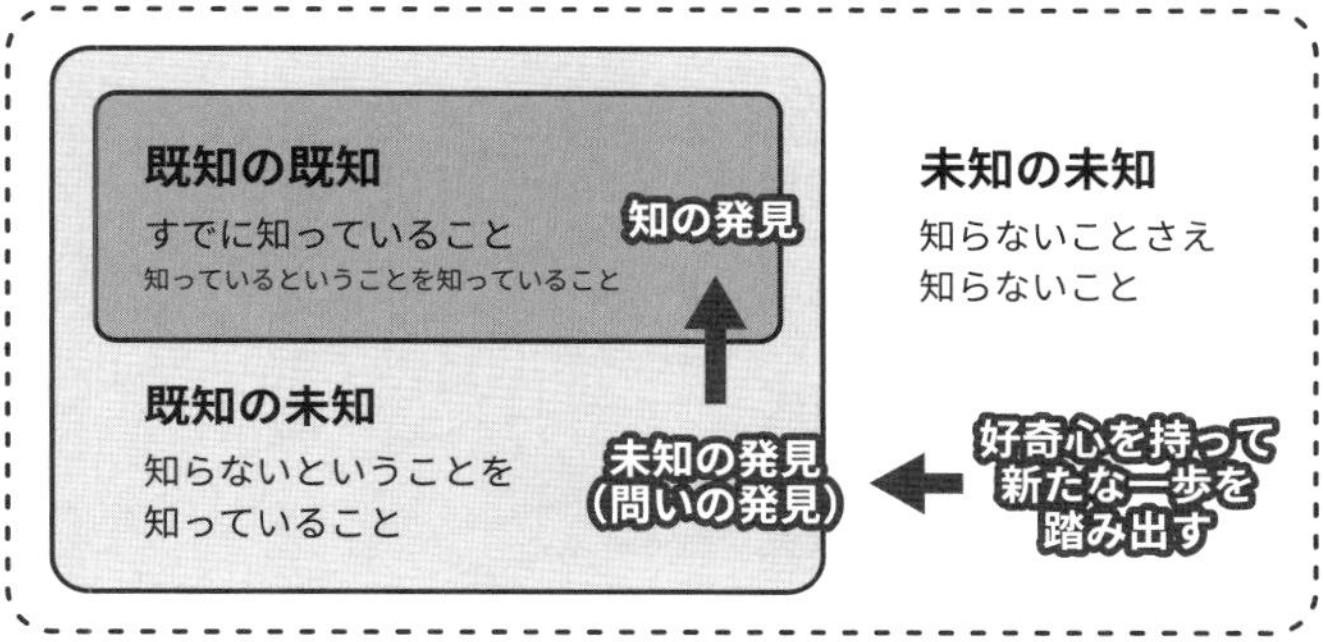

図表8-2　未知の未知

自分にとって驚きが得られるような経験にならなければ、そこに新しい関心が湧いてきたり、新しい自分と出会う状況が実現したりしません。自分の関心の近くにあるけれどやったことのないことや、自分の知らないこと、自分らしくないことに触れてみることが、新しい発見を得るためには重要です。

例えば、ペットを飼ったことのない人の景色に触れてみるのはどうでしょうか？　動物に関して問題を抱えている地域、例えば害獣の問題を抱えている現場に触れてみるのも良いかもしれません。動物が好きだという人でも、地域の動物愛護センターや保健所に行ったことがある人はそう多くないでしょう。

前著『リサーチ・ドリブン・イノベーション』でも紹介しましたが、**探索の活動では、自分が知らないことさえ知らないような、「未知の未知」（図表8－2）の領域にアプローチすることが重要です。**そしてその「未知の

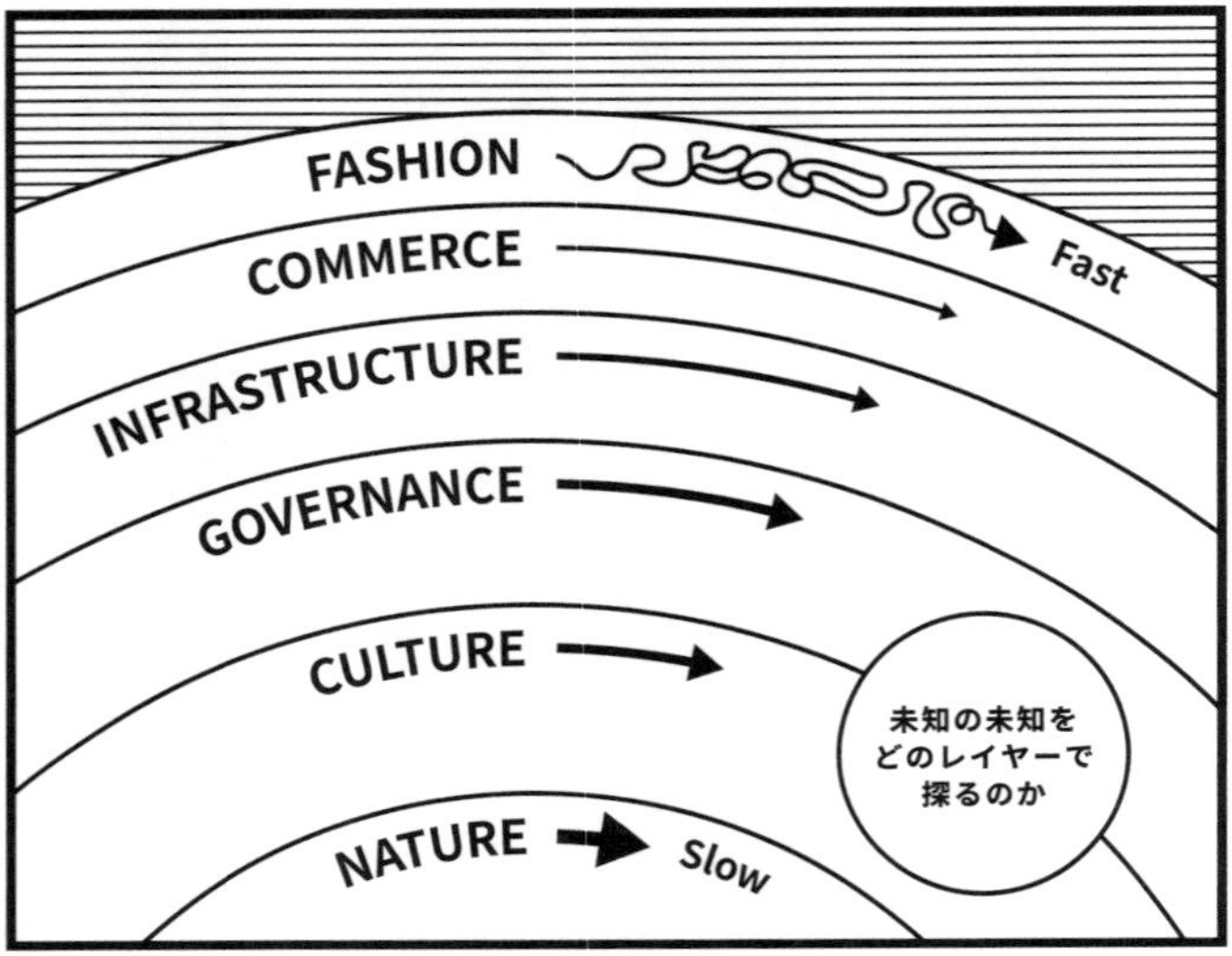

図表8-3　ペース・レイヤリング

未知」は、関心があったり、親しみがあったりする領域にさえ、まだまだたくさん潜んでいるのです。

そして、未知の未知へと探索を広げる上では、私たちの文明が、変化の異なる6つの階層によって構成されていることを示した、ペース・レイヤリング（Pace Layering）[*2]と呼ばれるモデルを意識することも有効です（図表8－3）。私たちは、どうしても表層の変化に意識をとられがちですが、その深層では、私たちが気づいていないような変化が、ゆっくりと生じています。動物を取り巻くインフラや法律制度、あるいは文化的な背景や自然環境との関係など、普段は意識しないようなところに意識を向け、未知の未知を探ろうとすることが重要です。

▼Q

皆さんが関心を持つことにまつわる「未知の未知」は、ペース・レイヤリングのどのあたりに潜んでいそうですか？

＊2 Stewart Brand, *How Buildings Learn*, Penguin Books

第2節　探索の場を自らつくる

環境が変われば、見える景色が変わる

「環境が変われば、人が変わる」と言われるように、探索を広げ、新たな気づきを得たり、新たな自分のアイデンティティと出会ったりする可能性を高めるためには、まず自分を取り巻く環境を変えてみることが効果的です。

このような環境を自ら変える力の重要性は、あまり意識されていないように思います。環境が変われば、見える景色も変わるもの。しかし、大半の人は環境が変わることを期待するだけで、自らアクションを起こす人は、そう多くありません。裏を返せば、今日事業を形にしている多くの起業家は、そうしたアクションを起こしてきた人が多いのです。

毎日の時間の使い方、過ごす場所、会う人など、ちょっとした変化からでも、見える景色は変わってきます。書店でいつもなら見ないようなコーナーに足を運び、どんなタイトルの本に注目が集まっているかを見るだけでもいいですし、気になるテーマがあるのであれば、それに関する書籍を

数冊読んでみるだけでも、景色はかなり変わるはずです。

▼Q 環境が変わったことで見える景色や湧いてくる関心が変わった経験は？

場をつくることで環境を変える

さらに積極的に環境を変えるためには、自ら「場」を生み出すことも重要になります。第5章でも触れたように、情報的相互作用と心理的相互作用が生まれるような場を、自ら生成していくことが重要です。そして今日、こうした場づくりのハードルはどんどん下がっています。

例えば、SaaS系企業ではデザイナーやエンジニアを中心に、LT（ライトニングトーク）と呼ばれる短時間の発表を数名で行うイベントが盛んに行われています。主にナレッジをシェアする目的で行われることが多いですが、こうしたイベントを企画してみてはどうでしょう。

会社の名前を借りられるのであれば、知名度のある企業なら人を集めることはそこまで難しくありませんし、会社のスペースを貸してもらうのも、定時後の時間なら可能でしょう。何かしらテーマを定め、登壇者を募れば、登壇したいという意欲を持った人との関係性をつくれるし、同じテーマで何回か開催すれば、関心を持った人々が集うコミュニティを築くことができます。

1 | 時間の使い方を変える

- いつもと違う時間に、よく行く場所を訪れてみて、変化を探してみる
- 新しいものに触れる時間を、毎週1時間カレンダーで押さえておく

2 | 過ごす場所を変える

- 行ったことのない街やお店を訪れてみる
- 関心のある領域でアルバイトをしてみる

3 | 着目する情報を変える

- キーワードを設定し、普段は触れない書籍や記事に触れる
- 聞いたことのないポッドキャストを探してみる

4 | 会う人を変える

- 関心が近い人が集まりそうなコミュニティを探してみる
- 社内で話したことのない人と、話してみる

5 | 自分の立場を変えてみる

- イベントに参加する側から、企画する側に一歩踏み出してみる

図表8-4　環境を変えるためのアクションの例

オープンイノベーションの施設を利用する企業も増えていると思いますが、せっかく利用しているのであれば、その施設で小さくイベントを立ち上げることもできます。

もしいきなり企画するのが難しいと感じるのであれば、まずは開催されているものに足を運んでみるのも良いでしょう。入居している施設はもちろん、Peatixやconnpassなどのイベントプラットフォームのサイトで「ライトニングトーク」と検索すれば、たくさんのイベントが紹介されています。運営者に、こうしたイベントを自分たちでも開催してみたいと相談してみれば、

いろいろと教えてくれるはずです。

▼Q 皆さんの身近で、こうした場づくりに取り組んでいる人を探してみると？

場は、問いを起点に立ち上げる

ただ、唐突に「動物に関心がある人、集まれ」と場をつくっても、人はなかなか集まらないでしょう。**場を立ち上げる上では、人々が考えたくなるような問いを中心に据えることが重要です。**

例えば、2023年に被害が相次いだ「クマ」の問題について考えてみましょう。クマの生息領域でエサが不足し、それによって普段は降りてこないような場所までクマが降りてきて、人間の生活環境を脅かす状況に陥ってしまったようですが、だからと言って駆除すれば良いという単純な問題ではありません。様々な生態系のバランスを崩しかねないし、そもそも駆除すること自体が保護区の関係や負担の問題で、簡単ではないからです。

一歩引いた目線で見れば、様々な動物と人間は、どのように共存すべきなのかという観点に行き着きます。「動物と共にある暮らしや社会を実現するためには？」という問いを中心に据えれば、害獣対策に取り組む人々や、畜産に関わる農家、動物園で働く人など、様々な人に声をかけられるでしょう。「より良い共存とは?」という答えのない問いについて、一歩深い観点で共に探究を積み重ねていける関係性が生まれるはずです。単に「クマ問題の対応を考える」という解決策を考える場にしてしまっては、一緒に問いを深めていこうという活動も関係性も生まれません。

場の目的を「答えを得る」ことにしてしまうと、その場はあまり活性化しないのです。ゲストを呼んで「何が大事か教えてください」という建て付けでイベントをやったとしても、ゲストと共に考え続けていけるような関係はつくれないでしょう。

第4章でも紹介したパーパスや「動詞」に問いを立てるアプローチなども用いながら、誰かと一緒に考えたくなる気持ちが湧いてくる、答えがすぐに出てこない問いを立ててみることが大切です。どんな問いを立てたら良いか分からない、という人は、『問いのデザイン』もぜひ参考にしてみてください。また、筆者が監修した、SHIBUYA QWSで展開されている「QWS カルティベーションプログラム」[*3]では、こうした問いと出会うプログラムを定期的に開催しているので、興味がある人はぜひ足を運んでみてください。

▼Q
皆さんがこれまでに心惹かれたイベントや場には、
どんな問いが潜んでいたと思いますか?

第3節　小さな気づきから問いを紡ぎ、探索し続ける

「発見」のハードルを下げ、訪れた気づきを記述する

アクションを起こしたり、場をつくったりするような探索から、価値の創出につながる気づきを得るためには、何を意識すれば良いのでしょうか？

まず最も重要なのが、**「発見した」「気づきが得られた」ということのハードルをとにかく下げること**です。というのも、私たち人間は、学習を積み上げれば積み上げるほど、自分にとって意味がありそうだと感じられること以外の情報に注意を向けなくなる性質を持っているからです。

ポラロイドの名で知られるインスタントカメラの誕生秘話をご存知でしょうか？　開発したエドウィン・ハーバード・ランドは、3歳になる自身の子供にある日、「どうして写真を撮っても、す

＊3　https://shibuya-qws.com/program/cultivation

ぐに見ることができないの？」と問われたことがきっかけとなり、直接用紙に現像するという仕組みの開発に至ったと言われています。

カメラを通じて露光されたネガフィルムを現像し、それを紙に印刷することで、撮影した写真を見られる、というのが当時の常識。なぜすぐに撮影した写真を見られないのかなど、誰も気にしなかったのです。しかし子供はそんな仕組みを知りません。だからこそ、そこに疑問が湧いたのです。

私たちは知識を獲得すればするほど、知らず知らずのうちに、様々なことに気がつかなくなります。そして、そんな些細なことはどうでも良いと無意識のうちに結論づけてしまうことが多いのです。だからこそ、意識的に「発見」や「疑問」を持つことのハードルを下げることが重要なのです。

▼Q 子供の問いかけに、ハッとさせられた経験は？

第5章でも紹介した「無目的な散歩」や「写真ワーク」も、ハードルを下げるための有効なアプローチですし、自分のテーマに合った場所に、無目的にただ佇んでみるのも良いでしょう。例えばドッグランのような、動物が集まる場所の近くで、時間を決めてぼーっとしてみるだけでも良いかもしれません。動物園で働く人々の様子を、なんとなく眺めているだけでも、何か気づきがやってくるかもしれません。意味のある発見をしようという気持ちをできるだけ抑えて、やってくる感覚や感情にひたすら意識を向けることが重要です。

また、自分の中に訪れた気づきを、しっかりと残していくことも重要です。というのもこうした気づきは、まだ明確に言葉にできるような状態になっていないものがほとんどです。だからこそ、その感覚的なものをしっかりと書き起こしておく必要があるのです。

おすすめは**ジャーナリング**という方法。紙とペンを用意し、頭に思い浮かんできた言葉を、躊躇せずにとにかく紙に書き出し続けるという方法です。「何を書いたらいいか分からないな」と思ったらそのまま書き出します。時間を決めて、最初は5分間からやってみると良いでしょう。無目的に歩いたあとに、その歩いた時間を振り返りながらジャーナリングをしてみると、考えたくなる気持ちが湧いてくるのを実感できると思います。

心の動きに問いかける

2つ目に重要なのは、「心の動き」に焦点を当て、その動きを観察することです。

第3章や第6章、あるいは第7章の目指したい景色のところにも関連してきますが、私たちが何を良いとするのか、という価値観の問題に向き合おうとするとき、この「心の動き」というのはとても重要なポイントになります。

例えば、ペットフードに関する課題を解決したいと考えているとしましょう。まず、そもそも「ペットの健康をもっと大切にするべきだ」ということに、向き合いたくなった心の動きはどこからやってきたのでしょうか？　もしかしたら過去にペットを病気で亡くしてしまった経験があるの

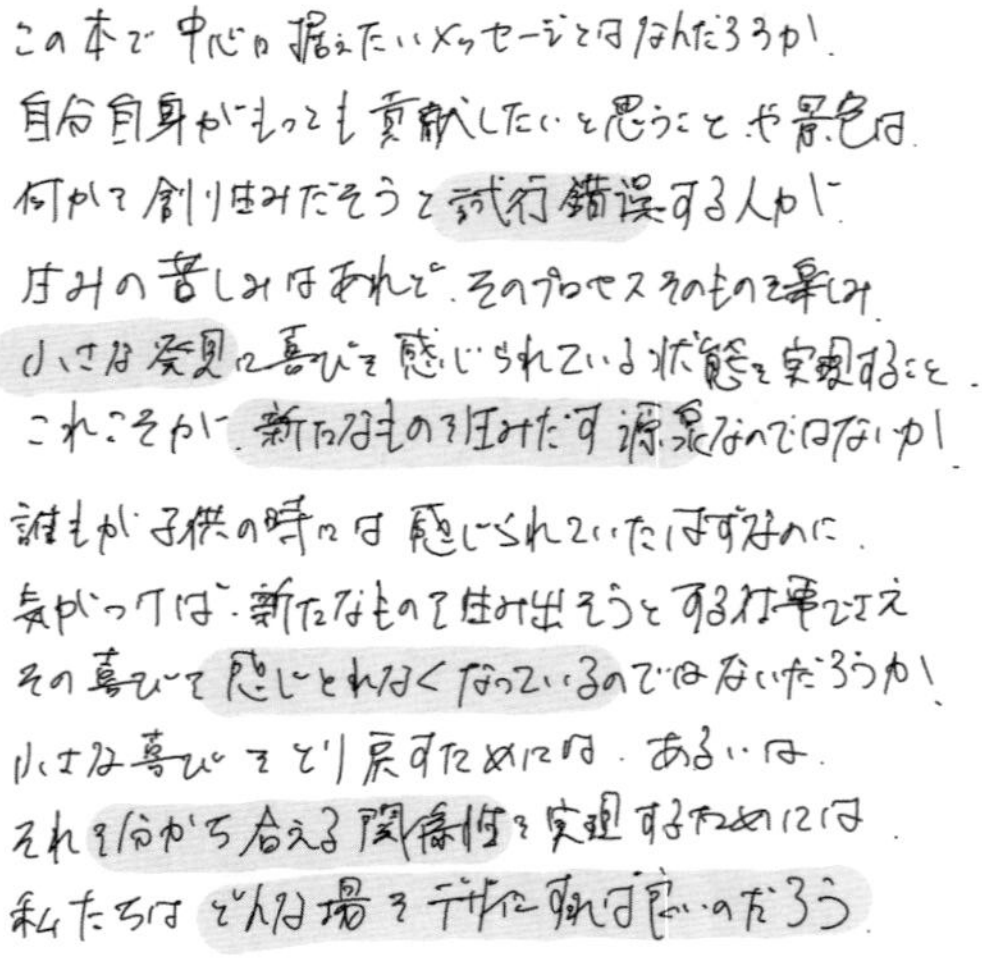
この本で中心に据えたいメッセージとはなんだろうか。
自分自身がもっとも貢献したいと思うことや景色は
何かを創り出そうと試行錯誤する人々に
生みの苦しみはあれど、そのプロセスそのものを楽しみ
小さな発見に喜びを感じられている状態を実現すること
これこそが、新たなものを生みだす源泉なのではないか！
誰もが子供の時には感じられていたはずなのに
気がつけば、新たなものを生み出そうとする仕事でさえ
その喜びを感じとれなくなっているのではないだろうか！
小さな喜びをとり戻すためには、あるいは
それを分かち合える関係性を実現するためには
私たちはどんな場をデザインすれば良いのだろう

POINT 1
時間を決めて
テーマの中で
頭に浮かんできた言葉を
筆を止めずに書き殴る

POINT 2
書いた後に見直してみて
自分の想いを感じたり
考えたくなる気持ちが
湧いてくるような言葉に
マーキングしたり
解釈を書き加えたりする

図表8-5　ジャーナリング

かもしれませんし、自分の食生活についても、健康意識が高いという背景があるのかもしれません。

「これが大事だ」「これはおかしい」「なんとかしたい」という気持ちがあったとき、どうしてそう考えるようになったのか、意外と目を向けられていないものです。ここが浅ければ、その理解に生まれる問いは表層的なものになってしまうし、人々を巻き込むこともできません。逆に理解を深めていけば、問いにも力が宿ってきます。自分のペットの死という原体験があるなら、「より良いペットの一生のための健康管理とは何か？」といった一歩踏み込んだ問いを

立てることができます。「自分には原体験がない」という人は、自分の心の動きに焦点を当てられていないとも言えるのです。

心の動きに意識を向ける上では、「なぜ？」というWhyの問いではなく、「その心の動きはどこからやってきたのか？」というWhereの問いを用いることが効果的です。Whyの問いは、どうしても自分の中の思考や概念に引っ張られ、ロジカルにそれを説明しようという認識が働きやすくなってしまいます。一方でWhereの問いは、その瞬間の心の動きに焦点を当て、矛盾が内在するような人間の曖昧な感情を受容しながら、曖昧なままにその感情の出所をたどりながら語ることを促すのです。

このWhereの問いは、筆者が最も日常的に使っている問いかけ方の一つです。先ほどのジャーナリングをした上で、自分の心が動いた瞬間を探り、その心の動きはどこから来たのかを自らに問いかけてみる。あるいは街を歩きながら、ふと心が動いた瞬間を写真に収め、その瞬間を撮りたくなった心の動きはどこから来たのかをあとで内省してみる、といったように使っています。

また「心の動き」に目を向け、Whereの問いでそれを深掘りするというのは、他者の理解を深めるときにも有効です。自分が喜ばせたい人は、何に喜びや苦しさを感じるのか。そしてその心の動きはどこからやってくるのか。Whyで問いかけると、答える側がちゃんと整理しておかねばと窮屈になってしまいがちですが、Whereの問いを使うと、その心の動きを一緒に観察していくような関係が生まれます。

新たな価値観を探りながら、一緒にありたい姿や乗り越えるべき壁を探り、そこに新たな価値を実現していく。喜ばせたい人と共創的な関係を築いていくことは、変化の激しい時代でとても重要な意味を持ちます。問いかけ方を変えるだけで、共創的な関係構築が実現するという、とてもシンプルでインパクトの大きいアプローチが「Whereの問い」なのです。

問いでプロセスを紡ぐ

探索することで気づきを得ていくプロセスは、決して直線的な歩みではありません。試行錯誤を繰り返す中で、あるとき様々な気づきや目の前の出来事がつながって初めて、目指したい景色やそこに対する想い、あるいは具体的なアイデアが見えてくるものです。

こうした「つながってしまう」ポテンシャルをさらに高めていくためには、気づきを気づきのままにせず、**問いに変換し、物事を捉える上での自らの「レンズ」にしていく**ことが重要です。

ドッグランを眺めていたら、飼い主同士が仲良くおしゃべりしている様子が目に入ってきたとします。「ペットを飼っている人同士だからこそ生まれる関係性ってあるよなぁ」「ペットを通じて生まれるコミュニケーションの豊かさに、私は興味があるかもしれない」――そんなことを感じたとしましょう。

ここから「ペットを通じて生まれるコミュニケーションを豊かにする事業を考えます」と提案することもできますが、すぐに具体的なアイデアを考えても、あまり深みのある提案にはならないでしょう。もっと飼い主同士の間で生まれるコミュニケーションについて、関心を深めていくことが重要です。

「飼い主同士の豊かな関係が始まる瞬間とは?」という問いを立てれば、自然と挨拶やコミュニケーションを始める瞬間に目が行くようになるでしょうし、「会話する飼い主同士の関係には、どのような種類があるのだろうか？」という問いを立てれば、生まれている関係の違いに意識を向けるようになるでしょう。こうした積み重ねが、より深く新しいアイデアにつながるはずです。

このように、気づきから問いを生み出すことで、自らが何に意識を向けるのかというレンズを獲得していくことが重要なのです。前著『リサーチ・ドリブン・イノベーション』でも、リサーチの本質は、探索を繰り返すことであり、そのためにも合意形成は「問い」の形で紡いでいくべきだということを紹介しましたが、こうした「問い」を紡ぎ続ける姿勢こそが、新たな価値を生み出す人には欠かせないケイパビリティだと筆者は考えています。

▼Q
見える景色が一瞬にして変わったような経験を振り返ってみると、そこにはどんな気づきや問いとの出会いがありましたか？

好奇心を源泉に探索を楽しみ続ける

よく起業家には、狂気じみた熱量や誰よりも圧倒的な行動量が重要だと言われます。でもこれは、自ら意識してやっているというよりも、もはやそれに取り憑かれてしまっている状態なのだろうと筆者は考えています。そして、あまりにもそれが行き過ぎると、バーンアウトしてしまうリスクもあります。だからこそ、私はこれを他者に強要することは決してできません。圧倒的な行動量を課したところで、創造性の土壌が豊かになるとは思えないからです。

結局のところ自分の関心や好奇心こそが、こうした探索活動の源泉にあることは間違いありません。だからこそ、それを消費してしまうのではなく、さらに豊かに膨らませていくことが重要なのです。

こうした前提に立って探索を続けていれば、きっと自分のやりたいことや自分が喜ばせたい人、自分の向き合いたくなる課題のストーリーや、解決するためのアイデア、そしてそれを共に形にしようとしてくれる仲間と出会えるでしょう。

だからこそ、何もしないで何かが見つかるきっかけをただ待っているのではなく、最短距離で大きなアイデアにたどり着こうとするのでもなく、自らの好奇心が膨らみ続けていくような小さな探索の場や活動を、自らデザインすることが事業づくりの原点となるはずです。

第8章のまとめ

○今できることから小さなアクションを起こし、積み重ねていくことで、やりたいことは見えてくる
○自らが意識できていない「階層」の中に、未知の未知を探しに足を踏み出すことが重要
○環境を変えるようなアクションを自ら起こしていくことが大切となる
○問いを起点に場をつくることで、さらに深い探索ができるようになる
○「発見」のハードルを下げ、やってくる感覚や感情、気づきをジャーナリングなどで記述する
○自分自身や他者と共に、心の動きがどこから来たのか、Whereの問いで深掘りする
○生まれた気づきを問いで紡ぎ、好奇心を持って探索を楽しみ続けることが、事業づくりの原点となる

「助けて」に自分を開く
――アイデアが生まれる「場」

自分なりのテーマを見つける、アイデアを生み出す、新規事業をつくる、となったとき、大切なのが自分の身を置く「環境」や「場」です。そういった場をどう見つければいいのか、人とどうつながればいいのか、その際に自分をどう自己表現すればいいのか、株式会社&Co.代表取締役の横石崇さんに聞きました。

横石 崇 *Takashi Yokoishi*

&Co.（株式会社アンドコー）代表取締役／プロジェクトプロデューサー。Tokyo Work Design Weekオーガナイザー。法政大学兼任講師。広告会社、人材会社を経て2016年に&Co.設立。著書に『自己紹介2.0』、『これからの僕らの働き方』などがある。

小田裕和（以下、「小」）　ではまず、自己紹介からお願いしてもいいでしょうか？

横石崇（以下、「横」）　はい。『自己紹介２・０』（KADOKAWA）という本を書いたのだから、さぞお得意なんでしょ、と思われがちですが、自己紹介が苦手で研究していただけでして、自分のやつには全く自信はありませんので（笑）。

小　本って、決して自分が得意なことを書いているわけではないというのは、感覚として分かります。

横　２０１６年に株式会社アンドコー（&Co.）を立ち上げて、プロジェクトプロデューサーという肩書で活動しています。社名に体現されていますが、「&Co.」というのは「& Company」の略で、一人目の仲間でありたいというニュアンスが込められています。例えば、Tiffany & Co.なんかはよく目にすると思いますが、あれはティファニーさんと仲間たちでつくった会社だからそうなっているわけですよね。

だから、一人目の仲間として、得意なマーケティングやブランディングに限らず、新規事業開発や組織変革など、あらゆるお悩みに対応したいなという想いでやっています。いずれにしても「場づくり」ということはかなり意識的にやっています。あぁ、また自己紹介がうまくいかなかった気がする。

小　そんなことないですよ（笑）。横石さんは、『これからの僕らの働き方』（早川書房）という本も出されていて、様々なクリエイターの方にインタビューされています。

その内容を見ても、おもしろいものをつくっている人は、自分が試行錯誤する環境や、新しいものと出会う場を自らつくり出している、あるいはいろいろな人とつながっていく中で、そういう場と出会っているように思います。まずは環境や場との出会いが先にあって、あとからおもしろいことをつくっているケースが多いのではないかと。

結局、「自分のやりたいことを自ら見つけた」

というより、「その環境にいたら出会っちゃった」という場合が多いと思うんですね。

横　まず、「場」という言葉にすごく可能性を感じています。「場の編集者」と呼ばれることもあるぐらい、空間と時間、人の関わりを場として捉えて、どのようにそれらの関係性をデザインするか、ということを普段からやっています。

小　確かに、横石さんも僕も、「場づくりしている人」みたいなところがありますよね。

　本の中でインタビューされているクリエイターの一人がライゾマティクスの真鍋大度さんですが、もともと堅めの電機メーカーでシステムを開発していたところから、自分なりの場をつくっていったという話も出てきましたね。

横　真鍋さんはインターネット黎明期から歩んできた世代ということもあり、「Do It Yourself」を超えて「Do It With Others」と呼ばれるような、人と人とのつながりから価値を創造していくことに可能性を見出したんだと思います。だから、誰かとコラボレーションするために、新しいものと出会うためには、オープンである必要があることに誰よりも早く気づいて、YouTubeを活用した作品発表など自分なりの場づくりをしたのではないでしょうか。

小　確かに、テクノロジーの面が注目されがちですが、今活躍している人の中には、インターネットによって新しい出会いが増えていくことで救われたという人は多いですね。

横　新しい働き方の旗手とされる人たちは、インターネットをはじめとした技術革新をうまく駆使して協働しながら、共に成長してきた人ばかりです。そういった意味で、技術革新が働き方を変え、場を新たに再発明しているのは、同時代を生きる我々としてもすごく勇気をもらえますよね。

小　この数十年は、特にメディアとの関わり方を自分でつくれるようになっていった時代ですよね。YouTubeで発信したり、掲示板を立ち上げたり。それを率先してやっていた人は、結構おもしろいことをやっている人が多いですよね。

　仕掛けられる人とそうでない人、手が動く人と動かない人って、どこが違うんでしょう？

横　僕の話になってしまいますが、10年ほど前に「Tokyo Work Design Week」という働き方の祭典をスタートしました。国内では3万人が訪れ、韓国でも開催されています。でも、決して働き方という分野が得意だからやったわけではなくて、自己紹介の本をつくったのと同じように、「働く意味って何だろう」とか、「周りの人はどうやって働いているんだろう」と悩んだり、モヤモヤと自問自答したりした時期があったから夢中になるわけです。

　そうして著名人の本を読んだり、講演会に行ったりするうちに、自分なりの違和感や物足りなさも出てきて、「もっと知りたい、もっと発信したい」と思ってから、人に会ったり、みんなで集まったりして目の前でこれからの働き方にまつわる対話をした方が、よりリアリティがあっておもしろい、という感覚を持てるようになりました。そして、それをフェス化できたらと構想を広げていったのです。

小　当時は、働き方改革という言葉さえなかったですよね。

横　そうなんです。世の中の流行り廃りを気にしていたら、いつまでたっても動けないですよね。だから、**もしかしたら何か始めたいけど始められない人は、自分に期待しすぎているのかもしれません。**僕の場合は自分が飽き性で怠惰なことも分かっているので、自分一人で調べるよりも、人に会いに行って仲間と勉強会をしたりして学んでいくことが多かったです。勉強会で自分の発表が回ってくるときは必死ですから。

　だから、自分に自信がない人ほど、誰かと一緒になれる「場」をつくった方が行動につながるのではないでしょうか。

小　なるほど。自信はないけれど、「助けて」は言える人。

横　「自立」って、一人で立たないといけないと思ってしまうけれど、そうじゃなくてもいいと思うんですよね。『エンゼルバンク』（講談社）というマンガで有名になりましたが、親しい友だち10人の平均年収が自分の年収になるという法則が紹介されています。自分自身を振り返ってもその法則性に納得感があるのですが、ここで僕が言いたいのは年収アップの話ではなく、価値観や働き方も同様で、自分を変えようと思ったら、自分が憧れていたり、理想としたりする人たちのネットワークに入っていくことで、自ずと行動も習慣も平均値になっていくということです。自分一人で立つと考えると怖いけど、周りがいてくれるからこそ自分が立ってくるんですよね。

小　自分だけではどうしようもないということを自覚して、コミュニティの中に入っていって、一緒に切磋琢磨していく。そうすることで、本人は変わっていくし、新しい出会いがあって、自分のやりたいことが見えてきたりもする、というわけですね。

横　会社組織の中では「ホウレンソウ（報連相）」という縦の連絡系統が大事にされる一方で、横の連絡系統として「マツタケ」と呼ばれる「巻き込み」「つながり」「助け合い」は忘れられがちですよね。そういった意味で「場」というのは、会社の組織運営とは異なり、助け合いや巻き込みをはじめとする横の関係を強化したり、拡張したりしていけるものかもしれません。

「小さな握手」から始める

横　以前、創造性の源泉を探るためにクリエイターや起業家を対象にした研究もやっていました。そのときに見つけたクリエイティビティにまつわるおもしろい方程式が、「$c=d^2$」です。これはダイバーシティ（d）を掛け合わせて初めて、クリエイティビティ（c）が生まれてくるという意味合いですが、多様な意見やバックグラウンドを持つ人が積極的に参加する必要性を問うています。横の関係に多様性があるからこそどんどん新しいアイデアが生まれて拡散していくわけで、どうしても同じ価値観や感性を持った同一性の高いメンバーでは限りがありますよね。

新規事業をやる人なんかは、なぜ多様性が大事なのかを認識しているんでしょうが、まだまだ多様性や創造性というものを遠ざける組織人が多いのも事実です。

小　そう考えると、自分の場をつくっていくのは、直接的に何かやりたいことを見つけるためというより、自分を発散させるためにいろんなコミュニティに出会うことなのかもしれません。

横　そうですよね。ただ、口で言うのは簡単だけれど、やるのは難しいですよね。今いる安住の地から離れて、新しいコミュニティに入るというのは億劫だし。

小　僕も仕事上、いろいろな人としゃべったり、人前で話したりするんで、〝陽キャ〟っぽく見られるんですけど、完全に〝陰キャ〟なので。

横　僕も一緒です。だから自己紹介のアップデートが必要なんです（笑）。

小　ゼロから始めたTokyo Work Design Weekでは、いろいろな人につながっていくとき、どのようにお願いしていったんですか？

横　「**小さな握手から始めよう**」と考えていました。自分が何者でもないと思えば思うほど、越境しづらいと思うんです。「あなたは誰？」と言われるのが怖い。

だから、Tokyo Work Design Weekを始める前にやっていたことは、「勉強会」です。大企業の会議室って、夜だと誰も使っていなかったりするので、そういうところを借りて、友人・知人を集めて勉強会をしていました。

どうせ使っていないからと無償で貸してくれました。「働き方」というテーマなので、それを学びたい周りの友人や貸してくれた企業の人たちが集まってくれた。そこに意中の人がいたら「こういう場をつくっているので、今度よかったら登壇してくれませんか」という「小さな握手」から始めたんですね。

そうすると登壇してくれた人が、「おもしろい会だね」と数珠つなぎで知り合いを呼んで、さらにそこからはわらしべ長者状態です。小さな握手は小さな成果づくりと言ってもいいかもしれませんね。

小　「小さな握手」ができるというのは、何かをやって、「良かったね、ありがとう」と言ってもらえるといったことだと思うんですが、それをやろうとすると、必然的に、「ちょっとお願いしたい」「助けてほしい」というメッセージも同時に発しますよね。

横　まさに。マツタケですね。人間関係を長続きさせるコツとして、常に貸し借りがあった方がいいわけですから、どんどんお願いして「助けて」を言えればいいですよね。

小　それをインターネット上でもリアルでもつくれる環境はあるのに、なかなか行動を起こせなかったり、「じゃあどこから始めたらいいの?」と、正解探しに走ってしまったりする人が多いと思うんですよね。

でも横石さんの場合は、「働き方をどうしたらいいんだろう」というわりと純粋な問いから始めているのがすごいなと思って。どうすれば自分の素朴な問いと向き合えるんでしょう?

横　問いには2種類あって、**答えがある問いと答えがない問い**があります。僕は大学で教えているんですが、「インターンはやるべきでしょうか」「おすすめのガクチカはありますか」とか世の中の正解やコスパのいいノウハウを欲しがる学生たちが増えています。

でも、AIが当たり前のようにあって、そもそも誰かがやって成功したことに再現性がある時代ではない。答えがない問いだからおもしろいし、先生側も教えづらく、学生も学びにくい時代ではあるのですが、そんなときこそ自分の内側や周りに耳を傾けてみるのが、結局のところ納得感がありますよね。

小　最短距離で正解する、成功する、というのではなくて、自分の身近にある素朴な疑問、自分が向き合いたくなる疑問から、小さな握手をする機会をつくっていく。コミュニティを広げることで、自分の置かれている環境も変わっていくと。一回きっかけをつくると変わってきますよね。

横　たった一つのきっかけですよね。それで自分に実感が持てて、周りの人が共感してくれたら、それはずっと自分のものになりますから。

無目的に、フラフラする

横　ある脳科学者の方に、人間のやる気スイッチには2つあるというお話をうかがったんです。1つ目が「計画を立てて、いつまでにこれをしなきゃいけない」と未来を見据えて段取りを決めて動くやる気。これは逆算しやすく、動くモチベーションがつくりやすいですよね。2つ目は、例えば子供が砂場で遊んでいるときのやる気。別に、砂場遊びに逆算も計画も必要ないですよね。ただ単純に楽しいから、そのモチベーションで動いている。

人にはこの2つのやる気スイッチがあるわけですが、どうしても社会に出て働き始めてしまうと、計画や管理が上手な前者のやる気スイッチばかり使ってしまって、子供のような後者のやる気スイッチを使わなくなっていく。そして、脳というのはその部位を使わないとどんどん死んでいくというんです。創造性に関連するスイッチは後者なわけですから、これでは創造性を苦手とする大人は増える一方ですよね。

そして、後者のやる気スイッチを動かすコツを聞くと、おすすめのやり方を2つ教えてくれました。**1つは、無計画な旅に出ること。もう1つは、本屋さんをブラブラすること**です。

そう言われて、「確かに！」と思って。僕は旅と本屋が好きでしょっちゅうフラフラしているんですけど、できない日が続くと、創造性が剥ぎ取られる感覚があったので妙に納得してしまいました。

小　僕は、「無目的に散歩する」というプログラムをやったことがあって、本書でも紹介していますが、みんなバラバラになって外へ行ったあと帰ってきてワークをしたら、よく分からない一体感が生まれたんですよね。

それは、狙ってもつくれない一体感だったなと。無目的さの中に何かを見つけるセンサーみたいなものが、私たちには備わっているということですね。

横　化粧品会社ＰＯＬＡのある研究チームの仕事は「ブラブラすること」なんですよね。世界中をブラブラと散策して、様々な出会いから研究テーマを見つけてくるわけです。

それで見つけてきたのが、例えば「筋肉と美」という発想。全身の筋力とシミが関係していることを突き止めたわけですが、今までなかった組み合わせによって、イノベーションや画期的な商品が生み出されるわけです。

小　僕は、「対話が大事だ」という話もいろいろなところで伝えているんですが、今なかなか対話できなくなっているのは、その根底に「会話」がなければいけないからではないかと。

会話は、「無目的さ」が許容されている必要があるんです。でも、オンラインのZoomなどでは、「無目的」が起きない。コロナによって、組織から無目的な活動がかなり失われているという現状があります。

オンラインが悪いとか、オフラインがいいとか、そういう話ではなく、**実は無目的さが失われていることが、組織のパフォーマンスやパワーを損なっているのではないかと。**

横　フラフラしている人たちは、たぶん遊んでいるように見えるんですよ。「あいつ全然働かねえな」と。でも、僕はそこにヒントがあると思うし、会社はそれをどう評価するかが問われている。今ある物差しで評価できないからこそ新規事業であるわけですから。

小　組織の中に、無目的なことをやる習慣をどれぐらいつくれるか、あるいは自分の生活リズムの中に組み込んでいけるか。

横　「場」や「環境」と「習慣」は、結構似ている気がします。

うちの子供は7歳ですが、時間があればマインクラフトで遊んでいます。友だち同士で楽しそうに一緒にやっているのを見ているのですが、目的なんてないですよ。彼女たちもまたDo It With Othersの精神に溢れているんですよね。みんなで相談して決めたり、コラボレーションしたりすることに長けているんですよね。共創することがベースにある。そこにちょっと希望を感じるというか。

仕事をする上でリモートワークやオンラインワークが当たり前になりましたが、いまだに「オンライン上でのコラボレーションは難しい」と戸惑うときがあります。でも、新しい時代の人たちは誰かと一緒につくり上げていくのが当たり前ですから、敷居を感じていないですよね。これだけコラボレーションの方法が変化すると、場のあり方やルールも変えていく必要がありますよね。

小　ファミコン世代とは違いますよね。

横　昭和世代こそ、マインクラフトをやらないとダメですよね。

小　マイクラで、まず無目的に小さな握手を求めるのは、入り口として確かにおもしろいかもしれませんね。

「助け合い」を数値化する

横　『WIRED』（コンデナスト・ジャパン）という雑誌に関わらせてもらったときに、音楽特集があって、ロンドンのブリット・スクールという音楽学校を取材した号があります。アデルなどのアーティストを輩出している名門校ですが、そこの教育方針として、歌がうまいとか楽器がうまく弾けることで評価するのではなく、「優しいかどうか」で評価するというんです。
　世界的に売れたアデルのデビューアルバムは、そこの卒業生らがジャケットデザインやエンジニアリングを担当し、助け合ってコラボレーションしながら生み出されたそうです。ミュージシャンとしてのスキルは当然ですが、それ以上に助け合いといったコラボレーション主体の時代だからこその指標ですよね。
　僕らはミュージシャンではないものの、AIが普及して、自分たちは創造性を活用して価値創造していかないといけない中で、財務諸表に載ることがない優しさや助け合いなど見えないものをどうやって数値化・定量化していけばいいのか。これは大きなテーマになってくると思います。実際、助け合いって起こっていると思いますか?

小　意外と助けてくれる人はいるんですよね。誰もがアントレプレナーとして、一人で「なんとかしなきゃ」と立ち上がる必要はない。

横　そうですよね。それが実感できるのは、「お祭り」だと思うんです。フェスでもアワードでも呼び方は何でもいいんですが、世代やセクションを超えて、みんなで集まって一緒に場をつくる。そうすると、普段は見えていないものを含めて、お互いのことが分かってきますよね。「あいつ、普段は大人しいけど、意外と芸達者だな」とか。
　祝祭や宴という機能は、コロナを経て失われているところもあると思うんですが、組織が強くなる上で、優しさなど数値化できないものを引き出すためには、実は重要な役割を担っていたのではないかと思います。そういう場を意図的につくって、無意識のデザインを整えていかないと、いつまで経っても組織は強くなっていかない。

小　助け合いの関係が生まれる場をどうつくっていくのかという。今この対談を行っているSHIBUYA QWSは、確かにそういう場ですよね。

横　QWSこそ、まさに助け合いのプラットフォームですよね。QWSで特徴的だと思うのが、「問い立て」というシステムです。自分が座る場所に看板を立てて、自分の問いを書いておく。まさに、今自身が助けてほしいことが書かれていて、それを見かけた人が「僕で良ければ話を聞くよ」と、人と人がつながるきっかけになっています。

小　このシステムは、他のコワーキングスペースやシェアオフィスでは見たことないですよね。

横　あともう一つ。助け合いのプラットフォームと言えば、渋谷ヒカリエで「渋谷○○書店」というシェア型書店をコロナ禍で始めました。

書店がどんどんなくなっていき、今までのやり方のままでは本のある風景を残すことができない。では本屋を残すためにはどうすればいいかと始めたのが、地方のシャッター商店街でポツポツと生まれていた「シェア型書店」でした。

みんなで助け合いながら、100人が店長になって月5000円ほどを出し合えたら、結構な月額になりますよね。「本屋を残すために、みんなで集まってやりませんか」と始めたところ、今では130人の棚主さんたちと一緒に書店運営させてもらっています。

小　「本屋を渋谷に残したいんです、助けてください」と言うと、ちゃんとフィードバックがあったんですね。

横　これもDo It With Othersの精神の一つかもしれません。みんなで本を残すために、みんなでできることを少しずつ出し合ってやってみようと。

それは書店という形態に限らず、自分たちが大事にして残したいものとか、いろんな業態にも当てはめられるのではないかと思っていて。例えば、レコード屋やバーなんかはイメージしやすい。

業務においても、助け合いって評価されづらいと思うのですが、そういう助け合いの仕組みを持てたら、組織文化の変革も含めてうまくいくのではないかと思うんです。**みんなが助けたくなる仕組みをうまく導入してあげることも大切**ですよね。

小　そうですね。やはり「助けて」を言える人は、本当に変わりますよね。それを1年言い続けたらめちゃくちゃ変わる。

横　大企業でも新規事業でうまくやっている人は、「助けて」がうまい人が多い気がします。とにかく人に会いに行って、「助けて、助けて！」って発している。

さっき話に出てきたフラフラするというのもそれと同じで、「助けて」と直接的には言っていなくても、その余白っぷりが人を惹きつけたり、思いもよらないところから手を差し出されたりしますよね。

小　何か新しいものをつくっていくとなったときに、「思いついた者勝ち」とか「強いヤツが生き残っていく」という世界ではもはやないと思うんですよね。いろいろな人を巻き込みながら、助けてもらいながら、形にしていくのが大事だなと思いました。普段から、今日何回「助けて」と言えたかなと、自覚しようかなと。

横　大事ですね。今日だけでも僕は4人ぐらいに言いました（笑）。

小　最初の「助けて」の問いは、素朴でいいんですよね。そこから他者に自分を開いていきながらいろいろな場に行ったり、探索の場を自分でつくったりしていく。「それならできる」という人は、たくさんいるはずです。

おわりに

本書では、新たな事業創出の源泉となる「土壌を豊かにする」ことにこだわり、新規事業施策をトップダウンに変革していくためのアプローチと、現場の人々でも取り組めるボトムアップな目線のアプローチを紹介しました。

一見するとバラバラにアプローチを紹介したように見えるかもしれませんが、それぞれにつながりがあります。第3章で紹介した「評価の前提となる価値観を問い直す」という話は、第6章の「価値の格」の話につながります。また第7章で紹介した「課題のストーリー」を探究することの重要性は、第4章の「理念やパーパスを起点とした組織学習」の観点とつなげて考えれば、組織として、どのような「喜ばせたい人」にどう寄り添うのかを探索し続けることが、新規事業施策の本質であるということが理解いただけると思います。第8章で紹介した小さな一歩を積み重ねたくなる場をいかに構築するかが、第5章で紹介した組織に求められる「場のデザイン」にも結びついているのです。このように間をつなぐように紐解いていただけると、新たな発見を皆さんの中にもたらすことができると考えています。

本書でも度々言及してきたように、単に有効そうなアプローチをとり入れるだけでは、「両利きの経営」を実現することはできません。現在の組織の状況を見立て、複雑に絡み合った状況の中で様々な角度から打ち手を講じていく必要があります。しかしながら、こと新規事業施策となると、途端にすべてが「アイデア出し」の問題にされてしまうことがあまりにも多いのです。

このままでは、これまで豊かな価値を生み出してきた組織の土壌はどんどんと地力を失っていき、衰退の一途をたどりかねません。ただでさえ人口減少の時代、「どうせやっても意味がない」「当たり障りのない結果を出せればいいや」といった無力感が組織の中に形成されていけば、取り返しのつかないことになってしまいます。何よりそんな社会にワクワクできるはずもありませんし、私自身はそこに加担したくはないと強く思っています。

幸い、同世代を見ても、下の世代を見ても、こんなにおもしろいことを考える人がいたのか、と感じる機会は少なくありません。またどの企業にも想いを持って価値を生み出そうと試行錯誤されている方がたくさんいらっしゃることを目の当たりにしてきました。さらに言えば、どんな人にでも、価値創出の源泉とも言える「考えたくなる気持ちが湧いてくるもの」は少なからずあるはずです。たとえ小さくとも、その関心や好奇心について語り始めたら、その人の熱量は伝わってくるのです。

もちろん誰でも大きな売上を生む事業を形づくることができるわけではないかもしれません。しかしながら、その源泉となるようなポテンシャルは、誰もが持っているものです。こうした潜在的な力を引き出し、触発させ合うことこそが、チームや組織として集って活動することの意味であるはずです。私も、MIMIGURIも、こうした可能性を信じて、創造性の土壌を耕したいと日々研究と実践を積み重ねています。

第1章で紹介した「負のスパイラル」はこうした私の想いを前提に、課題意識を表現したものであり、私自身が抱える課題のストーリーでもあるのです。

この本ではあえて「正のスパイラル」のような、「こうすればうまくいくよ」というモデルとして全体を整理することは避けました。本書をただ読んで真似していただいても、必ず土が良くなるというような、簡単な話ではないことは明白です。それぞれに現状の課題認識の解像度を高めてもらうと共に、良い土壌づくりにつながる「正のスパイラル」とは何かを模索し続けること。こうした試行錯誤なくして、土壌づくりが実を結ぶとは思えないのです。

もっとも、私自身も一人前とは言えないでしょう。「こうすれば大丈夫」なんてことは、こと土壌づくりにおいては、一生言えないような気もします。だからこそ、積極的に仮説を開き、皆さんと共に探究してく必要があると考え、本書を執筆しました。私にとってもこの本は、さらなる探究の起点となるものなのです。こうした課題感や想いに共感していただけた方は、ぜひお声かけいただき、一緒に負のスパイラルの図を眺めながら、今の景色を分かち合うことから探究していけたら嬉しく思います。

本書の執筆にあたっては、何よりMIMIGURIのメンバーに大いに支えていただきました。多様な実践の積み重ねが組織に開かれているからこそ、こうしてまとめ上げることができたと考えています。また、事例として紹介させていただいたmatoilの谷美那子さん、fufumuの竹内崇裕さん・大嶋麻里子さん、abaの宇井吉美さん、DAYLILYの小林百絵さんには、事業が形になっていく過程を近くで見させていただいたことで、この本の原点となるようなインスピレーションをもらうことができました。また京セラの守山和之さんには、まだ特に実績もなかった私たちに、貴重な機会をいただけたことをとても感謝しております。他にも、ここには名前を記載しきれないほど数多くのクライアントの皆様、あるいは非常勤講師を務める授業を受講してくださった皆さんのおかげで、様々な発見をいただくことができました。

お忙しい中、対談にご協力いただいた守屋さん、ドミニクさん、安斎さん、名和先生、山田さん、柿次郎さん、佐渡島さん、横石さんにも大変感謝しております。まだ原稿があまりできていない中、皆さんと対談させていただけたことが、「この対談を何としても広く紹介したい」という執筆のモチベーションとなりました。改めて感謝申し上げます。

そして、前著に続き、編集を担当していただいた翔泳社の坂口玲実さんには、いつも温かく見守っていただき、原稿を仕上げることができました。本のデザインはAPRONの前田歩来さん・植草可純さんが、難しいオーダーに対して様々な案を提示してくださり、MIMIGURIの中園英樹さんに描いていただいたイラストと共に、素敵な世界観で表現していただきました。今回に合わせてプロフィール写真を撮ってくれた吉田美樹さん、そしてその機会をつくってくれるとともに、執筆をいつも応援してくれていた井上拓美くんにも感謝を伝えたいと思います。デザインに触れていた人間としても、とても楽しい時間でした。ありがとうございました。

そして最後に、いつも対面やSNSなどで応援の言葉を投げかけていただいた方々にも感謝申し上げたいと思います。本当にたくさんの方々に支えていただき、まとめ上げることができました。だからこそ、この書籍をベースにして、社会の中にもっと土壌を耕す人が増えていくように、そして試行錯誤する人々が、しっかりとそのプロセスに向き合い楽しめる社会を実現するために、ここからまた探究を積み重ねていきたいと考えています。

本書を手にとってくださった方が、新規事業施策や組織づくりにおいて、何かしらのインスピレーションを得て、土壌づくりの小さな一歩に想いや希望を持っていただくきっかけとなれば幸いです。

著者紹介

小田 裕和 *Hirokazu Oda*

株式会社MIMIGURIデザインストラテジスト／リサーチャー。合同会社co-nel:代表。株式会社MIKKE社外取締役。千葉工業大学大学院工学研究科工学専攻博士課程修了 博士（工学）。「考えたり作りたくなる気持ちを孵化させる、場や道具のデザイン」をテーマに、事業開発から組織開発まで、幅広いプロジェクトのコンサルテーションやファシリテーションに取り組む。主な著書に『リサーチ・ドリブン・イノベーション――「問い」を起点にアイデアを探究する』（共著・翔泳社）がある。

ブックデザイン　APRON（植草可純、前田歩来）
カバーイラスト　中園 英樹
　　　　　　　　Gaspar Costa/Shutterstock.com（木のイラスト）
DTP　BUCH+

アイデアが実《みの》り続《つづ》ける「場《ば》」のデザイン
新《しん》規《き》事《じ》業《ぎょう》が生《う》まれる組《そ》織《しき》をつくる6つのアプローチ

2024年5月17日　初版第1刷発行

著　者　小田《おだ》 裕和《ひろかず》
発行人　佐々木 幹夫
発行所　株式会社 翔泳社（https://www.shoeisha.co.jp）
印刷・製本　株式会社 加藤文明社印刷所

ISBN 978-4-7981-8375-6

Printed in Japan